사례로 배워보는

노무 PLAN

유선용 편저

고시계사

머리말

최근 들어 경제상황의 변화, 고용노동정책의 변화로 인해 기업경영에 어려움을 호소하는 사업주가 늘어나고 있다.

기업을 경영하는 입장에서 보면 생산과 판매, 재무 및 세무, 마케팅 등 여러 분야를 신경 써야 하는데 그 중에서도 노무관리를 소홀히 하게 되면 기업경영에 큰 어려움을 초래할 수도 있어 노무관리의 중요성은 점점 더 커져 가는데, 다수의 사업주가 시급한 문제가 발생하기 전에는 노무관리외의 다른 경영요소에 비중을 더 두는 것이 어쩔 수 없는 현실이기도 하다.

한편, 노무관리에 관한 법적 내용이나 지식은 사업주 스스로 찾기 전에는 누군가 가르쳐주는 경우가 거의 없기 때문에 사업주는 노무관리의 리스크를 스스로 감당해야 하는 상황에 직면해 있다.

이에 본 서는 필자가 현장에서 노무관리 상담 및 컨설팅을 하면서 자주 발생했던 노무분쟁의 사례를 중심으로, 각 테마별로 그 기본적인 이론과 행정해석 및 판례 등을 정리하여 누구나 쉽게 이해할 수 있도록 구성하였고, 유사한 사례가 발생했을 경우 본 사례를 참고할 수 있도록 하여 실제 활용도를 높일 수 있도록 집필하였다.

아직 많이 부족하지만, 산업현장에서 노무관리 지침서로서 자그마한 역할을 해 주길 기대하며, 이 책이 출간되기 까지 바쁜 가운데서도 성심껏 도와주시고 늘 격려와 지원을 아끼지 않으시는 고시계 정상훈 사장님을 비롯한 임직원 여러분, 지금의 내가 있기까지 많은 조언과 지원을 해주신 김명수 박사님께 감사드리며, 항상 뒤에서 묵묵히 응원해주는 나의 가장 소중한 은정, 시현, 주현에 사랑한다는 말로 고마움을 대신한다.

2019. 7

저자 **유 선 용**

CONTENTS

Theme 01

근로기준법상 근로자성 인정기준 및 효과

학원 강사도 근로기준법상 근로자인가요?

○ 실무사례
당 학원에서 12년간 근무한 학원 강사가 강사직을 그만두면서 퇴직금 지급을 청구했습니다. 제가 알기로는 학원 강사는 자유계약자로서 퇴직금 지급대상이 아니라고 아는데 퇴직금을 지급해야 하는지요?

〈업무형태〉
- 강사료는 기본급과 성과급으로 나누어 지급하되 기본급 120만원에 수강생 수에 따라서 일정금액을 인센티브 형식으로 지급하고 있음.
- 강의스케줄은 학원에서 임의로 편성하여 배정하고 매일 13시까지 출근하여 강의준비 및 회의 등을 거치고 14시 이후 강의편성표에 의거 강의를 진행함
- 강의외의 별도 업무는 부여하지 않으나 수강생과의 면담 및 학부모 면담을 학기 1회정도 시행함
- 4대보험은 별도로 가입하지 않으며 근로소득세가 아닌 사업소득세 3.3% 공제한 후 강사료 지급함

○ 관련법령

근로기준법 제2조(정의) ① 이 법에서 사용하는 용어의 뜻은 다음과 같다.

1. "근로자"란 직업의 종류와 관계없이 임금을 목적으로 사업이나 사업장에 근로를 제공하는 자를 말한다.

○ 행정해석

학원의 지휘·감독을 받아 업무를 수행하면서 실적급제 형태의 임금을 지급받는 학원 강사는 근로자에 해당된다.

회시번호 : 근기 68207-3194

회시일자 : 2000-10-16

질 의

입시학원에서 학생들에게 강의를 하는 학원 강사가 근로기준법상의 근로자인지 여부

회 시

근로기준법상의 근로자여부는 계약이 민법상의 고용계약이던 도급계약이던 계약의 형식에 관계없이 그 실질에 있어 근로자가 사업 또는 사업장에 임금을 목적으로 종속적인 관계에서 사용자에게 근로를 제공하였는지 여부에 따라 판단하여야 하며 여기서 종속적인 관계가 있는지 여부는 아래와 같은 기준에 따라 판단할 수 있음.

업무의 내용이 사용자에 의하여 정하여지고 업무수행과정에 있어서도 사용자로부터 구체적이고 직접적인 지휘·감독을 받는지 여부

사용자에 의하여 근무시간과 근무 장소가 지정되고 이에 구속을 받는지 여부

업무를 수행함에 있어 사용자로부터 정상적인 업무수행 명령과 지휘·감독에 대하여 거부할 수 있는지 여부

보수가 근로자체의 대상적 성격을 갖고 있는지 여부

복무위반에 대하여 제재를 받는지 여부

귀 질의에 있어 근로자성 여부에 대한 판단

[당해 학원에서 근무한 강사의 근로자성이 인정되는 요소]

학원의 강의계획표에 의하여 학원에서 제공(정)한 교재로 강의를 하며 강의진도도 시험 때까지 마치도록 하는 등 구체적인 지휘·감독을 받는 점

강의 이외의 업무로서 학원 측에서 담임을 맡기고 담임으로서의 임무를 부여하고 담임의 임무를 해태할 경우 담임을 주지 않는 등 제재를 가하는 점
시업시각과 종업시각이 명시적으로 정해져 있지 않으나 본 수업(09:00 ~ 13:45)과 야간수업(18:50 ~ 22:05)에 맞추어 담임으로서 학생들의 출결사항 등을 확인하도록 되어 있어 사실상 출·퇴근에 제약을 받는 점
학생들에게 설문조사를 하여 반응이 좋지 않은 강사는 권고사직을 시킨다고 진술한 점
학원 측의 허락을 받고 다른 학원에서 강의를 한 적이 있는 점
학원 측 의도대로 응하지 않을 경우 수업을 배정하지 않고 제재를 하는 점
보수는 수강생수와 관계없이 수강형태(주간반, 야간반, 수능반)에 따라 시간급을 정하고 실제 강의시간수에 따라 대가(시간급×강의시간수)를 지급하는 점

[당해 학원에서 근무한 강사의 근로자성이 부인되는 요소]

기본급여가 없이 강의시간수에 따라 성과급제로 급여를 받으며 개인사업소득자로 신고 되어 사업소득세를 납부하고 있는 점

[종합적 판단]

당해사안의 경우 귀 질의내용을 중심으로 근로자성 여부를 종합 판단해 보면 일부 근로자성이 부인될 수 있는 요소도 있으나, 근로자성이 인정되는 요소가 월등히 많고, 당해 민원인들의 경우 실질적으로 학원의 지휘·감독을 받아 업무를 수행하면서 그 대가로 실적급제 형태의 임금을 받고 있는 것으로 판단되어 근로기준법 제14조에 규정한 임금을 목적으로 근로를 제공하는 근로자에 해당됨.

학원강사가 학원의 구체적인 지시·감독없이 수강생수에 따라 수입의 일정비율을 배분하는 경우라면 근로기준법상 근로자가 아니다.

회시번호 : 근기 68207-2617
회시일자 : 1993-12-24

회 시

근로기준법상 근로자라 함은 사용종속관계하에서 임금을 목적으로 근로를 제공하는 자를 말하는 것인바, 학원강사가 이에 해당되는지 여부는 학원(사용자)의 지휘 명령을 받으며 근로를 제공하는지에 대하여 구체적인 사실관계를 조사하여 판단하여야 할 것이나, 학원강사가 매월 강의시간과 과목을 정한 강의계획서를 학원에 제출하고 그 강의계획서에 따라 강의를 할 뿐 강의내용, 방법, 과정 등에 있어 학원의 구체적인 업무지시 및 지휘감독이 없는 상태에서 강의시간수(양), 업무의 질과는 무관하게 수강생의 수에 따라 결정되는 수입(수강료)의 일정비율을 학원과 배분하는 경우라면 이는 사용종속관계하에서 임금을 목적으로 근로를 제공하는 자라고 보기 어렵다고 사료됨.

○ 판 례

대학입시학원의 담임강사 등은 임금을 목적으로 종속적인 관계에서 사업주에게 근로를 제공하는 근로기준법상의 근로자에 해당한다.

사건번호 : 대법 2005두8436
선고일자 : 2007-01-25

1. 근로기준법상의 근로자에 해당하는지 여부는 계약의 형식이 고용계약인지 도급계약인지보다 그 실질에 있어 근로자가 사업 또는 사업장에 임금을 목적으로 종속적인 관계에서 사용자에게 근로를 제공하였는지 여부에 따라 판단하여야 하고, 위에서 말하는 종속적인 관계가 있는지 여부는 업무 내용을 사용자

가 정하고 취업규칙 또는 복무(인사)규정 등의 적용을 받으며 업무 수행 과정에서 사용자가 상당한 지휘·감독을 하는지, 사용자가 근무시간과 근무장소를 지정하고 근로자가 이에 구속을 받는지, 노무제공자가 스스로 비품·원자재나 작업도구 등을 소유하거나 제3자를 고용하여 업무를 대행하게 하는 등 독립하여 자신의 계산으로 사업을 영위할 수 있는지, 노무 제공을 통한 이윤의 창출과 손실의 초래 등 위험을 스스로 안고 있는지와, 보수의 성격이 근로 자체의 대상적(代償的) 성격인지, 기본급이나 고정급이 정하여졌는지 및 근로소득세의 원천징수 여부 등 보수에 관한 사항, 근로 제공 관계의 계속성과 사용자에 대한 전속성의 유무와 그 정도, 사회보장제도에 관한 법령에서 근로자로서 지위를 인정받는지 등의 경제적·사회적 여러 조건을 종합하여 판단하여야 한다. 다만, 기본급이나 고정급이 정하여졌는지, 근로소득세를 원천징수하였는지, 사회보장제도에 관하여 근로자로 인정받는지 등의 사정은 사용자가 경제적으로 우월한 지위를 이용하여 임의로 정할 여지가 크다는 점에서, 그러한 점들이 인정되지 않는다는 것만으로 근로자성을 쉽게 부정하여서는 안 된다.

2. 출근시간과 강의시간 및 강의 장소의 지정, 사실상 다른 사업장에 대한 노무제공 가능성의 제한, 강의 외 부수 업무 수행 등의 사정에다가, 시간당 일정액에 정해진 강의시간수를 곱한 금액을 보수로 지급받았을 뿐 수강생수와 이에 따른 학원의 수입증감이 보수에 영향을 미치지 아니한 사정 등을 종합하여 보면, ○○학원의 담임강사 등은 임금을 목적으로 종속적인 관계에서 원고에게 근로를 제공한 근로자에 해당한다고 봄이 상당하다. 그리고 원고와 강사들 사이에 매년 '학원강의 및 수강생 지도·관리에 관한 용역계약서'가 작성되었고, 그 계약서에 의하면 담임강사 등의 계약기간이 신학기 개강일로부터 해당 학년도 대학수학능력평가시험일까지로 되어 있으며, 수강생들에 대한 설문조서 등을 토대로 한 평가에 따라 담임강사 등에 대한 재계약 여부가 결정되고, 담임강사 등은 일반직원들에게 적용되는 취업규칙·복무(인사)규정·징계규정 등의 적용을 받지 않았으며, 보수에 고정급이 없으며 부가가치세법상 사업자 등록을 하고 근로소득세가 아닌 사업소득세를 원천징수 당하였고, 직장의료보

험이 아닌 지역의료보험에 가입한 사정 등이 있다 하더라도, 이러한 사정들은 실질적인 노무제공 실태와 부합하지 않는 계약서 문언에 불과하거나 사용자인 원고가 경제적으로 우월한 지위에서 사실상 임의로 정할 수 있는 사정들에 불과하고, 또 담임강사 등이 원고로부터 강의내용이나 방법 등에 관한 구체적인 지휘·감독을 받지 않은 것은 지적 활동으로 이루어지는 강의업무의 특성에 기인하는 것일 뿐 그들이 근로자가 아니었기 때문이라고 할 수는 없으므로, 위와 같은 사정들만으로는 담임강사 등의 근로자성을 부정할 수 없다.

미용학원강사가 근로기준법상 근로자에 해당한다.

사건번호 : 대법 2006도777
선고일자 : 2007-09-07

요 지

1. 근로기준법상의 근로자에 해당하는지 여부는 계약의 형식이 고용계약인지 도급계약인지보다 그 실질에 있어 근로자가 사업 또는 사업장에 임금을 목적으로 종속적인 관계에서 사용자에게 근로를 제공하였는지 여부에 따라 판단하여야 하고, 위에서 말하는 종속적인 관계가 있는지 여부는, 업무 내용을 사용자가 정하고 취업규칙 또는 복무(인사)규정 등의 적용을 받으며 업무 수행 과정에서 사용자가 상당한 지휘·감독을 하는지, 사용자가 근무시간과 근무장소를 지정하고 근로자가 이에 구속을 받는지, 노무제공자가 스스로 비품·원자재나 작업도구 등을 소유하거나 제3자를 고용하여 업무를 대행하게 하는 등 독립하여 자신의 계산으로 사업을 영위할 수 있는지, 노무제공을 통한 이윤의 창출과 손실의 초래 등 위험을 스스로 안고 있는지, 보수의 성격이 근로 자체의 대상적(對償的) 성격인지, 기본급이나 고정급이 정하여졌는지 및 근로소득세의 원천징수 여부 등 보수에 관한 사항, 근로 제공 관계의 계속성과 사용자에

대한 전속성의 유무와 그 정도, 사회보장제도에 관한 법령에서 근로자로서 지위를 인정받는지 등의 경제적·사회적 여러 조건을 종합하여 판단하여야 한다. 다만, 기본급이나 고정급이 정하여졌는지, 근로소득세를 원천징수하였는지, 사회보장제도에 관하여 근로자로 인정받는지 등의 사정은 사용자가 경제적으로 우월한 지위를 이용하여 임의로 정할 여지가 크다는 점에서, 그러한 점들이 인정되지 않는다는 것만으로 근로자성을 쉽게 부정하여서는 안 된다.

2. 미용학원강사가 미용학원 운영자로부터 강의종목·강의시간·강의장소를 지정받아 거의 매일 출근하여 정해진 강의시간표에 따라 직접 강의를 하고, 수강생이 없어 폐강하는 경우를 제외하고는 수강생수에 따른 보수의 증감 없이 단위 시간당 일정액을 보수로 지급받은 사안에서, 비록 강의 일정에 따라 근무시간이 변경되고, 강의내용이나 방법 등에 관하여 위 운영자로부터 구체적·개별적인 지휘·감독을 받지 않았으며, 근로소득세가 아닌 사업소득세를 납부하였고 이른바 '4대보험'에도 가입되어 있지 않았다고 하더라도 근로기준법상 근로자에 해당한다.

학원강사들이 기숙학원에서 한 특강시간도 정규반 강의나 질의응답 시간과 마찬가지로 소정근로시간에 포함된다.

사건번호 : 대법 2018다260602
선고일자 : 2019-01-17

요 지

1. 특강의 개설이나 폐지 여부를 피고 학원이 결정하였고, 강사들은 피고 학원이 개설하여 배정한 시간에 피고 학원이 지정한 장소에서 피고 학원의 수강생들을 대상으로 특강 강의를 한 점, 기숙학원인 피고 학원은 정규반 강의와 질

의응답 시간 외에 특강 시간까지 포함하여 수강생들의 일정을 관리해 왔고, 이를 위해 피고 학원과 강사들은 특강의 개설과 배정, 보수의 지급 등에 관하여 미리 정하고 있었던 것으로 보이고, 피고 학원이 강사들의 특강 업무를 구체적으로 관리·감독한 것으로 보이는 점, 원고들이 특강에 대한 대가로 수강생이 지급한 수업료의 50%를 지급받았다고 하여 그러한 보수가 근로의 대가로 지급된 임금이 아니라고 볼 수 없는 점 등을 종합하여 보면, 학원강사들이 기숙학원에서 한 특강 시간 또한 정규반 강의나 질의응답 시간과 마찬가지로 원고들의 소정근로시간에 포함된다고 봄이 타당하다.

2. 따라서 원심으로서는 원고들이 수행한 특강 시간까지 소정근로시간에 포함하여 피고가 원고들에게 지급할 의무가 있는 주휴일수당과 연차휴가수당 액수를 계산하고, 퇴직금 지급의무를 부담하는지 여부를 판단하였어야 한다. 그런데도 원심은 정규반 강의, 질의응답 시간과 달리 특강 시간은 원고들의 소정근로시간에 포함되지 않는다고 전제한 다음 원고들의 주휴일수당과 연차휴가수당을 산정하고, 퇴직금청구권이 인정되지 않는다고 단정하고 말았다. 이러한 원심판결에는 소정근로시간에 관한 법리를 오해하여 필요한 심리를 다하지 않은 잘못이 있다.

○ 사례해결

근기법상의 근로자인지 여부를 판단하는 핵심은 사용자의 지휘·명령을 받으면서 사용종속관계에서 노무를 제공하는가이다. 또한 계약의 형식보다 그 실질이 중요하기에 위탁계약서를 쓰고 사업소득세를 공제한다고 해서 근기법상 근로자에 해당되지 않는다고 볼 수는 없다.

본 사례의 경우 강사가 비록 4대 보험에 가입하지 아니하고, 근로소득세가 아닌 사업소득세를 공제하고 있으나 상기의 근로자성 판단기준에 의할 때 기본급이 정해져 있고, 강의 외 시간의 출퇴근 의무가 주어져 있는 점 등을 고려할 때 근로자로 인정될 가능성이 높다고 사료된다. 또한 4대 보험 가입은 회사가 경제적 우월적 지위에서 임의로 정할 수 있는 범위에 있어 근로자 판단의 핵심요인에 해당하지 않는다. 따라서 본 학원이 5인 이상 사업장인 경우 12년 전 기간에 대하여 퇴직금을 지급할 의무가 있다고 판단된다.

실무에서는 학원 강사나 미용사 등의 근로자성 인정에 대해 많은 분쟁이 발생하고 있다. 근로자로 인정되는 경우 4대 보험 사업장 가입, 퇴직금 지급, 연차휴가 부여, 근로소득세 부과 등의 내용이 일괄적으로 적용되기 때문에 근로형태의 확정이 사업운영에 매우 중요하다고 판단되니 각 사업장은 이에 대한 검토 및 조치가 필요할 것이다.

특히 최근에는 학원 강사 등의 근로자성 인정 여부와 관련하여 근로자성을 넓게 인정하려는 추세여서 이에 대한 대비가 필요할 것으로 보인다.

Theme 02

근로계약서 체결의무

고용하는 모든 근로자와 근로계약서를 서면으로 체결해야 하나요?

○ 실무사례 ○○업체는 별도의 근로계약서를 작성하지 않고, 채용하는 직원과 구두로만 근로계약을 체결하였음. A직원이 입사 후 약속한 근로조건과 다르다며 관할 노동지청에 진정 제기함. 반드시 사업장 내 모든 근로자와 서면으로 근로계약서를 작성해야 하는지, 또 만약 근로계약서를 작성하지 않을 경우 어떤 불이익을 받게 되는지 문의드림.

○ 관련법령

근로기준법

제17조(근로조건의 명시) ① 사용자는 근로계약을 체결할 때에 근로자에게 다음 각 호의 사항을 명시하여야 한다. 근로계약 체결 후 다음 각 호의 사항을 변경하는 경우에도 또한 같다.

1. 임금
2. 소정근로시간
3. 제55조에 따른 휴일
4. 제60조에 따른 연차 유급휴가
5. 그 밖에 대통령령으로 정하는 근로조건

② 사용자는 제1항 제1호와 관련한 임금의 구성항목·계산방법·지급방법 및 제2호부터 제4호까지의 사항이 명시된 서면을 근로자에게 교부하여야 한다. 다만, 본문에 따른 사항이 단체협약 또는 취업규칙의 변경 등 대통령령으로 정하는 사유로 인하여 변경되는 경우에는 근로자의 요구가 있으면 그 근로자에게 교부하여야 한다.

제114조 제1호 법 제17조를 위반한 자는 500만원 이하의 벌금에 처한다.

근로기준법 시행령

제8조(명시하여야 할 근로조건) ① 법 제17조 전단에서 "그 밖에 대통령령으로 정하는 근로조건"이란 다음 각 호의 사항을 말한다.

1. 취업의 장소와 종사하여야 할 업무에 관한 사항
2. 법 제93조 제1호부터 제12호까지의 규정에서 정한 사항
3. 사업장의 부속 기숙사에 근로자를 기숙하게 하는 경우에는 기숙사 규칙에서 정한 사항

○ 행정해석

전자근로계약 체결시 「근로기준법」 제17조에 따른 의무를 다한 것인지 여부

회시번호 : 근로기준정책과-6384
회시일자 : 2016-10-12

질 의

전자근로계약서 서명시 근로기준법 제17조 의무를 다한 것인지 여부

회 시

• 귀하께서 질의한 전자근로계약 체결시 「근로기준법」 제17조에 따른 의무를 다한 것인지 여부에 대한 회신입니다.

• 사용자와 근로자는 전자근로계약서를 작성하는 방법으로 근로계약을 체결할 수 있습니다. 이 경우 근로계약에 관한 분쟁을 사전에 예방할 수 있도록 가급적 당사자의 서명을 포함한 문서를 전자화하거나 「전자서명법」에 의한 전자서명을 하는 등의 방법으로써 해당 계약 당사자 쌍방의 의사가 합치하

여 전자근로계약서에 명시된 내용대로 근로계약을 체결하였음을 명확히 하여야 합니다.
- 또한 최종 작성 또는 서명 이후에 어느 일방이 임의로 수정할 수 없도록 위변조 방지를 위한 장치를 마련하여야 합니다(근로기준정책과-5455, 2016.9.1, 전자근로계약서 활성화를 위한 가이드라인).

• 귀 질의 내용과 같이 회사가 「근로기준법」 제17조에 맞게 근로계약의 내용이 입력된 전자장치를 마련하여 근로자는 사원 인증 후 스마트 폰으로 전자서명을 하게한다면 유효한 근로계약체결로는 볼 수 있으나
- 이러한 전자근로계약서가 비록 근로자가 스스로 출력할 수 있는 상황이라 하더라도 회사 서버에만 저장되어 있다면 사용자의 교부의무를 다하였다고 볼 수는 없을 것이며, 근로자가 전자근로계약서를 수신할 정보처리시스템을(e메일 등) 지정하게 하고 사용자가 해당 정보처리시스템에 전자근로계약서를 입력(발송)한 때 사용자가 근로계약서를 교부한 것으로 볼 수 있을 것입니다.
- 만약 근로자가 정보처리시스템으로의 수신에 동의하지 않을 경우 사용자는 근로계약서를 직접 교부하여야 할 것입니다. 끝.

사용자가 단시간근로자를 고용할 경우에는 임금·근로시간 기타 근로조건을 명확히 기재한 근로계약서를 작성하여 근로자에게 교부하여야 한다.

회시번호 : 근로기준과-5247

회시일자 : 2004-07-31

질 의

하루에 4시간을 일하는 아르바이트를 하는 자에게 사용자는 (구) 근로기준법 제24조(시행령 제8조)에 규정한 바대로 근로계약서를 반드시 작성하고 반드시 규정한 대로 시행하는 것이 적법한 것인지 여부

(구) 근로기준법 제24조에 의하여 사용자는 근로계약 등 반드시 체결하도록 규정하고 있는 바 몇 명의 근로자가 근무하는 사업장인 경우 위법에 적용되는 것인지 여부

(구) 근로기준법 제24조(시행령 제8조) 규정이 적용되는 근로자에게 사용자가 근로계약 등을 체결하지 아니하고 동 규정대로 이행하지 아니한 경우 사용자는 근로기준법 제115조(벌칙) 규정에 의거 500만원 이하에 벌금에 처하게 되는지 여부

회 시

(구) 근로기준법 제24조, 동법 시행령 제8조에 사용자는 근로계약 체결시에 임금, 근로시간 기타의 근로조건을 명시하되, 임금의 구성항목, 계산방법 및 지불방법에 관한 사항에 대해서는 서면으로 명시토록 규정되어 있으며, 제25조 제2항에는 단시간 근로자의 근로조건을 결정함에 있어서 기준이 되는 사항 기타 필요한 사항은 대통령령으로 정하도록 규정되어 있고, 동법 시행령 제9조 제1항은 "…단시간근로자의 근로조건을 결정함에 있어 기준이 되는 사항은 '별표 1의2'와 같다."고 규정되어 있으며, 시행령 별표 1의2 '단시간근로자의 근로조건 결정기준 등에 관한 사항'에는 "사용자가 단시간근로자를 고용할 경우에는 임금·근로시간 기타 근로조건을 명확히 기재한 근로계약서를 작성하여 근로자에게 교부하여야 한다."고 규정되어 있음.

즉, 사용자가 단시간근로자를 고용할 경우에는 반드시 서면 근로계약서를 작성, 근로자에게 교부하여야 하며, 이를 이행하지 아니하는 경우에는 (구) 근로기준법 제24조 및 동법 제115조 위반으로 처벌을 받을 수 있다고 사료됨.

○ 판 례

서울남부지법 2012고정4007 2013-2-21. 선고

[주 문] 피고인을 벌금 100만원에 처한다.

[이 유] 범죄사실

피고인은 서울 양천구에 있는 ○○병원의 대표로서 상시근로자 600여 명을 사용하여 의료업을 운영하는 사용자이다.

1. 휴게시간 미부여의 점

사용자는 근로시간이 4시간인 경우에는 30분 이상, 8시간인 경우에는 1시간 이상의 휴게시간을 근로시간 도중에 주어야 한다. 그럼에도 불구하고, 피고인은 2010. 8. 29.부터 2011. 8. 31.까지 위 병원에서 야간경비 업무를 수행하였던 근로자 A과, 2006. 4. 9.부터 2011. 12. 10.까지 위 병원에서 구급차 등 운전 및 주차관리 업무를 수행하였던 근로자 B에게 위와 같은 휴게시간을 부여하지 않았다.

2. 근로조건 불명시의 점

사용자는 근로계약을 체결할 때 근로자에 대하여 임금, 근로시간 기타의 근로조건을 명시하여야 하고, 이 경우 임금의 구성항목, 계산방법 및 지불방법에 관하여 서면으로 명시하여야 한다. 그럼에도 불구하고, 피고인은 2010. 8. 29. 근로자 A과 근로계약을 체결하면서 임금의 구성항목, 계산방법 및 지불방법 등 근로조건에 관하여 서면으로 명시하지 않았다.

1. 근로기준법 제17조의 입법 취지 및 위 규정에서 근로자의 요구에 따라 사용자가 교부하여야 하는 서면의 의미

2. 근로자를 고용하여 타인을 위한 근로에 종사하게 하는 경우, 파견근로자보호 등에 관한 법률이 적용되는 근로자파견에 해당하는지 판단하는 기준

사건번호 : 대법 2015도11659
선고일자 : 2016-01-28

요 지

1. 근로기준법 제17조에 의하면, 사용자는 근로계약을 체결할 때에 근로자에게 임금, 소정근로시간, 주휴일, 연차 유급휴가 그 밖에 대통령령으로 정하는 근로조건을 명시하여야 하고, 그중 임금의 구성항목·계산방법·지급방법 및 소정근로시간, 주휴일, 연차 유급휴가에 대해서는 그 사항이 명시된 서면을 교부하여야 하며, 근로계약 체결 후 단체협약 또는 취업규칙의 변경 등의 사유로 인하여 위 사항이 변경되는 경우에는 근로자의 요구가 있으면 그 근로자에게 교부하여야 한다. 이는 근로계약을 체결할 때뿐만 아니라, 이를 변경하는 경우에도 위 법에서 열거하고 있는 중요한 근로조건에 대해서는 서면으로 명시하도록 하고, 사용자로 하여금 변경된 근로조건이 명시된 근로계약서를 교부하도록 하여 근로자의 법적 지위를 강화하고자 하는 데 그 입법 취지가 있으므로, 위 규정에서 근로자의 요구에 따라 사용자가 교부하여야 하는 것은 '변경된 사항이 명시된 근로계약서 등 서면'을 의미하는 것이지, 변경된 단체협약이나 취업규칙 자체를 말하는 것이 아니다.

2. 파견근로자보호 등에 관한 법률의 목적과 내용 등에 비추어 보면, 근로자를 고용하여 타인을 위한 근로에 종사하게 하는 경우 그 법률관계가 파견법이 적용되는 근로자파견에 해당하는지 여부는 당사자들이 붙인 계약의 명칭이나 형식에 구애받을 것이 아니라, 계약의 목적 또는 대상에 특정성, 전문성, 기술성이 있는지 여부, 계약당사자가 기업으로서 실체가 있는지와 사업경영상 독립성을 가지고 있는지 여부, 계약 이행에서 사용사업주가 지휘·명령권을 보유하고 있는지 여부 등 그 근로관계의 실질에 따라 판단하여야 한다.

○ 사례해결

근로계약이란 근로자가 사용자에게 근로를 제공하고 사용자는 이에 대하여 임금을 지급하는 것을 목적으로 체결된 계약을 말한다.

근기법 제17조에서는 근로계약을 체결할 때에 사용자가 근로조건을 명시하도록 하고 임금 등 중요한 근로조건에 대해서는 서면으로 명시할 의무를 부과하고 근로자가 요구하는 경우에는 이를 교부하도록 함으로써 자유로운 근로계약의 체결을 촉진하고 나쁜 근로조건으로부터 근로자를 보호하고 있다.

본 사례의 경우처럼 구두로 근로계약을 체결하여 근로조건을 명시하지 아니하더라도 당해 근로자의 근로계약 자체는 유효하게 성립된다. 하지만 근로계약서를 서면으로 체결하지 않은 경우 후에 근로조건 불이행과 관련한 법적 분쟁이 발생할 수 있고, 이에 대한 위반 시 근로기준법 제114조에 의거 500만원 이하의 벌금을 받을 수 있다.

근로기준법상 명시의무가 있는 사항만 나열하여도 근로계약서가 만들어지므로 근로계약서를 작성하여 사용자와 근로자가 각 1부씩 보관하는 것이 반드시 필요하며 향후 발생할 수 있는 법적 분쟁에 대비하여서도 현명한 방법이다.

한편, 근로계약서 교부에 관한 확인이나, 연장·야간·휴일 근로 등에 관한 동의도 미리 받아두는 것이 최근들어 중요 이슈로 부각되고 있으므로 이에 대한 준비도 필요하다고 본다.

Theme 03

취업규칙의 작성 · 신고 및 변경

취업규칙은 반드시 작성하여 관할노동관서에 신고해야 하나요?

○ 실무사례
7명의 근로자를 고용하였던 ○○사는 생산량 증가로 인하여 4명의 근로자를 추가 고용하였음. 총 11명의 직원을 고용하여 영업을 해오던 중 관할노동관서로부터 취업규칙을 신고하라는 행정명령을 받음. 이와 관련해 근로자를 10명 이상 고용한 경우 취업규칙을 작성하여 반드시 관할노동관서에 신고해야 하는지 그리고 후에 취업규칙을 변경하고자 하는 경우 어떻게 해야 하는지 문의드림.

○ 관련법령

근로기준법

제93조(취업규칙의 작성 · 신고) 상시 10명 이상의 근로자를 사용하는 사용자는 다음 각 호의 사항에 관한 취업규칙을 작성하여 고용노동부장관에게 신고하여야 한다. 이를 변경하는 경우에도 또한 같다.

1. 업무의 시작과 종료 시각, 휴게시간, 휴일, 휴가 및 교대 근로에 관한 사항
2. 임금의 결정 · 계산 · 지급 방법, 임금의 산정기간 · 지급시기 및 승급(昇給)에 관한 사항
3. 가족수당의 계산 · 지급 방법에 관한 사항
4. 퇴직에 관한 사항
5. 「근로자퇴직급여 보장법」 제4조에 따라 설정된 퇴직급여, 상여 및 최저임금에 관한 사항
6. 근로자의 식비, 작업 용품 등의 부담에 관한 사항
7. 근로자를 위한 교육시설에 관한 사항

8. 출산전후휴가·육아휴직 등 근로자의 모성 보호 및 일·가정 양립 지원에 관한 사항
9. 안전과 보건에 관한 사항
9의2. 근로자의 성별·연령 또는 신체적 조건 등의 특성에 따른 사업장 환경의 개선에 관한 사항
10. 업무상과 업무 외의 재해부조(災害扶助)에 관한 사항
11. 직장 내 괴롭힘의 예방 및 발생 시 조치 등에 관한 사항
12. 표창과 제재에 관한 사항
13. 그 밖에 해당 사업 또는 사업장의 근로자 전체에 적용될 사항

제94조(규칙의 작성, 변경 절차)

① 사용자는 취업규칙의 작성 또는 변경에 관하여 해당 사업 또는 사업장에 근로자의 과반수로 조직된 노동조합이 있는 경우에는 그 노동조합, 근로자의 과반수로 조직된 노동조합이 없는 경우에는 근로자의 과반수의 의견을 들어야 한다. 다만, 취업규칙을 근로자에게 불리하게 변경하는 경우에는 그 동의를 받아야 한다.

② 사용자는 제93조에 따라 취업규칙을 신고할 때에는 제1항의 의견을 적은 서면을 첨부하여야 한다.

○ 행정해석

취업규칙 해석 및 운영지침 - 근로기준과 -1118, '09.4.24

1. 사용자의 취업규칙 작성·신고의무

• 상시 10명 이상의 근로자를 사용하는 사용자는 법 제93조 각 호의 사항에 관한 취업규칙을 작성하여 「근로기준법 시행규칙」 별지 제15호 서식에 따라 노동부장관에게 신고하여야 하고, 이를 이행하지 아니할 경우 500만원 이하의 과태료가 부과됨(법 제93조, 제116조 제1항 제2호).

– 취업규칙은 반드시 사업장의 모든 근로자에 대하여 일제히 적용되도록 작

성되어야 하는 것은 아니고 당해 사업장에서 근로자 직종의 특수성에 따라 근로자 일부에 적용되는 별도의 취업규칙을 정할 수 있으며, 이 경우 서로 다른 2개의 취업규칙을 합한 것을 법 제93조 소정의 1개의 취업규칙으로 보아야 함(대판 1992.2.28, 91다30828).

2. 취업규칙 기재사항 미비의 경우

• 취업규칙에 반드시 기재되어야 할 사항 중 일부가 기재되어 있지 않거나 흠결이 있는 경우
  – 사용자에 대한 과태료 부과는 별론으로 하고(법 제116조 제1항 제2호), 당해 취업규칙의 효력은 인정되며, 기재되지 않은 부분에 대해서는 근로기준법령, 단체협약, 근로계약 등에 정한 조건에 따라야 할 것임.

* 외근노동조합원의 징수업무처리에 관하여 필요한 사항을 규정한 징수업무처리규정이 근로조건에 관한 사항을 규정하고 있다면 근로기준법 제94조에 정한 기재사항 중 일부가 기재되어 있지 아니하더라도 취업규칙으로서의 효력이 있다고 보아야 할 것이며, 기재되지 않은 부분에 대해서는 근로기준법, 단체협약, 근로계약 등의 정함에 따라야 할 것임(1991.6.21, 근기 01254-8835).

3. 취업규칙 신고의무 위반의 경우

• 취업규칙 신고의무규정은 취업규칙에 대한 감독 행정상 필요에 의한 단속규정이므로 당해 취업규칙이 실제로 근로자들의 근로조건을 규율하여 왔다면, 사용자에 대한 과태료 부과(법 제116조 제1항 제2호)는 별론으로 하고, 법령, 단체협약에 위배되지 않는 범위에서 위 취업규칙의 효력은 인정됨.

* 동법의 신고의무규정은 일반적으로 취업규칙에 대한 감독 행정상 필요에 의한 것이며 효력요건이 아닌 것으로 해석하고 있으므로 동 징수업무처리 규정의 내용이 법령 또는 단체협약에 위반되지 않는 경우에는 비록 신고절차를 이행치 아니하였더라도 형사상의 책임은 별론으로 하고 취업규칙으로서의 효력을 부인하여서는 아니될 것임(1991.6.21, 근기 01254-8835).

4. 취업규칙의 변경·신고 심사 업무 관련

(1) 사용자의 취업규칙 변경·신고의무

- 사용자는 취업규칙 변경 시 근로자의 과반수를 대표하는 노동조합 또는 근로자 과반수의 의견을 청취(불이익변경시에는 동의)하였음을 증명하는 서면을 첨부하여 「근로기준법 시행규칙」 별지 제15호 서식에 따라 노동부장관에게 신고하여야 하고, 이를 이행하지 아니할 경우 500만원 이하의 과태료가 부과됨(법 제93조, 제116조 제1항 제2호).

(2) 취업규칙의 단순 변경절차(불이익변경이 아닌 경우)

- 사용자는 취업규칙의 작성·변경에 관하여 해당 사업 또는 사업장에 근로자의 과반수로 조직된 노동조합이 있는 경우에는 그 노동조합, 그러한 노동조합이 없는 경우에는 근로자의 과반수(이하 "근로자 과반수"이라 함)의 의견을 들어야 함(법 제94조본문).
  - 이 경우 근로자 과반수의 의견을 듣는 것으로 족하고 사용자에게 협의 또는 합의할 의무가 있는 것은 아니므로, 사용자가 근로자 과반수의 반대의견을 수용하지 않더라도 의견청취 의무 위반은 아님.

- 사용자가 의견청취 의무를 위반하였을 경우 500만원 이하의 벌금(법 제114조 제1호)에 처하여지나, 사용자가 의견청취의 내용에 구속되지 않는다는 점에서 단속규정이라고 보아야 할 것이므로 변경된 취업규칙의 효력은 인정됨.

  * 판례는 더 나아가 "단체협약으로 취업규칙의 작성·변경에 관하여 노동조합의 동의를 받아야 한다고 규정하고 있더라도 불이익변경의 경우를 제외하고는 노동조합의 동의를 받지 않았다 하여 변경된 취업규칙의 효력을 부정할 수 없다." 고 판시함(대판 1999.6.22, 98두6647 ; 1994.12.23, 94누3001).

(3) 취업규칙의 불이익변경 절차

1) 취업규칙의 불이익변경

- 불이익변경이란 취업규칙의 변경이 근로자가 종전에 가지고 있던 기득의 권리나 이익을 박탈하여 근로조건을 낮추거나 복무규율을 강화하는 것을 의미함.
- 취업규칙의 불이익변경 판단의 기준시점은 "취업규칙의 변경이 이루어진 시점"임(대판 1996.8.26, 96다1726).
- 취업규칙의 변경이 일부 근로자에게 유리하고 일부 근로자에게 불리하여 근로자 상호간에 유·불리에 따른 이익이 충돌하는 경우에는 전체적으로 보아 근로자에게 불리한 것으로 봄(대판 1993.5.14, 93다1893).
- 일부 내용이 근로자에게 불리할지라도 다른 요소가 유리하게 변경된 경우에는 그 대가관계나 연계성이 있는 여러 상황을 종합적으로 고려하여 개정조항의 유·불리를 판단하여야 함(대판 1984.11.13, 84다카414).

2) 취업규칙의 불이익변경 절차

- 사용자는 취업규칙의 불이익변경 시 해당 사업 또는 사업장에 근로자의 과반수로 조직된 노동조합이 있는 경우에는 그 노동조합, 그러한 노동조합이 없는 경우에는 근로자의 과반수의 동의를 받아야 함(법 제94조 본문).
  - 노동조합의 동의는 법령이나 단체협약 또는 노동조합의 규약 등에 의하여 조합장의 대표권이 제한되었다고 볼 만한 특별한 사정이 없는 한 조합장이 노동조합을 대표하여 동의하면 되는 것이지 노동조합 소속 근로자의 과반수의 동의를 받아야 하는 것은 아님(대판 2000.9.29, 99다45376).

- 노동조합이 없을 경우 근로자의 회의방식에 의한 과반수의 동의를 요하는데, 반드시 노동조합의 모든 조합원이나 한 사업 또는 사업장의 모든 근로자가 일시에 한 자리에 집합하여 회의를 개최하여야 하는 것은 아니고,
  - 사업 또는 사업장의 기구별 또는 단위 부서별로 사용자 측의 개입이나 간섭이 배제된 상태에서 조합원 또는 근로자간에 의견을 교환하여 찬반의견

을 집약한 후 이를 전체적으로 취합하는 방식이나(대판 2004.5.14, 2002다23185; 2003.11.14, 2001다18322)

- 노동조합의 총회나 대의원대회 또는 근로자들로부터 취업규칙의 변경에 대한 동의권한을 위임받은 자들이 동의여부를 결정하는 방식도 허용됨(대판 1992.2.25, 91다25055; 1993.1.15, 92다39778; 1003.8.24, 93다17898).

• 취업규칙 불이익변경 시 사용자가 동의의무를 위반하였을 경우 500만원 이하의 벌금(법 제114조 제1호)에 처해지고, 당해 취업규칙 전체가 무효가 되는 것은 아니나, 동의 없이 불이익하게 변경된 부분은 종전 취업규칙의 적용을 받던 기존 근로자에게 효력이 없게 되어 변경 전 취업규칙의 적용을 받게 됨.

- 이 경우 개인적으로 위 취업규칙의 불이익변경에 동의한 근로자에게도 취업규칙 변경의 효력이 발생하지 않으나(대판 1992.12.8, 91다38174), 변경 이후 신규로 입사한 근로자에게는 변경된 취업규칙의 효력이 인정됨(대판 1992.12.22, 91다45156 등 다수) .

(4) 불이익변경에 사회적 합리성이 있는 경우

• 취업규칙의 불이익변경 시 근로자 과반수의 집단적 동의를 받도록 한 것은 사용자의 일방적인 변경을 방지하고 근로자의 기득권을 보호하려는 것임.

- 그러나 실제에 있어서는 경영악화 등 여러 가지 사정상 취업규칙의 변경이 반드시 필요하고 그 내용도 합리적임이 인정되는데도 근로자 과반수의 동의를 받지 못하여 사용자의 경영권이 과도하게 침해되고 기업경영에 장애가 되는 경우가 있음.

• 위와 같은 문제점을 고려하여 판례는 취업규칙의 불이익변경에 해당하더라도 그 변경에 '사회통념상 합리성'이 인정되는 경우에는 근로자 과반수의 동의가 없다고 하더라도 취업규칙 변경의 효력이 인정된다고 하면서

– 사회통념상 합리성 유무는 ① 취업규칙 변경에 의하여 근로자가 입게 되는 불이익의 정도, ② 사용자 측의 변경 필요성의 내용과 정도, ③ 변경 후의 취업규칙 내용의 상당성, ④ 대상조치 등을 포함한 다른 근로조건의 개선상황, ⑤ 노동조합 등과의 교섭 경위 및 노동조합이나 다른 근로자의 대응, ⑥ 동종사항에 관한 국내의 일반적인 상황 등을 종합적으로 고려하여야 한다고 판시하면서, 취업규칙을 근로자에게 불리하게 변경하는 경우에는 그 동의를 받도록 한 근로기준법을 사실상 배제하는 것이므로 제한적으로 엄격하게 해석하여야 한다고 판시하고 있음(대판 2010.1.28, 2009다32362).

(5) 의견청취·동의의 주체

1) 일부 근로자에게만 취업규칙 변경이 되는 경우

• 하나의 사업(장)에 하나의 취업규칙이 있어 취업규칙을 변경할 경우 사용자는 근로자의 과반수로 조직된 노동조합이 있는 경우에는 그 노동조합, 그러한 노동조합이 없는 경우에는 근로자의 과반수의 의견을 청취하거나 동의를 받는 것이 원칙임(법 제94조).

– 그러나 산업현장이 세분화·전문화됨에 따라 하나의 사업(장)에서도 직종이나 업무의 특수성 등 경영상 필요에 의하여 근로자를 집단별로 구분하여 근로조건을 달리하거나 별도의 취업규칙을 작성하는 예가 늘어나고 있음(대판 1992.2.28, 91다30828 참조).

2) 당해 사업장이 산별노조에 가입되어 있는 경우

• 법 제94조에서 취업규칙의 의견청취·동의주체로 인정하고 있는 근로자 과반수 대표 노동조합은 기업별 단위노조이든 산업별 단위노조이든 관계없지만 설립신고 된 노동조합을 의미

– 따라서 지부·분회 등 설립신고 되지 않은 산하조직은 단위노조가 취업규칙 변경에 대한 권한을 산하조직에 위임하지 않은 이상 원칙적으로 취업규칙 변경시 의견청취·동의주체가 될 수 없음.

- 그러나 판례가 독자적인 규약 및 집행기관을 가지고 독립된 조직체로서 활동하는 지부에 대하여 독자적인 단체교섭권 및 단체협약권이 있음을 인정하고 있다는 점(대판 2001.2.23, 2000도4299) 및 당해 사업장의 사정을 가장 잘 아는 지부·분회가 취업규칙 변경시 의견청취·동의 주체가 되는 것이 타당하다는 점을 고려할 때,
  - 해당 사업장의 지부나 분회가 설립신고가 되어 있지 않거나 단위노조로부터 취업규칙 변경에 관한 권한을 위임받지 못하였더라도 독자적인 규약과 집행기관을 가지고 독립된 조직체로서 활동을 하고 있다면 위 지부·분회를 취업규칙 변경시 의견청취·동의 주체로 인정할 수 있을 것임.

○ 판 례

노동조합이 없는 경우 취업규칙에 규정된 기존의 근로조건을 종전보다 불리하게 변경하기 위하여 요구되는 근로자 측의 동의 방법 및 그 소극적 요건인 '사용자측의 개입이나 간섭'의 의미

사건번호 : 대법 2009다32522,32539
선고일자 : 2010-01-28

요 지

1. 사용자가 취업규칙의 변경에 의하여 기존의 근로조건을 근로자에게 불리하게 변경하려면 종전 근로조건 또는 취업규칙의 적용을 받고 있던 근로자의 집단적 의사결정방법에 의한 동의를 요하고, 이러한 동의를 얻지 못한 근로조건이나 취업규칙의 변경은 효력이 없으며, 그 동의의 방법으로는 근로자 과반수로 조직된 노동조합이 있는 경우에는 그 노동조합의 동의를 요하고, 그와 같은 노동조합이 없는 경우에는 근로자들의 회의방식에 의한 과반수의 동의를 요한다. 그리고 회의방식에 의한 동의는 전 근로자가 반드시 한 자리에 모여 회의를 개최하는 방식만이 아니라 한 사업 또는 사업장의 기구별 또는 단위 부서별로 사용자측의 개입이나 간섭이 배제된 상태에서 근로자 간에 의견을 교환하

여 찬반을 집약한 후 이를 전체적으로 모으는 방식도 허용된다. 여기서 사용자측의 개입이나 간섭은 사용자측이 근로자들의 자율적이고 집단적인 의사결정을 저해할 정도로 명시 또는 묵시적인 방법으로 동의를 강요하는 것을 의미하며, 사용자측이 단지 변경될 근로조건이나 취업규칙의 내용을 근로자들에게 설명하고 홍보하는 데 그친 경우에는 사용자측의 부당한 개입이나 간섭이 있었다고 할 수 없다.

2. 근로관계가 포괄적으로 승계되는 경우에는 근로자는 승계한 법인에서도 종전의 근로관계와 동일한 근로관계를 유지하게 되고, 사용자가 일방적으로 취업규칙을 변경하거나 종전의 근로관계보다 불리한 승계한 법인의 취업규칙을 적용하기 위해서는 종전의 근로계약상 지위를 유지하던 근로자 집단의 집단적 의사결정방법에 의한 동의 등의 사정이 있어야 하며, 이러한 동의 등이 없는 한 사용자가 일방적으로 종전의 근로조건을 근로자에게 불리하게 변경하거나 종전의 근로조건보다 불리한 승계한 법인의 취업규칙을 적용할 수 없다. 이 경우 종전의 근로조건을 그대로 유지한 채 승계한 법인에서 근무하게 되는 근로자에 대하여는 종전의 취업규칙이 그대로 적용된다.

3. 공기업 구조조정을 진행하면서 각 부서별, 사업소·지부별로 설명회를 개최하여 관련 사업의 포괄승계에 따른 근로조건의 변경 및 퇴직금지급률 변경 사항을 설명하고 근로자들의 동의를 받은 사안에서, 사용자측이 변경될 내용을 근로자들에게 설명하고 홍보하는 데에 지나쳐 사용자측의 부당한 개입이나 간섭이 있었다고 볼 수 없으므로, 근로자의 집단적 의사결정방법에 의한 동의가 있었다고 본 사례

4. 사용자가 일방적으로 새로운 취업규칙의 작성·변경을 통하여 근로자가 가지고 있는 기득의 권리나 이익을 박탈하여 불이익한 근로조건을 부과하는 것은 원칙적으로 허용되지 아니하지만, 당해 취업규칙의 작성 또는 변경이 그 필요성 및 내용의 양면에서 보아 그에 의하여 근로자가 입게 될 불이익의 정도를

고려하더라도 당해 조항의 법적 규범성을 시인할 수 있을 정도로 사회통념상 합리성이 있다고 인정되는 경우에는 종전 근로조건 또는 취업규칙의 적용을 받고 있던 근로자의 집단적 의사결정방법에 의한 동의가 없다는 이유만으로 그의 적용을 부정할 수는 없다. 그리고 여기에서 말하는 사회통념상 합리성의 유무는 취업규칙의 변경에 의하여 근로자가 입게 되는 불이익의 정도, 사용자측의 변경 필요성의 내용과 정도, 변경 후의 취업규칙 내용의 상당성, 대상조치 등을 포함한 다른 근로조건의 개선상황, 노동조합 등과의 교섭 경위 및 노동조합이나 다른 근로자의 대응, 동종 사항에 관한 국내의 일반적인 상황 등을 종합적으로 고려하여 판단하여야 하며, 이러한 판단은 개정 당시의 상황을 근거로 하여야 한다.

○ 사례해결

취업규칙은 각 사업장에서 근로자가 준수해야하는 취업상의 규율과 직장질서 및 근로조건에 대한 구체적인 사항을 정한 규칙을 말한다. 실무적으로는 사규·내규·규정·규칙·세칙 등으로 불리어 진다. 상시 10명 이상의 근로자를 사용하는 모든 사업장은 취업규칙을 작성·신고해야 하며, 취업규칙 작성 시 근기법 제93조에서 규정하고 있는 필요적 기재사항이 포함되어야 한다.

또한 취업규칙을 변경할 경우에는 근로기준법 제94조의 규정에 의거 당해 사업 또는 사업장에 근로자의 과반수로 조직된 노동조합이 있는 경우 그 노동조합, 과반수 노조가 없는 경우에는 근로자의 과반수의 의견을 들어야 하며, 취업규칙을 근로자에게 불리하게 변경하는 경우에는 그 동의를 얻어야 한다.

취업규칙의 변경이 근로자에게 유·불리한 것인지에 대한 판단은 취업규칙 변경의 취지와 경위, 해당사업체의 업무성질, 취업규칙 각 규정의 전체적인 체제 등 제반사정을 종합하여 사회통념상 합리성이 있느냐의 여부로 판단하여야 한다.

본 사례의 경우 4명을 추가 고용하면서 총 11명의 근로자를 사용하고 있기 때문에 사업장 내 취업규칙을 작성하여 관할노동관서에 신고해야 한다. 취업규칙을 신고할 때는 취업규칙신고서, 취업규칙, 근로자의 의견서 또는 동의서를 제출하면 된다. 취업규칙을 작성하여 신고하지 않는 경우 500만원 이하의 과태료에 처하게 된다. 아울러 고용보험법상 각종 지원금 (고령자고용지원금, 임금 피크제 지원금 등)을 수령하려 하는 경우 취업규칙의 신고가 선행되어야 향후 불이익을 입지 않을 수 있다.

Theme 04

휴게시간과 대기시간

휴게시간과 대기시간의 차이점은 무엇이고 이러한 시간도 근로시간에 포함되나요?

○ 실무사례

1일 주·야 2교대제로 주간 및 야간근무를 1주단위로 교대하고, 일요일의 경우 24시간을 근무하고 있음. 일요일 근로자들은 자체적으로 작업 투입자를 2시간 단위로 정하여 근무하고 있으며 근무시간 이외에는 대기실에서 장기, 바둑, TV시청 등 자유롭게 휴식을 취하고 있음. 동 대기시간에 대해서도 임금을 지급해야 하는지 문의드림.

○ 관련법령

근로기준법

제50조 근로시간

① 1주 간의 근로시간은 휴게시간을 제외하고 40시간을 초과할 수 없다.

② 1일의 근로시간은 휴게시간을 제외하고 8시간을 초과할 수 없다.

③ 제1항 및 제2항에 따른 근로시간을 산정함에 있어 작업을 위하여 근로자가 사용자의 지휘·감독 아래에 있는 대기시간 등은 근로시간으로 본다.

제54조 휴게

① 사용자는 근로시간이 4시간인 경우에는 30분 이상, 8시간인 경우에는 1시간 이상의 휴게시간을 근로시간 도중에 주어야 한다.

② 휴게시간은 근로자가 자유롭게 이용할 수 있다.

○ 행정해석

대기시간 중에 사업장 밖으로 나갈 수 없지만 사용자의 지휘·감독을 벗어나 자유로이 이용할 수 있다면 이는 휴게시간으로 인정할 수 있다.

회시번호 : 근기 68207-3298
회시일자 : 2000-10-25

질 의

1일 주·야 2교대로 주간 및 야간근무를 1주 단위로 교대하며 근무조 교대에 따라 주간조는 일요일에 24시간(09:00 ~ 익일 08:00) 근무하며 근로자들은 자체적으로 2시간 단위로 작업투입자를 정하여 근무하고 있으며 근무시간 이외에는 대기실에서 장기, 바둑, TV시청 등 자유롭게 휴식을 취하나 사업장 밖으로 이탈은 불가하고 이러한 근무방법은 사업장의 방침이 아니라 근로자들이 임의적으로 정한 것임.

이러한 경우 실제 작업에 임하지 않고 대기실에서 대기하는 시간을 근로시간으로 인정할 수 있는지 여부

회 시

대기시간이 근로시간인지 여부에 대하여 근로기준법상의 휴게시간이란 휴게시간·대기시간 등 명칭여하에 불구하고 근로자가 사용자의 지휘·감독으로부터 벗어나 자유로이 사용할 수 있는 시간을 말함.

따라서 귀 질의의 내용처럼 취업규칙상 근로형태는 아니지만 사업주의 묵시적인 동의하에 관례적으로 근로자들 스스로 2시간 단위로 작업을 하고 작업을 하지 않는 근로자들은 대기실에서 장기, 바둑, TV시청 등을 하는 형태로써, 대기시간과 근무시간의 구분이 명백하고, 근로자가 사전에 대기시간을 알고 있으며, 그 대기시간 중에는 사업장 밖으로 나갈 수는 없지만 사용자의 지휘·감

독을 벗어나 자유로이 이용할 수 있다면 이는 휴게시간으로 인정할 수 있다고 판단됨. 다만, 당해 회사의 단체협약이나 취업규칙 등에서 대기시간의 전부 또는 일부에 대하여 근로시간에 포함한다는 특약이 있는 경우에는 그에 따라야 할 것임.

휴게시간을 근로시간 도중이 아닌 업무의 시작 전 또는 업무가 끝난 후에 부여하는 것은 근로기준법에 위반될 소지가 있다.

회시번호 : 근로개선정책과-1773

회시일자 : 2013-03-19

질 의

경기도내 공립학교에는 교원, 지방공무원, 학교회계직원이 근무하고 있으며, 교육실무직원의 근로시간은 현재 8:00 ~ 17:00으로, 1시간 휴게시간을 제외하고 8시간임.
교원의 경우 1985년 이후 직무의 특성을 고려한 근무시간 변경이 협의되어 9:00 ~ 17:00까지 1일 8시간 근무 후 퇴근함.
지방공무원의 경우 2012.10.5.「경기도교육감 소속 지방공무원 복무 조례」가 개정되어 경기도내 학교에 근무하는 지방공무원의 근무시간이 교원과 동일하게 적용하게 됨. 이에 따라 학교에서 근무하는 학교회계직원 근무시간의 형평성에 대한 문제가 제기됨.

질의 내용

휴게시간(점심시간) 중에 학생급식 배식 및 지도, 각종 수익자부담경비 수납, 생활지도 지원 등 학교에 근무하는 근로자의 특성을 고려해 교원과 같이 휴게시간(점심시간)을 근로시간에 포함하는 것이 가능한지 여부

- 근로기준법 제54조에 따라 휴게시간을 부여해야 한다면, 휴게시간을 근로시간 도중에 부여하지 않고 1일 8시간 근로가 종료된 후 1시간의 휴게시간을 부여하는 것이 가능한지 여부
- 근로기준법 제54조에 따라 휴게시간을 부여해야 한다면 휴게시간을 점심시간에 30분 부여하고 1일 8시간 근로가 종료된 후 나머지 30분의 휴게시간을 부여하는 것이 가능한지 여부

회 시

근로기준법 제54조 제1항의 규정에 따라 사용자는 근로시간이 4시간인 경우에는 30분 이상, 8시간인 경우에는 1시간 이상 휴게시간을 근로시간 도중에 주어야 하며, 같은 법 같은 조 제2항의 규정에 따라 휴게시간은 근로자가 자유롭게 이용할 수 있어야 합니다.

귀 질의상 근로자가 휴게시간을 사용자의 지휘·감독으로부터 벗어나 자유롭게 이용할 수 없다면 근로기준법상 휴게시간으로 인정될 수 없을 것이며, 휴게시간을 근로시간 도중이 아닌 업무의 시작 전 또는 업무가 끝난 후에 부여하는 것은 근로기준법에 위반될 소지가 있다 할 것입니다.

휴게제도 본래의 취지에 어긋나지 않는 한 휴게시간을 분할해 주어도 무방하다.

회시번호 : 근기 01254-884

회시일자 : 1992-06-25

질 의

(구) 근로기준법 제44조 제1항에서 사용자는 근로시간 4시간인 경우에는 30분 이상, 8시간인 경우에는 1시간 이상의 휴게시간을 근로시간 도중에 주어야

한다고 규정되어 있는 바, 동 휴게시간을 일시에 주어야 하는지 또는 나누어 주어도 가능한지 질의함.

회 시

(구) 근로기준법 제44조의 휴게시간은 근로시간이 4시간인 경우에는 30분 이상 8시간인 경우에는 1시간 이상의 휴게시간을 근로시간 도중에 주도록 규정하고 있는 바,

동 제도는 적절한 휴게를 부여함으로써 근로자의 건강보호·작업능률의 증진 및 재해방지에 그 목적이 있는 것이므로 휴게시간을 일시적으로 부여함이 휴게제도의 취지에 부합되나, 작업의 성질 또는 사업장의 근로조건 등에 비추어 사회통념상 필요하고도 타당성이 있다고 일반적으로 인정되는 범위내에서 휴게제도 본래의 취지에 어긋나지 않는 한 휴게시간을 분할하여 주어도 무방할 것임.

○ 판 례

대기시간이나 휴식·수면시간 등이 실질적으로 사용자의 지휘·감독 하에 놓여있는 시간이라면 근로시간에 포함된다.

사건번호 : 대법 2006다41990
선고일자 : 2006-11-23

근로기준법상의 근로시간이라 함은 근로자가 사용자의 지휘, 감독 아래 근로계약상의 근로를 제공하는 시간을 말하는바, 근로자가 작업시간의 도중에 현실로 작업에 종사하지 않은 대기시간이나 휴식·수면시간 등이라 하더라도 그것이 휴게시간으로서 근로자에게 자유로운 이용이 보장된 것이 아니고 실질적으로 사용자의 지휘·감독 하에 놓여있는 시간이라면 이는 근로시간에 포함된다고 할 것이다.

24시간 근무 후 24시간을 쉬는 격일제 형식으로 근무한 아파트 경비원에게 적용될 최저임금 산정을 위한 1일 근로시간을 인정함에 있어 점심 및 저녁식사를 위한 휴게시간 2시간과 심야의 4시간 정도의 수면시간을 근로시간에서 제외한 원심판결을, 식사시간 및 심야시간의 구체적인 근무실태에 대한 심리미진 등을 이유로 파기한 사례

휴게시간 중의 근로자 행위가 근로자 본래 업무와 관련된 것이라면 업무상 재해로 볼 수 있다.

사건번호 : 대법 2000다2023
선고일자 : 2000-04-25

휴게시간 중의 근로자 행위가 휴게시간 종료 후의 노무제공과 관련되어 있는 생리적 행위, 합리적, 필요적 행위라면 업무상 재해로 인정되어야 할 것이다. 이 사건은 망인이 10분간의 휴게시간을 이용하여 소외 회사 정문 옆 구내매점에 간식을 사러 가다가 사고를 당하였고 그 장소가 소외회사의 사업장 시설인 제품하치장인 바, 망인이 10분간의 휴게시간 동안에 근로자를 위한 복리후생 시설인 구내매점을 이용하여 간식을 사먹는 행위는 근로자의 본래 업무행위에 수반된 생리적, 합리적 행위라고 할 수 있으므로 이 사건은 업무상 재해에 해당한다.

○ 사례해결

근로시간이라 함은 휴게시간은 포함되지 않으며 사용자의 지휘·감독 아래 있는 시간으로 근로자가 그의 노동력을 사용자의 처분 아래 두었으면 그 시간은 근로시간에 해당됩니다.

근로기준법상 휴게시간이라 함은 휴게시간 · 대기시간 등 명칭여하에 불문하고 근로자가 자유로이 활용할 수 있는 시간으로서 실제근로시간에 포함되지 않고 임금도 지급되지 않습니다.

그러나 대기시간이라도 사업장 밖으로 이탈이 불가능하고 근로자가 그 시간을 자유롭게 이용할 수 없으며 작업은 하고 있지 않지만 언제 근로요구가 있을지 모르는 상태(식당종업원, 의사 등)인 경우는 근로시간에 포함됩니다. 근로기준법 제50조 제3항은 '근로시간을 산정함에 있어 작업을 위하여 근로자가 사용자의 지휘 · 감독 아래에 있는 대기시간 등은 근로시간으로 본다'고 규정하고 있습니다.

본 사례의 대기시간은 사용자의 지휘 · 감독을 벗어나 근로자의 자유로운 이용이 보장되고 있으므로 휴게시간에 해당되어 근로시간에 포함되지 않을 것으로 판단되는 바, 임금을 지급하지 않아도 될 것으로 사료됩니다.

다만, 대기시간에 대하여 근로시간 여부에 대한 논란이 발생할 소지가 있으므로 근로계약서 등을 통하여 대기시간을 휴게시간으로 명시하는 것이 바람직합니다.

Theme 05

연장근로시간 계산 및 동의방법

연장근로시간의 계산은 어떻게 하고 그에 대한 동의는 어떻게 받아야 하나요?

○ 실무사례 OO업체는 주중에 12시간 근로자의 동의 없이 연장근로와 일요일 휴일근로를 실시하여 왔음. A직원이 휴일근로시간도 연장근로에 해당한다며 근로기준법 위반으로 고소함. 또한 노조에서는 연장근로에 대한 포괄적 합의는 무효이며 연장근로시마다 조합원들의 동의를 받아야 한다고 주장함. 이와 관련해 연장근로시간의 계산과 그에 대한 동의는 어떻게 해야 하는지 문의드림.

○ 관련법령

제53조(연장 근로의 제한) ① 당사자 간에 합의하면 1주 간에 12시간을 한도로 제50조의 근로시간을 연장할 수 있다.

② 당사자 간에 합의하면 1주 간에 12시간을 한도로 제51조의 근로시간을 연장할 수 있고, 제52조 제2호의 정산기간을 평균하여 1주 간에 12시간을 초과하지 아니하는 범위에서 제52조의 근로시간을 연장할 수 있다.

③ 상시 30명 미만의 근로자를 사용하는 사용자는 다음 각 호에 대하여 근로자대표와 서면으로 합의한 경우 제1항 또는 제2항에 따라 연장된 근로시간에 더하여 1주 간에 8시간을 초과하지 아니하는 범위에서 근로시간을 연장할 수 있다. (2018.3.20. 신설 : 2021.7.1. 시행 : 2022.12.31.까지 유효)

1. 제1항 또는 제2항에 따라 연장된 근로시간을 초과할 필요가 있는 사유 및 그 기간
2. 대상 근로자의 범위

④ 사용자는 특별한 사정이 있으면 고용노동부장관의 인가와 근로자의 동의를

받아 제1항과 제2항의 근로시간을 연장할 수 있다. 다만, 사태가 급박하여 고용노동부장관의 인가를 받을 시간이 없는 경우에는 사후에 지체 없이 승인을 받아야 한다.

⑤ 고용노동부장관은 제4항에 따른 근로시간의 연장이 부적당하다고 인정하면 그 후 연장시간에 상당하는 휴게시간이나 휴일을 줄 것을 명할 수 있다.

⑥ 제3항은 15세 이상 18세 미만의 근로자에 대하여는 적용하지 아니한다. (2018.3.20. 신설 : 2021.7.1. 시행 : 2022.12.31.까지 유효)

제55조(휴일) ① 사용자는 근로자에게 1주에 평균 1회 이상의 유급휴일을 보장하여야 한다.

② 사용자는 근로자에게 대통령령으로 정하는 휴일을 유급으로 보장하여야 한다. 다만, 근로자대표와 서면으로 합의한 경우 특정한 근로일로 대체할 수 있다. (2018.3.20 신설 : 시행일 부칙 참조)

※ 법 제55조 제2항의 개정규정은 다음 각 호의 구분에 따른 날부터 시행한다. (법률 제15513호 부칙 제4항)

1. 상시 300명 이상의 근로자를 사용하는 사업 또는 사업장, 「공공기관의 운영에 관한 법률」 제4조에 따른 공공기관, 「지방공기업법」 제49조 및 같은 법 제76조에 따른 지방공사 및 지방공단, 국가·지방자치단체 또는 정부투자기관이 자본금의 2분의 1 이상을 출자하거나 기본재산의 2분의 1 이상을 출연한 기관·단체와 그 기관·단체가 자본금의 2분의 1 이상을 출자하거나 기본재산의 2분의 1 이상을 출연한 기관·단체, 국가 및 지방자치단체의 기관 : 2020년 1월 1일
2. 상시 30명 이상 300명 미만의 근로자를 사용하는 사업 또는 사업장 : 2021년 1월 1일
3. 상시 5인 이상 30명 미만의 근로자를 사용하는 사업 또는 사업장 : 2022년 1월 1일

제56조(연장·야간 및 휴일 근로)

① 사용자는 연장근로(제53조·제59조 및 제69조 단서에 따라 연장된 시간의 근로를 말한다)에 대하여는 통상임금의 100분의 50 이상을 가산하여 근로자에게 지급하여야 한다. ② 제1항에도 불구하고 사용자는 휴일근로에 대하여는 다음 각 호의 기준에 따른 금액 이상을 가산하여 근로자에게 지급하여야 한다.
1. 8시간 이내의 휴일근로 : 통상임금의 100분의 50
2. 8시간을 초과한 휴일근로 : 통상임금의 100분의 100
③ 사용자는 야간근로(오후 10시부터 다음 날 오전 6시 사이의 근로를 말한다)에 대하여는 통상임금의 100분의 50 이상을 가산하여 근로자에게 지급하여야 한다.

○ **행정해석**

1일 10시간씩 주5일 근무하는 회사에서 유급휴일인 토요일과 일요일에 15시간씩 근로케 할 경우 휴일근로 및 연장근로 해당된다.

회시번호 : 근기 68207-3125
회시일자 : 2002-10-28

질 의

주 5일 근로를 하는 회사 (토, 일요일은 유급휴일)의 생산직 근로자가 월요일부터 금요일까지 5일 동안은 근로시간이 각각 10시간이고, 토요일 일요일은 각각 15시간씩 근로하였을 때, 사업주는 근로에 대해 연장 및 휴일근로수당 등을 지급함.
이러한 상황일 때, 근로기준법 제49조 위반에 해당되는지

회 시

질의내용이 불분명하여 정확한 답변이 곤란하나, 주5일 근무제를 채택한 경우 주휴일을 제외한 나머지 휴무일에 대하여 휴일로 한다는 명시적인 약정이 없는 한, 휴무일에 근로한 것은 휴일근로가 아닌 통상의 근로에 해당됨. 그러나

노사당사자간에 휴무하는 토요일을 휴일로 한다는 명시적이 약정이 있는 경우라면 그 날에 근로한 것은 휴일근로에 해당됨.

휴일에 1일 법정근로시간인 8시간을 초과한 경우에는 그 초과된 시간에 대하여 휴일근로가산수당 외에 연장근로수당도 지급해야 하며, 이 경우 그 초과된 시간은 근로기준법 제52조 제1항에 의한 연장근로시간에 포함된다고 사료됨.

○ 판 례

1. 시급제 또는 일급제 근로자는 통상임금에 속하는 고정수당을 포함하여 새로이 산정한 시간급 통상임금을 기준으로 계산한 주휴수당액과 이미 지급받은 주휴수당액의 차액을 청구할 수 있다.
2. 휴일근로에 따른 가산임금과 연장근로에 따른 가산임금은 중복하여 지급될 수 없다.

사건번호 : 대법 2016다39538, 2016다39545
선고일자 : 2018-12-27

요 지

1. 시급제 또는 일급제 근로자가 기본 시급 또는 기본 일급 외에 매월 또는 1개월을 초과하는 일정기간마다 지급받는 고정수당 중에는 근로계약·단체협약 등에서 달리 정하지 않는 한 구 근로기준법 제55조에 따라 부여되는 유급휴일에 실제로 근무를 하지 않더라도 근무를 한 것으로 간주하여 지급되는 법정수당인 주휴수당이 포함되어 있지 않다. 따라서 시급제 또는 일급제 근로자로서는 근로기준법상 통상임금에 속하는 매월 또는 1개월을 초과하는 일정기간마다 지급되는 고정수당을 포함하여 새로이 산정한 시간급 통상임금을 기준으로 계산한 주휴수당액과 이미 지급받은 주휴수당액의 차액을 청구할 수 있고, 이를 주휴수당의 중복 청구라고 할 수 없다. 다만 시급제 또는 일급제 근로자에게 매월 지급되는 이러한 고정수당에는 구 근로기준법 제55조에 따라 유급으

로 처리되는 시간에 대응하는 부분이 포함되어 있으므로, 매월 또는 1개월을 초과하는 일정기간마다 지급되는 고정수당액을 월의 소정근로시간과 이처럼 유급으로 처리되는 시간을 합한 총 근로시간 수로 나눈 금액을 기본 시급 또는 기본 일급의 시간급 금액에 더하는 방식에 의하여 시급제 또는 일급제 근로자의 시간급 통상임금을 산정하여도 무방하다.

2. (구) 근로기준법상 휴일근로시간은 1주간 기준근로시간과 1주간 연장근로시간에 포함되지 않는다고 보아야 하므로, 휴일근로에 따른 가산임금과 연장근로에 따른 가산임금은 중복하여 지급될 수 없다.

근로계약시 약정한 연장근로에 관한 합의의 효력

사건번호 : 대법 94다19228
선고일자 : 1995-02-10

(구) 근로기준법 제42조 제1항에서는 8시간근로제에 따른 기준근로시간을 정하면서 아울러 그 예외의 하나로서 당사자간의 합의에 의한 연장근로(시간외근로)를 허용하고 있는 바, 여기서 당사자간의 합의라 함은 원칙적으로 사용자와 근로자와의 개별적 합의를 의미한다 할 것이고, 이와 같은 개별근로자와의 연장근로에 관한 합의는 연장근로를 할 때마다 그때 그때 할 필요는 없고 근로계약 등으로 미리 이를 약정하는 것도 가능하다. 또한 이때의 연장근로계약에서 특별히 기간을 정하지 아니한 경우에도 그 근로계약은 기간의 약정이 없는 것으로서 이와 같은 경우 매년 당사자가 근로계약을 새로이 갱신하여야 하는 것은 아니므로 근로자가 위 근로계약을 해지하지 아니한 이상 연장근로에 관한 합의의 효력은 그대로 유효하다.

근로기준법 제42조 제1항의 "연장근로에 대한 당사자의 합의"에 있어서 개별 근로자의 합의권을 박탈하지 아니하는 범위내에서 단체협약에 의한 합의도 가능하다.

사건번호 : 대법 93누5796
선고일자 : 1993-12-21

근로기준법 제42조 제1항은 8시간근로제에 따른 기준근로시간을 규정하면서 아울러 8시간근로제에 대한 예외의 하나로 당사자의 합의에 의한 연장근로를 허용하고 있는바, 여기서 당사자간의 합의라 함은 원칙적으로 사용자와 근로자와의 개별적 합의를 의미하고, 개별근로자의 연장근로에 관한 합의권을 박탈하거나 제한하지 아니하는 범위에서는 단체협약에 의한 합의도 가능하다.

현실적으로 연장근로가 필요한 경우라면 연장근로신청 및 회사의 승인이 없었더라도 실제 연장근로 시간에 상당한 임금을 지급해야 한다.

○ 사례해결

개정 전 근로기준법은 휴일근로에 대해 제한하는 규정을 두고 있지 않고 있었으며 고용노동부는 법정연장근로시간인 1주 12시간에 휴일근로시간은 포함되지 않는다고 해석하고 있었습니다. 다만, 휴일근로라 하더라도 1일 기준인 8시간을 초과하여 근로한 경우 그 초과시간과 주중 연장근로시간을 합산하여 1주 연장근로 한도인 12시간을 초과할 수 없습니다.

따라서 본 사례의 경우 휴일근로와 상관없이 주중의 연장근로시간이 12시간을 초과하지 않았으므로 근로기준법 위반에 해당하지는 않습니다. 만약 업체에서 휴일에 1일 8시간을 초과하여 근로시켰을 경우 1주 12시간의 연장근로 한도를 초과하는 바, 근로기준법 위반일 수 있습니다.

한편, 최근 근로기준법의 개정으로 1주일이 7일임을 명시하고, 휴일근로와 연장근로를 별개로 보았던 기존의 고용노동부의 입장과는 다르게, 휴일근로를 연장근로의 일부로 보아 휴일근로를 포함하여 1주 최대 12시간의 연장근로만을 허용하게 되었습니다. 상시근로자 수를 기준으로 하여 순차적으로 사업장에 적용중인바, 2021년 7월 1일부터는 상시근로자수 5인 이상의 사업장은 모두 근로시간 단축 관련 개정법의 적용을 받습니다. 따라서 연장근로시간과 휴일근로시간이 총 12시간을 초과하는 사업장의 경우 근로시간 단축에 대비하는 것이 필요할 것으로 사료됩니다.

또한 연장근로를 하고자 할 경우 할 때마다 일일이 개별근로자와의 합의하는 것이 원칙입니다. 단체협약, 취업규칙, 근로계약 등에 구체적인 사유, 일정한 기간을 정하여 연장근로를 하도록 미리 포괄적 동의를 받는 것도 가능합니다.

단체협약, 취업규칙, 근로계약으로 정한 바에 따라 노사 당사자가 연장근로시간을 구체적으로 정하여 합의한 후 근로자가 정당한 사유 없이 개별적 또는 집단적으로 동 연장근로를 거부하는 경우에는 사용자에 대한 계약위반이 발생함과 동시에 취업규칙 등에 정한 바에 따라 근로자에게 정당한 절차에 의한 조치도 취할 수 있습니다.

다만, 연장근로가 관행화되어 있어도 당사자간 합의가 성립된 것이 아니므로 관행적인 연장근로를 거부한 근로자에 대해선 불이익을 줄 수 없습니다.

Theme 06

근로시간 및 휴게시간의 특례 업종

○ 실무사례

당사는 제조업체로부터 전자 제품을 매입하여 일반 소비자에게 판매하는 전자 제품 유통 업체임 .법인을 운영하는 데 필요한 최소한의 행정 인력을 제외한 전 직원이 매장에서 판매에 종사하는 당사의 경우, 근로기준법 제59조 1호의 물품 판매업에 해당하여 1주 12시간을 초과하여 연장근로를 더 시킬 수 있는지 문의드림.

○ 관련법령

근로기준법

제59조(근로시간 및 휴게시간의 특례)

① 「통계법」 제22조 제1항에 따라 통계청장이 고시하는 산업에 관한 표준의 중분류 또는 소분류 중 다음 각 호의 어느 하나에 해당하는 사업에 대하여 사용자가 근로자대표와 서면으로 합의한 경우에는 제53조 제1항에 따른 주(週) 12시간을 초과하여 연장근로를 하게 하거나 제54조에 따른 휴게시간을 변경할 수 있다.

1. 육상운송 및 파이프라인 운송업. 다만, 「여객자동차 운수사업법」 제3조 제1항 제1호에 따른 노선(路線) 여객자동차운송사업은 제외한다.
2. 수상운송업
3. 항공운송업
4. 기타 운송관련 서비스업
5. 보건업

② 제1항의 경우 사용자는 근로일 종료 후 다음 근로일 개시 전까지 근로자에게 연속하여 11시간 이상의 휴식 시간을 주어야 한다.

○ 행정해석

근로자대표와의 서면합의를 통하여 특례규정을 일부 직종의 근로자에 대해서만 적용하는 것도 가능하다.

회시번호 : 근로기준과-228
회시일자 : 2004-01-09

질 의

철도의 전직종을 '운수업'으로 보아 근로기준법 제58조 제1항에 의거 근로자대표와 '서면합의'를 하고, 1주야 교대근무를 계속할 수 있는지

일부 직종에 대하여는 '운수업'으로 볼 수 없다면, 법 제52조 제3항에 의거 '특별한 사정이 있는 경우'로 보아 노동부장관의 인가와 근로자의 동의를 얻어 일정기간(인력충원 소요 예상 약 2~3년 추정) 동안 1주야 교대근무를 계속할 수 있는지

일부 직종에 대하여는 '운수업'으로 볼 수 없을 때, '운수업'으로 간주되는 일부 직종(역무·승무 분야) 종사자들에 대하여만 1주야 교대근무를 계속 시행하고자 할 경우 연장근로 합의 당사자를 '전국철도노동조합'으로 보아야 하는지 아니면 하부조직인 각 지부로 보아야 하는지

회 시

근로기준법 제58조의 규정은 동조에 해당되는 사업에 대하여 적용되고, 사업 내의 근로자의 직종별로 적용 여부를 규정하고 있지 아니하므로 동조 각 호의 1에 해당하는 사업은 직종에 관계없이 소속 근로자 전체를 대상으로 특례규정을 적용할 수 있는 것임.

한편, 근로기준법은 사업 또는 사업장 단위로 적용되는 바, 하나의 사업에 수개의 사업장이 있는 경우 근로기준법의 적용단위를 사업 전체로 할 것인지 사업장별로 할 것인지 여부는 각 사업부문의 조직·인사·회계 및 노무관리가 완전히 분리되어 독자적으로 사업경영이 이루어지고 있는 경우에만 사업장별로 적용하되, 그러한 독립성이 없으면 사업 전체를 적용단위로 보아야 할 것임.

귀 질의만으로는 사실관계가 명확하지 않아 정확한 답변이 곤란하나, 철도공사 전체가 하나의 사업으로서 근로기준법이 적용되는 경우에는 한국표준산업분류 등에 따라 철도공사의 업종이 운수업으로 분류되고 그 주된 사업내용이 운수사업에 해당된다면 철도공사 전체 근로자를 대상으로 근로기준법 제58조의 특례를 적용할 수 있을 것으로 사료됨. 다만, 근로자대표와의 서면합의를 통하여 특례규정을 일부 직종의 근로자에 대해서만 적용하는 것은 가능하다고 사료됨.

○ 사례해결

일정사업에 대하여 사용자가 근로자 대표와 서면합의를 한 때에는 근기법 제53조 제1항의 규정에 의한 주 12시간을 초과하여 연장근로하게 하거나 휴게시간을 변경할 수 있습니다.

이러한 특례제도는 엄격한 연장근로시간 및 휴게시간의 규제가 공중생활의 불편을 초래할 수 있거나 사업목적 달성이 어려워 사업에 대해 일정한 요건이 충족되면 근기법에 의한 연장근로 제한시간을 초과하여 근로하게 하거나 휴게시간을 변경할 수 있도록 하여, 공중생활의 불편을 해소하려는 목적으로 규정되었습니다.

이 특례규정은 그 적용대상을 동조에 해당하는 '사업'으로 하고 있는데, '사업'에 해당하는지 여부는 당해 사업의 목적과 주된 생산 활동이 무엇인지에 따라 판단하되 주요 생산품, 매출액, 근로자의 직종별 분포 등을 종합적으로 고려해 동조에 의한 사업에 해당된다면 개별 근로자의 수행업무와 관계없이 전 근로자에게 적용됩니다. 다만 하나의 사업에 수 개의 사업장이 있는 경우 각 사업의 조직·인사·회계·노무 관리 등이 완전히 분리돼 독자적으로 사업경영이 이뤄진다면 각 사업장별로 적용될 수 있습니다.

한편, 최근 근로기준법의 개정으로 근로시간 및 휴게시간의 특례업종이 기존의 26종에서 5종으로 대폭 축소된바, 운수업 중 노선버스가 제외되고, 영화제작이나 흥행업, 통신업, 교육연구 및 조사사업이나 광고업도 특례업종에서 제외되었고, 기존 적용대상이던 '의료 및 위생사업, 접객업, 소각 및 청소업, 이용업'도 '보건업'이라는 내용으로 포괄적으로 규정돼 축소가 예상됩니다. 또한 '공중의 편의나 업무 특성상 대통령령으로 정하는 사업'도 특례규정에서 제외돼 특례 업종은 온전히 입법으로 규율되었습니다.

본 사례의 경우 개정전 근로기준법에 따르면 업종이 소매업이고, 주된 목적과 생산 활동이 전자 제품 판매라면 근로기준법 제59조 제1호의 '물품 판매 및 보관업'에 해당하여 특례가 인정되었으나, 개정 후 근로기준법에 따르면 특례업종에서 제외되었으므로, 근기법상의 연장근로제한(1주 12시간)에 해당하고 그 이상을 근로시킬 수 없습니다.

Theme 07

단시간근로자 연장근로

○ 실무사례
본인은 다른 직원과는 달리 일주일에 30시간을 일하기로 하고 회사에 다니고 있음. 일과 공부를 병행해야 하는 입장이어서 근로시간이 적은 것이 마음에 들어 이 회사에서 일하기 시작 하였으나 막상 일을 하다 보니 실제 근무시간은 30시간 이상이 될 때가 더 많았음. 이처럼 단시간 근로자의 경우 연장근로에 대한 제한이 있는지 그리고 30시간을 초과하는 근로시간에 대한 수당을 별도로 받을 수 있는지 문의드림.

○ 관련법령

근로기준법

제2조(정의)

① 이 법에서 사용하는 용어의 뜻은 다음과 같다.

8. "단시간근로자"란 1주 동안의 소정근로시간이 그 사업장에서 같은 종류의 업무에 종사하는 통상 근로자의 1주 동안의 소정근로시간에 비하여 짧은 근로자를 말한다.

기간제법

제6조(단시간근로자의 초과근로 제한)

① 사용자는 단시간근로자에 대하여 「근로기준법」 제2조의 소정근로시간을 초과하여 근로하게 하는 경우에는 당해 근로자의 동의를 얻어야 한다. 이 경우 1주간에 12시간을 초과하여 근로하게 할 수 없다.

② 단시간근로자는 사용자가 제1항의 규정에 따른 동의를 얻지 아니하고 초과

근로를 하게 하는 경우에는 이를 거부할 수 있다.
③ 사용자는 제1항에 따른 초과근로에 대하여 통상임금의 100분의 50 이상을 가산하여 지급하여야 한다.

○ 행정해석

단시간근로자초과근로관련지침 - 고용차별개선과 2014.09

1. 지침의 배경

• 근로기준법 제56조는 법정근로시간(1주 40시간)을 초과하여 연장근로를 한 경우 가산임금을 지급하도록 규정
  – 그간 소정근로시간을 초과하였으나 법정근로시간을 넘지 않은 연장근로(법내 초과근로)에 대해서는 가산임금을 지급하지 않더라도 무방하다고 해석

* 근로기준법 소정의 기준 근로시간 범위 안에서 사용자와 근로자 사이의 약정 근로시간을 초과하는 근로(이른바 법내 초과근로)는 근로기준법 제46조(현행 제56조)에서 말하는 시간외근로에 해당하지 아니하므로 그에 대하여는 그 법조에 정한 할증임금을 지급할 필요가 없음(대법원 1998.6.26. 선고 97다14200).

• 그러나, 단시간근로자의 경우 소정근로시간을 짧게 한 후 가산임금 지급 없이 상시적인 초과근로를 강요받는다는 지적이 지속 제기
• 이에 따라 법정근로시간 이내라도 단시간근로자의 소정근로시간 초과근로에 대해 가산임금(50%)을 지급하도록 기간제법 개정

기간제 및 단시간근로자 보호 등에 관한 법률

제6조(단시간근로자의 초과근로 제한) ① 사용자는 단시간근로자에 대하여 근로기준법 제2조의 소정근로시간을 초과하여 근로하게 하는 경우에는 당해 근로자의 동의를 얻어야 한다. 이 경우 1주간에 12시간을 초과하여 근로하게 할 수 없다.

② 단시간근로자는 사용자가 제1항의 규정에 따른 동의를 얻지 아니하고 초과근로를 하게 하는 경우에는 이를 거부할 수 있다.
③ 사용자는 제1항에 따른 초과근로에 대하여 통상임금의 100분의 50 이상을 가산하여 지급하여야 한다('14. 3.18. 신설).

- 단시간근로자의 초과근로에 대한 가산임금 지급 규정이 시행됨에 따라 기존 행정해석 변경 필요성 및 단시간근로자 정의, 소정근로시간의 변경 등 쟁점에 대해 검토 후 통일적으로 해석할 필요

2. 단시간근로자의 정의

□"단시간 근로자"란 1주 동안의 소정근로시간이 그 사업장에서 같은 종류의 업무에 종사하는 통상근로자의 1주 동안의 소정근로시간에 비하여 짧은 근로자를 말한다(근로기준법 제2조 제1항 제8호).

(1) 비교대상근로자인 통상근로자 반드시 있어야 하는지 여부

- 현행 근로기준법 은 단시간 근로자를 1주간 소정근로시간이 동종업무에 종사하는 통상근로자보다 짧은 근로자로 정의하고 있어 단시간근로자 개념은 해당 사업장에 비교대상 근로자인 통상 근로자의 존재를 전제로 함.
- 따라서 근로자들의 소정근로시간이 모두 동일한 사업장의 경우 등 통상근로자가 없는 경우에는 1주 동안의 소정근로시간이 법정 근로시간(1주 40시간)보다 짧더라도 단시간근로자가 없는 것임.

사 례

- 소정근로시간과 근무조건이 동일하여 통상근로자가 없는 경우
  - 사업주를 제외하고 5명의 아르바이트 근로자가 모두 판매 업무를 수행하고 소정근로시간이 동일한 경우 비교대상 근로자가 없어 A, B, C ,D, E 근로자 모두 단시간근로자로 볼 수 없음.

(2) 통상근로자의 개념 정의

• 통상근로자와 단시간근로자의 구별 기준

– 근로기준법 제2조 제1항 제8호에서 단시간근로자를 "통상 근로자의 1주 동안의 소정근로시간에 비하여 짧은 근로자"라고 전제하고, 같은 법 제18조에서 단시간근로자의 근로조건을 통상 근로자의 근로시간에 비례하여 정하도록 규정한 점에 비추어 볼 때, 통상근로자와 단시간근로자의 중요한 구별 기준은 "소정근로시간"임.

• 사업장에 1주 40시간으로 소정근로시간을 정한 근로자가 있는 경우

– 근로기준법은 1일 8시간, 1주 40시간(법정근로시간) 근로를 하는 전일제 근로자를 기본으로 규정하고 있음.

* 근로기준법 시행령 별표 2(단시간근로자의 근로조건 결정기준 등에 관한 사항)은 단시간근로자의 연차유급휴가를 통상근로자의 연차휴가일수에 통상근로자의 소정근로시간에 비례하여 산정하도록 규정하고 있으며 통상근로자의 연차휴가일수에 대하여 별도의 규정이 없으므로 법 제60조에 따른 연차유급휴가 일수를 전제로 한 것으로 볼 수 있으며 이는 1주 40시간을 전제로 규정한 것임.

→ 위와 같은 1주 40시간의 근로를 제공하는 근로자가 해당 사업장에 있는 경우 그를 통상근로자로 보고 그와 동종 업무에 종사하는 1주 동안의 소정근로시간이 그 보다 짧은 근로자를 단시간근로자로 판단

• 사업장에 1주 40시간으로 소정근로시간을 정한 근로자가 없는 경우

– 해당 사업장에서 같은 종류의 업무에 종사하는 근로자 중 1주 동안의 소정근로시간이 가장 긴 근로자를 통상근로자로 보고 그 근로자보다 1주 동안의 소정근로시간이 짧은 근로자를 단시간근로자로 판단

(3) 같은 종류의 업무에 종사하는 통상근로자

• 같은 종류의 업무에 종사하는 통상근로자가 없는 경우

– 근로기준법 은 해당 근로자의 1주 동안의 소정근로시간이 통상근로자보다 짧은 경우에도 해당 통상근로자와 같은 종류의 업무에 종사하는 경우에 한하여 단시간근로자로 봄.

따라서, 현행 근로기준법 의 해석상 "같은 종류의 업무"에 종사하는 통상근로자가 없는 경우에는 1주 동안의 소정근로시간이 통상근로자보다 짧은 경우에도 단시간근로자가 될 수 없음.

• 같은 종류의 업무의 범위

– "동종 업무" 여부는 업무의 수행방법, 작업의 조건, 업무의 난이도 등을 종합적으로 고려하여 판단하되, 같은 직군 또는 직종에 종사하는 경우에는 같은 종류의 업무에 종사하는 근로자로 판단함이 합리적임.

– 이 경우 "동종 업무" 여부는 실제 업무 내용을 따져 판단하되, 해당 사업장의 취업규칙이나 단체협약의 규정, 사회보험 관련한 취급 실태 등도 함께 살펴보아야 함.

통상근로자에 대한 해석

• 근로기준법 상 단시간근로자 정의의 "동종업무" 여부는 당해 업무의 수행방법, 작업의 조건, 업무의 난이도 등을 종합적으로 고려하여 판단하여야 하며 특히 업무의 이질성으로 인해 근로조건이 현저하게 구별되어 규정되는지 여부 중요함(2002-3-26- 근기68207-1248) 68207-1248, '02. 3. 26.).

3. 단시간근로자의 소정근로시간

(1) 1일의 소정근로시간을 정하지 않는 경우 초과근로 판단

• 기간제법 제17조에 따른 근로조건 명시 의무 위반 여부

– 기간제법 제17조는 단시간근로자와 근로계약 체결 시 근로일 및 근로일별 근로시간을 서면으로 명시하도록 규정

* 기간제법 제17조(근로조건의 서면명시) 사용자는 기간제근로자 또는 단시간 근로자와 근로계약을 체결하는 때에는 다음 각 호의 모든 사항을 서면으로 명시하여야 한다. 다만, 제6호는 단시간근로자에 한한다.

4. 근로일 및 근로일별 근로시간

따라서, 사용자가 단시간근로자와 근로계약 체결 시 근로일 및 근로일별 근로시간을 서면으로 명시하지 않은 경우에는 500만원 이하의 과태료 부과

(1) 1일의 소정근로시간을 서면으로 정하지 않은 경우의 소정근로시간

근로기준법 제2조 제1항 제7호 "소정근로시간"이란 제50조, 제69조 본문 또는 산업안전보건법 제46조에 따른 근로시간의 범위에서 근로자와 사용자 사이에 정한 근로시간을 말한다.

• 기간제법 제17조에 따라 서면 근로계약서에 '근로일 및 근로일별 근로시간'이 기재되어 있는 경우 해당 근로계약서는 이른바 처분문서로서 특별한 사정이 없는 한 그에 따라 당사자들이 합의한 시간을 소정근로시간으로 판단. 그러나 1주 동안의 소정근로시간만 정하고 1주 동안의 근로일 및 근로일별 소정근로시간을 서면으로 정하지 않은 경우 서면에 명시하지 않았지만 통상적으로 근로를 제공하기 위해서는 구두 또는 묵시적으로 1일의 근로시간을 정할 수밖에 없으므로 사용자와 근로자의 근로계약 체결 시의 의사를 해석하여 소정 근로시간을 판단하여야 함.

(2) 소정근로시간의 변경이 가능한지 여부

• 단시간근로자의 소정근로시간을 변경할 수 있는지 여부
  - 근로기준법 제17조는 근로계약을 체결할 때에 근로자에게 소정근로시간 등이 명시된 서면을 교부하도록 하고 이를 변경하는 경우에도 동일한 의무를 부과하고 있으므로 소정근로시간 변경이 가능함을 전제로 한 것으로 볼 수 있으며 소정근로시간이 반드시 고정적일 필요는 없음 따라서, 근로계

약을 체결 한 후에도 사용자와 근로자의 명시적이고 확정적인 합의에 따라 근로시간 등 근로조건을 변경할 수 있다고 해석됨.

*근로계약기간 도중 특정근로자의 1주 또는 1일의 소정근로시간을 회사와 당해 근로지간 서면 또는 구두로 합의를 통해 변경가능(2013.2.20. 근로개선정책과-1290).

- 가산임금 지급을 회피할 목적으로 소정근로시간을 변경하는 경우
  - 법정근로시간 내 초과근로에 대한 가산임금 지급을 회피할 목적으로 소정근로시간을 변경하는 경우에는 소정근로시간의 변경 여부에 관계없이 애초에 정한 소정근로시간을 초과한 근로에 대하여 가산임금을 지급하도록 해석

- 1주 동안의 소정근로시간 범위에서 사용자가 임의적으로 근로시간을 운용할 수 있는지 여부
  - 법정 근로시간 내의 초과근로에 가산임금 지급 부담을 피하기 위하여 소정근로시간을 최대한 넉넉하게 정해놓고 실제 근로 시간은 소정근로시간 범위에서 사용자의 임의대로 운용하는 경우

예) 통상적으로 1주 5일, 1일 4시간의 단시간근로자를 사용하여 왔는데, 소정근로시간을 초과한 근로 시 가산임금 지급이 부담이 되어 1일 6시간으로 근로시간을 정하고 실제 근로는 4시간을 기본으로 하되, 때때로 6시간 근무하도록 하여 4시간을 초과한 2시간 근로에 대해서는 가산임금을 지급하지 아니함.

근로계약 시 명시적으로 정한 소정근로시간 범위 내의 근로에 대해서는 초과근로 시 가산임금 지급의 회피 목적에 관계없이 원칙적으로 가산임금을 지급할 의무가 없음.

그러나 근로계약 시 1주 동안의 소정근로시간을 명시적으로 정하였음에도 사용자가 특별한 사정없이 근로자의 소정근로시간 만큼의 근로제공에 대한 수령을 거부하는 경우, 경영상의 장애 등 사용자의 "휴업"으로 인한 때에는 근로자에게 근로기준법 제46조의 휴업수당 청구권이 발생하고 평균임금의 70%를 지급받을 수 있지만 사용자의 귀책사유 등으로 인한 휴업이 아니라 일방적인 수령거부인 경우에는 민법 제538조의 채권자의 귀책사유로 인한 이행불능에 해당하므로 근로자에게 사용자가 수령하지 않은 소정근로시간 부분의 임금 전액에 대한 청구권이 발생함.

(3) 소정근로시간을 집단적으로 일정기간 단위로 정하는 경우

- 사업장의 근로자집단별로 일정 단위기간 동안의 총 소정근로시간 및 특정주 또는 특정일별 근로시간을 변경할 수 있는지 여부
  - 단시간근로자의 근로일 및 근로일별 소정근로시간을 근로자대표와의 합의(또는 취업규칙)로 일정기간 단위로 정하는 경우에도 총 소정근로시간 및 특정주 또는 특정일별 근로시간을 변경할 수 있다고 판단됨.
  - 다만, 단위기간이 시작된 후 근무편성표를 조정하여 소정근로시간을 변경하는 것은 근로자가 사전에 근로시간을 예측할 수 없게 되고 가산임금 지급을 면탈하려는 것으로 해석될 수 있으므로 특별한 사정이 없는 한 "단위기간 시작 전까지만 변경이 가능" 하다고 해석함이 합리적임.

4. 행정사항

- 지침 시행일
  - 단시간근로자의 소정근로시간의 초과근로에 대해 가산임금(50%)을 지급하도록 개정한 기간제법이 '14.9.19. 시행 따라서 동 지침을 10월 첫째 주 지방관서로 시달하되, '14.9.19부터 소급하여 시행

• 그 밖의 사항
  – 기존 단시간근로자에 대한 행정해석 중 이 지침과 배치되는 내용이 있는 경우 해당 부분은 이 지침의 내용으로 변경된 것으로 함.

○ 사례해결

근로기준법 제2조 제8호는 '1주 동안의 소정근로시간이 그 사업장에서 같은 종류의 업무에 종사하는 통상 근로자의 1주 동안의 소정근로시간에 비하여 짧은 근로자'를 단시간 근로자로 정의하고 있습니다.

이와 관련하여 기간제 및 단시간근로자보호등에관한법률 제6조는 단시간근로자에 대하여 애초에 약정한 소정근로시간을 초과하여 근로하게 하는 경우에는 당해 근로자의 '동의'를 얻어야 하며, 이 경우에도 1주간에 12시간을 초과하여 근로시킬 수 없도록 규정하고 있습니다. 이를 위반하여 단시간근로자에게 초과근로를 하게 한 사용자에 대하여는 동법에 의거 1천 만 원 이하의 벌금이 부과될 수 있으며, 단시간근로자가 사용자가 동의를 얻지 아니하고 초과근로를 하게 하는 경우에는 이를 거부할 수 있도록 규정되어 있습니다.

본 사례의 경우 특별히 단시간 근로를 선택한 이유가 공부와 병행하기 위해서인 것으로 보이는 바 귀하의 동의 없는 연장근로는 충분히 거부할 수 있다고 사료됩니다.

법 개정 전 노동부와 판례는 초과근로수당의 경우 단시간근로자가 초과근로를 하였다 하더라도 총 근로시간이 1일 및 1주의 법정근로시간을 초과하지 않았다면 이는 법 내 초과근로로서 가산임금을 지급할 사용자의 법적 의무는 없다고 보았으나 상기와 같이 최근 법 개정으로 인하여 법 내 초과근로라 해도 단시간 근로자의 경우 소정근로시간을 초과하여 연장근로를 한 부분에 대해서는 통상임금에 가산임금을 추가하여 연장근로수당을 지급해야 합니다.

Theme 08

휴일제도의 운용

휴일대체사용은 어떻게 하는지요?

○ 실무사례
○○업체는 '휴일을 업체의 사정상 다른 날로 대체하여 휴무할 수 있다' 는 취업규칙을 근거로 근로자의 날에 정상적으로 근무하고 다른 날에 쉬는 걸로 대체하고자 함. 근로자의 날을 다른 날로 대체할 수 있는지 문의드림.

○ 관련법령

제55조(휴일)

① 사용자는 근로자에게 1주에 평균 1회 이상의 유급휴일을 보장하여야 한다. [개정 2018.3.20.]

② 사용자는 근로자에게 대통령령으로 정하는 휴일을 유급으로 보장하여야 한다. 다만, 근로자대표와 서면으로 합의한 경우 특정한 근로일로 대체할 수 있다.

○ 행정해석

근로자의날 관련 근로기준법 적용지침

회시번호 : 임금근로시간정책팀-3356

회시일자 : 2007-11-13

1. 검토배경

• 근로자의 날(5월 1일)은 「근로자의 날 제정에 관한 법률」에 의하여 근로기준법에 의한 유급휴일로 하도록 규정하고 있음.

• 그러나, 근로자의 날에 휴일대체 및 보상휴가제가 가능한지 여부, 특히 감시·단속적 근로자에게 근로자의 날을 적용하는 방법에 대하여 명확하지 않아 논란이 있는 바, 이에 대하여 적용지침을 마련하고자 함.

2. 관련규정

• 「근로자의 날 제정에 관한 법률」
  - 5월 1일을 근로자의 날로 하고 이 날을 「근로기준법」에 의한 유급휴일로 한다.

• 「근로기준법」
  - 사용자는 근로자에게 1주일에 평균 1회 이상의 유급휴일을 주어야 한다(제55조).
  - 사용자는 연장근로와 야간근로 또는 휴일근로에 대하여는 통상임금의 100분의 50 이상을 가산하여 지급하여야 한다(제56조).
  - 사용자는 근로자대표와의 서면 합의에 따라 제56조에 따른 연장근로·야간근로 및 휴일근로에 대하여 임금을 지급하는 것을 갈음하여 휴가를 줄 수 있다(제57조).
  - 이 장과 제5장에서 정한 근로시간, 휴게와 휴일에 관한 규정은 다음 각호의 어느 하나에 해당하는 근로자에 대하여는 적용하지 아니한다(제63조).
    1. 토지의 경작·개간, 식물의 재식·재배·채취 사업, 그 밖의 농림사업
    2. 동물의 사육, 수산 동식물의 채포·양식사업, 그 밖의 축산, 양잠, 수산사업
    3. 감시 또는 단속적으로 근로에 종사하는 자로서 사용자가 노동부장관의 승인을 받은 자
    4. 대통령령으로 정하는 업무에 종사하는 근로자(관리·감독업무 또는 기밀을 취급하는 업무)

3. 관련해석

(1) 근로자의 날은 유급휴일임.

- 근로자의 날은 1963년 「근로자의 날 제정에 관한 법률」(법률 제1326호)에 따라 한국노총의 창립일인 3월 10일을 노동절 대신 근로자의 날로 제정한 것에서 비롯되어, 1994년에는 세계적으로 5월 1일을 노동절로 기념하여 온 것에 맞추어 날짜를 5월 1일로 변경함.
- 근로자의 날 제정취지는 근로자들의 노고를 위로하고, 근무의욕을 높이기 위한 것으로 「국경일에 관한 법률」 또는 「관공서의 공휴일에 관한 규정」에서 정한 법정공휴일로 보기는 어려우나, 「근로기준법」의 적용을 받는 근로자에게 부여하는 주휴일과 같이 법정휴일이므로 해당 일에 근로제공이 없더라도 임금을 지급해야 함(근로기준과-2116, 2004.4.29.).

(2) 근로자의 날의 근로에 대하여는 휴일근로수당을 지급하거나 보상휴가제를 실시할 수 있음.

- 근로자의 날은 주휴일과 같이 근로자에게 적용되는 휴일이므로 해당 일에 근로제공을 한 때에는 「근로기준법」 제56조에 따라 휴일근로수당으로 통상임금의 100분의 50 이상을 가산하여 지급하여야 함(대판 1991.5.14, 90다14089).
- 또한 「근로기준법」 제57조에서 같은법 제56조의 야간·휴일·연장근로에 대하여 보상휴가제를 실시할 수 있다고 규정하고 있을 뿐 근로자의 날을 제외하고 있지 않으므로 근로자의 날의 근로에 대하여 임금을 지급하는 것을 갈음하여 휴가를 부여할 수 있음(임금근로시간정책팀-2363, 2007.7.13.).

(3) 근로자의 날은 휴일대체가 불가함.

- 근로자의 날은 법률로서 5월 1일을 특정하여 유급휴일로 정하고 있으므로 다른 날로 대체할 수 없다고 보아야 함(근기-829, 2004.2.19.).

(4) 감시·단속적 근로자 등의 적용방법

□감시·단속적 근로자 등에게도 근로자의 날은 보장됨.

• 감시·단속적 근로자를 포함한「근로기준법」제63조의 적용제외 근로자는 제4장과 제5장에서 정한 휴일에 관한 규정은 적용되지 않음.

＊농림, 축산, 수산업 종사자, 관리 감독업무 및 기밀취급자

– 따라서 제63조의 적용제외 근로자가 휴일에 근로를 제공한다고 하더라도 휴일근로로 보지 않음.

– 다만, 근로자의 날은「근로자의 날 제정에 관한 법률」에 의해 특정일을 기념하여 휴일로 규정하고 있으므로 제63조의 적용제외 근로자에게도 유급휴일로 보장(근기 01254-6550, 1991.5.9.).

□ 감시·단속적 근로자 등에게는 근로기준법상 보상휴가제는 적용되지 아니하나 당사자 합의로 실시 가능함.

•「근로기준법」제63조의 적용제외 근로자는 제4장과 제5장에서 정한 휴일에 관한 규정은 적용되지 않으므로

– 제57조의 보상휴가제도는 적용되지 않는 것임. 다만, 당사자간 합의로 제도를 도입하여 운영할 수는 있음.

□ 통상 하루에 지급하는 임금을 추가 지급하여야 함.

•「근로기준법」제63조의 적용제외 근로자가 근로자의 날에 근로제공을 하지 않고 쉬더라도 통상 하루에 지급하는 소정임금을 추가로 지급하여야 함.

＊예) 1일 2교대 10시간(휴게 2시간 제외) 근무자 : 10시간분의 임금 지급

– 단, 격일제 근무자는 근무일 다음의 휴무일(비번일)은 전일의 근무를 전제로 주어지는 것이므로, 격일제 근무자에게 지급하여야 할 통상 하루의 소정임금은 근무일의 절반에 해당하는 근로시간의 소정임금으로 함(임금근로시간정책팀-3961, 2006.12.27.).

* 예) 24시간 격일제 근무자 : 근무일의 절반에 해당하는 12시간분의 임금 지급

- 만약, 제63조 적용제외 근로자가 격일제 근무 등을 이유로 근로자의 날 당일을 쉬지 못하고 근로를 제공한 경우라도
– 휴무자(비번자)와 동일하게 통상 하루의 소정임금을 추가로 지급하면 됨.

4. 행정사항

- 이 지침과 배치되는 기존의 행정해석은 이 지침시행과 동시에 폐지함.

휴일대체가 적법하게 이루어진 경우에는 사용자는 근로자에게 휴일근로 수당을 지급할 의무를 지지 않는다.

회시번호 : 임금근로시간정책팀-1815
회시일자 : 2006-07-21

질 의

우리협회는 화물자동차운수사업법 제33조에 의하여 서울특별시장의 승인을 받아 설립(1970.11.7.)된 서울특별시 용달화물자동차 운송사업 협회로서 용달운송사업의 공익성 구현 및 건전한 발전과 공동의 복리증진을 도모하고 있으며 22,600명의 용달사업자를 구성원으로 한 운수단체임.

다름이 아니오라 우리 협회는 총무과, 관리과, 지도과 및 7개지부로 구성되어 근무를 하고 있으며 또한 지도과는 근무 특정상 일요일에도 자가용유상운송단속으로 근무를 실시하고 있는바, 따라서 휴일에 근무한 직원에 대해 휴일수당을 지급해야 되는지 여부를 아래와 같이 질의하오니 답신해 주시기 바람.

질의1)

토·일요일 근무하고 월·화요일에 휴무를 실시하여도 휴일수당을 지급해야 되는지 여부?

질의2)

토·일요일 근무한 직원을 월·화요일 휴무로 대휴해도 되는지 여부?

질의3)

질의 1)과 같이 휴일수당을 지급한다면 몇 %를 지급해야 되는지 여부?

회 시

귀문의 경우 구체적인 사실관계를 알 수 없어 정확한 답변이 곤란하나, 휴일의 대체란 노사합의에 의해 취업규칙 등에 미리 휴일로 정해져 있는 날, 즉 근로의무가 없는 날을 다른 근로일과 교체하여 휴일은 근무일로 하고 근무일을 휴일로 하여 근로의무가 없는 날로 조치하는 것을 말함.

휴일대체에 대하여 근로기준법에서 달리 정한 바는 없으나 대법원에서는 단체협약 등에 정해져 있거나 당사자 개인의 동의를 얻은 경우 미리 근로자에게 교체할 휴일을 특정하여 고지하면 달리 보아야 할 사정이 없는 한 이는 적법한 휴일대체로 보고 있으며, 적법한 휴일대체인 경우에는 원래의 휴일은 통상의 근로일이 되고 그날의 근로는 휴일 근로가 아닌 통상근로가 되므로 사용자는 근로자에게 휴일근로수당을 지급할 의무를 지지 않는다고 판시한 바 있음(대법원 99다7367 2000.9.22).

다만, 위와 같은 휴일대체를 하고자 할 때는 적어도 24시간 이전에 해당 근로자에게 통보해 주어야 하며(법무 811-18759, 1978.4.8) 그러하지 아니한 경우에는 적법하게 휴일대체가 이루어졌다고 보기는 어려울 것으로 보임.

따라서 휴일대체가 적법하게 이루어진 경우에는 사용자는 근로자에게 휴일근로수당을 지급할 의무를 지지 않는다고 볼 것이나, 그렇지 않은 경우에는 근로기준법 제55조에 의한 통상임금의 100분의 50 이상의 휴일근로가산수당을 추가 지급하여야 할 것임.

○ 판 례

'휴일대체근무제'를 실시해 휴일에 근무하는 대신 평일에 쉴 수 있도록 했다면 근로자에게 별도의 휴일근로수당을 지급할 의무를 지지 않는다.

사건번호 : 대법 2007다590
선고일자 : 2008-11-13

단체협약 등에서 특정된 휴일을 근로일로 하고 대신 통상의 근로일을 휴일로 교체할 수 있도록 하는 규정을 두거나 그렇지 않더라도 근로자의 동의를 얻은 경우, 미리 근로자에게 교체할 휴일을 특정하여 고지하면, 다른 특별한 사정이 없는 한 이는 적법한 휴일대체가 되어, 원래의 휴일은 통상의 근로일이 되고 그 날의 근로는 휴일근로가 아닌 통상근로가 되므로 사용자는 근로자에게 휴일근로수당을 지급할 의무를 지지 않는다고 할 것이다.

이 사건에 있어서 ○○회관과 노동조합 사이에 체결된 단체협약에 휴일대체에 관한 근거규정을 두고 있고, 교수회관측에서 일방적으로 휴일 근무를 할 근로자 및 그 근무 공휴일을 대신할 통상의 근로일을 지정하는 대신, 근로자들이 자율적으로 그 다음 달 공휴일에 근로할 일정수의 근로자를 그 이전 달에 미리 정하고, 그 공휴일 대신 쉬는 날을 근로자 본인이 정하여 이를 스케줄 표에 표시하도록 하였다면, 휴일대체근무에 대한 근로자들의 동의를 받은 것으로 보아야 할 것이어서 결국 적법한 휴일대체로 인정할 수 있는 모든 요건을 갖추었다고 할 것이다.

○ 사례해결

근로자의 날 제정에 관한 법률은 “5월 1일은 근로자의 날로 하고 이 날을 근로기준법에 의한 유급휴일로 한다.”고 규정하고 있습니다. 유급휴일이라 함은 근로를 제공하였더라면 지급받을 수 있었던 금액을 지급받으면서 근로제공의 의무는 없는 것으로 정하여진 날입니다.

휴일대체에 대해 대법원은 ‘단체협약 등에서 특정된 휴일을 근로일로 하고 대신 통상의 근로일을 휴일로 교체할 수 있도록 하는 규정을 두거나 그렇지 않더라도 근로자의 동의를 얻은 경우 미리 근로자에게 교체할 휴일을 특정하여 고지하면 적법한 휴일대체가 되어 원래의 휴일은 통상의 근로일이 되고 그 날의 근로는 휴일근로가 아닌 통상근로가 되므로 사용자는 근로자에게 휴일근로수당을 지급할 의무가 없다’고 판시하고 있습니다.

그러나 ‘근로자의 날’은 법정휴일로서 특정사실을 기념하기 위해 특정일로 정하여져 있으므로 휴일을 다른 날로 대체할 수 없다는 것이 고용노동부의 해석입니다.

본 사례의 경우 취업규칙에서 근로자의 날에 정상적으로 근무하고 다른 날에 쉬는 걸로 대체한다고 규정하고 있다하더라도 근로자의 날은 법률로서 5월 1일을 특정하여 유급휴일로 정하고 있으므로 다른 날로 대체할 수 없다고 보아야 할 것입니다. 따라서 그 날 부득이하게 근로를 시켰다면 그에 상응하는 휴일근로수당을 지급해야 합니다.

Theme 09

지각 조퇴가 수차례 반복된 경우 처리방법

지각, 조퇴가 수차례 반복한 경우 결근 처리할 수 있나요?

○ 실무사례
OO업체는 취업규칙 인사규정을 통해 지각 또는 조퇴가 3회일 경우 결근 1일로 간주한다고 규정하고 있음. 동 규정이 근로기준법에 위반이 되는지 문의드림.

○ 관련법령

근로기준법

제55조(휴일)

① 사용자는 근로자에게 1주에 평균 1회 이상의 유급휴일을 보장하여야 한다. (2018.3.20. 개정)

② 사용자는 근로자에게 대통령령으로 정하는 휴일을 유급으로 보장하여야 한다. 다만, 근로자대표와 서면으로 합의한 경우 특정한 근로일로 대체할 수 있다. (2018.3.20. 신설 : 시행일 부칙 참조)

※ 법 제55조 제2항의 개정규정은 다음 각 호의 구분에 따른 날부터 시행한다. (법률 제15513호 부칙 제4항)

1. 상시 300명 이상의 근로자를 사용하는 사업 또는 사업장, 「공공기관의 운영에 관한 법률」 제4조에 따른 공공기관, 「지방공기업법」 제49조 및 같은 법 제76조에 따른 지방공사 및 지방공단, 국가·지방자치단체 또는 정부투자기관이 자본금의 2분의 1 이상을 출자하거나 기본재산의 2분의 1 이상을 출연한 기관·단체와 그 기관·단체가 자본금의 2분의 1 이상을 출자하거나 기본재산의 2분의 1 이상을 출연한 기관·단체, 국가 및 지방자치단체의 기관 : 2020년 1월 1일

2. 상시 30명 이상 300명 미만의 근로자를 사용하는 사업 또는 사업장 : 2021년 1월 1일
3. 상시 5인 이상 30명 미만의 근로자를 사용하는 사업 또는 사업장 : 2022년 1월 1일

제60조(연차 유급휴가)

① 사용자는 1년간 80퍼센트 이상 출근한 근로자에게 15일의 유급휴가를 주어야 한다.

② 사용자는 계속하여 근로한 기간이 1년 미만인 근로자 또는 1년간 80퍼센트 미만 출근한 근로자에게 1개월 개근 시 1일의 유급휴가를 주어야 한다.

③ 삭제

④ 사용자는 3년 이상 계속해서 근로한 근로자에게는 제1항에 따른 휴가에 최초 1년을 초과하는 계속 근로 연수 매 2년에 대하여 1일을 가산한 유급휴가를 주어야 한다. 이 경우 가산휴가를 포함한 총 휴가 일수는 25일을 한도로 한다.

⑤ 사용자는 제1항부터 제4항까지의 규정에 따른 휴가를 근로자가 청구한 시기에 주어야 하고, 그 기간에 대하여는 취업규칙 등에서 정하는 통상임금 또는 평균임금을 지급하여야 한다. 다만, 근로자가 청구한 시기에 휴가를 주는 것이 사업 운영에 막대한 지장이 있는 경우에는 그 시기를 변경할 수 있다.

⑥ 제1항부터 제3항까지의 규정을 적용하는 경우 다음 각 호의 어느 하나에 해당하는 기간은 출근한 것으로 본다.

1. 근로자가 업무상의 부상 또는 질병으로 휴업한 기간
2. 임신 중의 여성이 제74조 제1항부터 제3항까지의 규정에 따른 휴가로 휴업한 기간
3. 「남녀고용평등과 일·가정 양립 지원에 관한 법률」 제19조 제1항에 따른 육아휴직으로 휴업한 기간

⑦ 제1항부터 제4항까지의 규정에 따른 휴가는 1년간 행사하지 아니하면 소멸된다. 다만, 사용자의 귀책사유로 사용하지 못한 경우에는 그러하지 아니하다.

○ 행정해석

단체협약 또는 취업규칙 등에 "질병이나 부상외의 사유로 인한 지각·조퇴 및 외출은 누계 8시간을 연가 1일로 계산한다."라는 규정을 두는 것은 근로기준법에 위반된다고 볼 수 없다.

회시번호 : 근기 68207-157
회시일자 : 2000-01-22

질 의

단체협약에는 복무와 관련하여서는 공무원법에 따르도록 규정하고 공무원복무규정 제17조 제2항에 따르면 "질병이나 부상외의 사유로 인한 지참, 조퇴 및 외출은 누계 8시간을 연가 1일로 계산한다."라고 되어 있음.

단체협약이나 취업규칙에 정한 근로일수에 모두 출근하여 근무했다면 지각이나 외출 등의 이유로 소정근로시간수를 다 일하지 못하더라도 만근(개근)으로 알고 있는데 동 내용이 맞는지. 또한 만약 월간 지각, 조퇴, 외출을 몇 회 이상하면 결근 1일로 취급한다고 규정한 단체협약, 취업규칙의 부분은 근로기준법에 위반되는지 여부

회 시

지각·조퇴·외출 등의 사유로 소정근로일의 근로시간 전부를 근로하지 못하였다 하더라도 소정 근로일을 단위로 그날에 출근하여 근로를 제공하였다면 이를 결근으로 처리할 수 없는 것이므로 단체협약·취업규칙 등에 지각, 조퇴, 외출을 몇회 이상하면 결근 1일로 취급한다고 규정하고, 일정횟수 이상의 지각·조퇴·외출시 결근 1일로 취급하여 주휴일, 연·월차유급휴가 등에 영향을 미치게 하는 것은 근로기준법 취지에 비추어 타당하지 않음.

다만 단체협약 또는 취업규칙 등에서 "질병이나 부상외의 사유로 인한 지각·조퇴 및 외출은 누계 8시간을 연가 1일로 계산한다."라는 규정을 두는 것은 당해 사업장 근로자의 인사·복무관리 차원에서의 노사간 특약으로 볼 수 있으며, 해당자가 부여받을 수 있는 연가일수에서 공제하는 것이므로 근로기준법에 위반된다고 볼 수 없음.

○ 사례해결

결근이라 함은 출근하지 않은 상태로 지각이나 조퇴를 수 시간 또는 수회 반복하였다 하더라도 결근으로 처리할 수는 없는 것입니다.

즉, 지각 또는 조퇴 등의 사유로 인하여 근로일의 소정근로시간수의 전부를 근로하지 못하였다 하더라도 소정근로일을 단위로 하여 그 날에 출근하여 근로를 제공하였다면 결근으로 처리할 수는 없습니다.

따라서 본 사례의 경우처럼 지각 또는 조퇴를 3회를 하였더라도 이를 결근 1일로 간주하는 것은 근로기준법에 위반될 것입니다. 또한 1주간 지각, 조퇴로 인하여 근로하지 않은 총 시간이 8시간 이상이라도 결근으로 처리하는 것은 법에 위반될 소지가 있습니다.

다만, 노사간 특약으로 지각, 조퇴 및 외출로 인한 누계시간을 연차휴가를 사용한 것으로 하여 연차휴가일수에서 공제하는 것은 가능합니다.

한편 근로기준법 제60조 연차휴가 발생요건인 80% 이상 출근을 산정함에 있어 소정근로일의 출근을 말하는 것이지 소정근로일의 근로시간에 대한 만근을 의미하는 것이 아닙니다. 즉, 지각, 조퇴 등이 있다하더라도 연차유급휴가일수를 산정함에 있어 결근으로 취급할 수 없을 것입니다.

Theme 10

연차유급휴가

> ○ 실무사례
> 근속기간이 1년 미만인 근로자도 1개월을 개근하면 1일의 연차휴가가 발생한다고 하는데 이 와 관련하여 직원이 3개월 근무 후 연차휴가를 사용하지 않고 퇴사하는 경우에도 연차휴가수당을 지급해야 하는지 문의드림.

○ 관련법령

근로기준법

제60조(연차 유급휴가)

① 사용자는 1년간 80퍼센트 이상 출근한 근로자에게 15일의 유급휴가를 주어야 한다.

② 사용자는 계속하여 근로한 기간이 1년 미만인 근로자 또는 1년간 80퍼센트 미만 출근한 근로자에게 1개월 개근 시 1일의 유급휴가를 주어야 한다.

③ 삭제

④ 사용자는 3년 이상 계속해서 근로한 근로자에게는 제1항에 따른 휴가에 최초 1년을 초과하는 계속 근로 연수 매 2년에 대하여 1일을 가산한 유급휴가를 주어야 한다. 이 경우 가산휴가를 포함한 총 휴가 일수는 25일을 한도로 한다.

⑤ 사용자는 제1항부터 제4항까지의 규정에 따른 휴가를 근로자가 청구한 시기에 주어야 하고, 그 기간에 대하여는 취업규칙 등에서 정하는 통상임금 또는 평균임금을 지급하여야 한다. 다만, 근로자가 청구한 시기에 휴가를 주는 것이 사업 운영에 막대한 지장이 있는 경우에는 그 시기를 변경할 수 있다.

⑥ 제1항부터 제3항까지의 규정을 적용하는 경우 다음 각 호의 어느 하나에 해당하는 기간은 출근한 것으로 본다.

1. 근로자가 업무상의 부상 또는 질병으로 휴업한 기간
2. 임신 중의 여성이 제74조 제1항부터 제3항까지의 규정에 따른 휴가로 휴업한 기간
3. 「남녀고용평등과 일·가정 양립 지원에 관한 법률」 제19조 제1항에 따른 육아휴직으로 휴업한 기간

⑦ 제1항부터 제4항까지의 규정에 따른 휴가는 1년간 행사하지 아니하면 소멸된다. 다만, 사용자의 귀책사유로 사용하지 못한 경우에는 그러하지 아니하다.

○ 행정해석

1년 미만 근무한 근로자가 연차유급휴가를 사용하지 않고 퇴사한 경우 연차유급휴가 미사용수당을 지급하여야 하는지?

회시**번호 : 임금근로시간정책팀-119**

회시일자 : 2007-01-09

질 의

- 1년 미만으로 근무한 자가 연차유급휴가를 사용하지 않고 퇴사한 경우 연차유급휴가 미사용수당을 지급하여야 하는지(만약 지급한다면 매월 1일 기준으로 만 6개월 근무 후 퇴사하였을 경우 6일치 연차수당을 지급하여야 하는지)?
- 1년 이상 2년 미만으로 근무한 자가 연차유급휴가를 사용하지 않고 퇴사한 경우 1년치(15일분)의 연차유급휴가 미사용수당만 지급하면 되는지 아니면 나머지 근무기간도 산정하여 지급해야 하는지?

회 시

- 근로기준법 제60조 제2항에 의하면 계속근로연수가 1년 미만인 근로자에 대하여 1월간 개근시 1일의 연차유급휴가를 주도록 규정하고 있으며, 같은 조 제7항에 의하면 동 휴가는 1년간 행사하지 아니한 때에는 소멸하도록 규정하고 있음.

– 이와 같이 동 휴가를 사용하지 않고 시효가 완성된 경우나 중간에 퇴직한 경우에는 해당 미사용휴가일수에 상응하는 임금을 통상임금 수준 이상으로 보상하여야 할 것으로 판단됨.

• 아울러, 1년 이상 근로한 자에 대하여는 근로기준법 제60조 제2항의 규정이 적용되지 않으므로 1년 이상 2년 미만 근무한 자의 경우 1년을 초과한 기간에 대하여는 당사자간 특별한 약정이 있는 경우를 제외하고는 연차유급휴가를 부여할 의무가 없다고 사료됨.

연차유급휴가청구권 · 수당 · 근로수당과 관련된 지침 - 임금근로시간정책팀 - 3295, 2007.11. 5

Ⅰ. 개정배경

○ 연차유급휴가를 사용하지 아니하고 퇴직한 경우의 연차유급휴가수당 지급범위에 대한 기존 행정해석과 대법원 판례(대판 2003다 48549, 48556, '05.5.27)의 입장이 상이

– 판례는 퇴직시 휴가를 사용할 수 있는 기간이 없었다 하더라도 유급으로 인정되는 연차휴가수당은 이와 상관없이 그대로 지급해야 한다고 보는 반면

– 행정해석은 사용할 수 있는 기간이 없는 경우 이를 지급할 필요가 없다고 보아왔는 바, 이를 판례와 동일하게 변경함.

○ 다만 퇴직함으로써 비로소 지급사유가 발생하는 연차유급휴가미사용수당이 「퇴직금 산정을 위한 평균임금 산정 기준임금」에 포함되지 않는다는 해석은 현행 유지

Ⅱ. 개 념

1. 연차유급휴가청구권

○ 연차유급휴가는 전년도에 계속 근로한 근로자에 대해 정신적 · 육체적 휴양을 통한 노동의 재생산 유지와 문화생활의 기회를 부여하기 위해 마련된 것임.

○ 따라서 사용자는 근로자가 전년도에 8할 이상 출근한 경우에는 15일의 연차유급휴가를 부여하여야 하고 (근로기준법 제60조 제1항),

- 근로자는 전년도의 출근율에 따라 연차유급휴가청구권이 발생함.

2. 연차유급휴가수당 청구권

○ 연차유급휴가수당청구권은 재직근로자가 전년도 근로 대가로 발생한 연차유급휴가를 사용할 경우 그 기간에 대하여 사용자에게 수당 지급을 요청할 수 있는 권리이며, 이와 같이 지급되는 연차유급휴가수당은 임금에 해당함 (근로기준법 제60조 제5항).

3. 연차유급휴가미사용수당 청구권

○ 연차유급휴가미사용수당 청구권은 근로자가 전전년도의 근로의 대가로 발생한 연차유급휴가를 전년도에 사용하지 아니하고 근로를 제공한 경우 그 미사용 연차유급휴가일수에 해당하는 연차유급휴가미사용수당을 사용자에 대하여 청구할 수 있는 권리로서 연차유급휴가청구권이 소멸된 시점에 발생

- 또한, 퇴직 등 근로관계가 종료되는 근로자가 이로 인해 사용하지 못하는 미사용 연차휴가일수에 해당하는 수당을 사용자에 대하여 청구할 수 있는 권리임.

○ 다만 사용자가 근로기준법에 따른 연차유급휴가 사용촉진을 한 경우 연차유급휴가미사용수당 청구권이 소멸됨 (근로기준법 제61조).

※ 사용자의 연차유급휴가 사용촉진조치 (근로기준법 제61조)

1. 연차유급휴가사용기간이 끝나기 3월전을 기준으로 10일 이내에 사용자가 근로자별로 미사용휴가일수를 알려주고, 근로자가 그 사용시기를 정하여 사용자에게 통보하도록 서면으로 촉구할 것
2. 위 촉구에 불구하고 근로자가 촉구를 받은 때부터 10일 이내에 미사용 휴가의 전부 또는 일부의 사용시기를 정하여 사용자에게 통보하지 아니한 경우 연차유급휴가사용기간이 끝나기 2월 전까지 사용자가 미사용휴가의 사용시기를 정하여 근로자에게 서면으로 통보할 것

Ⅲ. 연차유급휴가(미사용)수당 지급시기 및 지급범위

1. 연차유급휴가수당

○ 재직근로자의 경우 해당 근로자가 연차유급휴가를 사용할 경우 연차유급휴가수당을 지급하며, 그 범위는 취업규칙이나 그 밖의 정하는 바에 의한 통상임금 또는 평균임금으로 지급하여야 하며 (근로기준법 제60조 제5항)

- 그 지급시기는 연차유급휴가를 주기 전 또는 준 직후의 임금지불일에 지급하여야 함 (근로기준법 시행령 제33조).

2. 연차유급휴가미사용수당

○ 근로자가 전전년도 근로의 대가로 발생한 연차유급휴가를 전년도에 사용하지 아니하고 근로를 제공한 경우

- 연차유급휴가청구권이 소멸된 다음날에 연차유급휴가미사용수당청구권이 발생
- 이 경우 전년도에 사용하지 않고 근로를 제공한 연차유급휴가일수에 대하여 취업규칙이나 그 밖의 정하는 바에 의하여 통상임금 또는 평균임금을 지급하여야 함.

○ 연차유급휴가미사용수당은 취업규칙 등으로 연차유급휴가청구권이 소멸된 날 이후 첫 임금 지급일에 지급하는 것으로 규정하여도 근로기준법 위반으로 볼 수 없음.

○ 퇴직근로자의 경우 퇴직 전년도(예: '05년도) 출근율에 의하여 퇴직연도(예: '06년)에 발생한 연차유급휴가청구권이 근로관계가 종료됨에 따라 발생하며

- 이 경우 사용자는 퇴직연도의 휴가사용가능일수에 상관없이 미사용한 연차휴가일수에 대하여 퇴직일로부터 14일 이내에 취업규칙이나 그 밖의 정하는 바에 의한 통상임금 또는 평균임금을 지급하여야 함.

> ◈ 연차유급휴가 산정 기산일은 개별근로자의 입사일 등 실제로 근로제공을 개시한 날이 되는 것이 원칙이나, 노무관리의 편의상 단체협약·취업규칙 등에 의하여 전 근로자에 대하여 일률적으로 회계년도를 기준으로 연차유급휴가를 산정하는 경우 연차유급휴가미사용수당청구권은 연차유급휴가 사용 가능년도 다음해의 첫날 발생함.

Ⅳ. 연차유급휴가수당의 퇴직금 산정을 위한 평균임금 포함여부

1. 퇴직하기전 이미 발생한 연차유급휴가미사용수당

○ 퇴직 전전년도 출근율에 의하여 퇴직 전년도에 발생한 연차유급휴가 중

- 미사용하고 근로한 일수에 대한 연차유급휴가미사용수당액의 3/12을
- 「퇴직금 산정을 위한 평균임금 산정 기준임금」에 포함.

2. 퇴직으로 인해 비로소 지급사유가 발생한 연차유급미사용수당

○ 퇴직전년도 출근율에 의하여 퇴직년도에 발생한 연차유급휴가를 미사용하고 퇴직함으로써 비로소 지급사유가 발생한 연차유급휴가미사용수당은

- 평균임금의 정의상 산정사유 발생일 이전에 그 근로자에 대하여 지급된 임금이 아니므로
- 「퇴직금 산정을 위한 평균임금 산정 기준임금」에 포함되지 아니함.

Ⅴ. 연차유급휴가의 대체

○ 사용자는 근로자대표와의 서면합의에 의하여 연차유급휴가일에 갈음하여 특정 근로일에 근로자를 휴무시킬 수 있음(근로기준법 제62조).

- 여기서 특정근로일이라 함은 근로의무가 있는 소정근로일 중의 특정일을 의미함.

Ⅵ. 기타 행정사항

○ 기존의 행정해석 중 이 지침과 배치되는 행정해석은 이 지침 시행과 동시에 폐지함.

○ 동 행정해석 변경 전에 사업주가 노동부 행정해석을 신뢰함으로써 임금 등의 미지급이 발생하였다면 근로기준법 제43조(임금지불) 또는 제36조(금품청산) 위반의 책임을 물을 수 없음.

연차유급휴가 등의 부여시 소정근로일수 및 출근여부 판단기준

사건번호 : 임금근로시간정책팀-3228
제정일자 : 2007-10-25

1. 배 경

근로기준법 및 동법 시행령은 주휴일, 월차유급휴가, 연차유급휴가를 부여하는 기준으로 「소정근로일수의 개근 또는 그 출근율」을 삼고 있음.
1997년 3월 27일 근로기준법시행령에서는 그 판단기준이 되는 월차유급휴가 부여시의 소정근로일수산정기준을 변경함.
즉, 구 시행령에서는 공민권행사를 위한 휴일, 주휴일, 법정공휴일 및 기타 법정 휴일을 소정근로일수에 산입하도록 하였으나 현 시행령에서는 이를 삭제하고 공민권행사를 위한 시간만을 근로한 것으로 보도록 함.
이에 따라 「소정근로일수의 산정 및 그 출근여부의 판단」에 관한 새로운 해석기준을 제시하고자 함.

2. 소정근로일수 및 출근여부 판단에 관한 해석기준

(1) 법령 또는 약정에 의한 휴일 : 소정근로일수 계산에서 제외

소정근로일은 법령의 범위 내에서 근로자와 사용자가 근로하기로 정한 날을 의미함. 따라서 근로자와 사용자가 법령상 사전에 근로하기로 정할 수 없거나 또는 약정에 의하여 사전에 근로하지 않기로 한 다음의 날은 소정근로일수를 계산함에 있어 이를 제외함.

- 근로기준법에 의한 주휴일
- 근로자의날제정에관한법률에 의한 근로자의 날
- 취업규칙 또는 단체협약 등에 의한 약정휴일
- 기타 이상의 날에 준하여 해석할 수 있는 날 또는 기간

(2) 특별한 사유로 근로제공의무가 정지되는 날 또는 기간 : 소정근로일수 계산에서 제외

취업규칙 또는 단체협약등에서 당초 근로하기로 정하였으나 근로자 또는 사용자가 사전에 예측할 수 없는 특별한 사유가 발생하여 근로제공의무가 정지되는 경우가 있음. 따라서 이와같은 경우에 해당하는 다음의 기간은 소정근로일수를 계산함에 있어 이를 제외함.

- 사용자의 귀책사유로 인한 휴업기간
- 적법한 쟁의행위기간
- 남녀고용평등법에 의한 육아휴직기간
- 기타 이상의 기간에 준하여 해석할 수 있는 날 또는 기간

이 경우 연차유급휴가일수는 사용자의 귀책사유로 인한 휴업기간, 적법한 행위기간, 남녀고용평등법에 의한 육아휴직기간을 제외한 '나머지 소정근로일수'에 대한 출근율에 따라 산출된 일수(계속근로연수가 1년 이상 2년 미만 근로자의 경우 개근시 10일, 9할 이상 출근시 8일)에 당해 사업장의 연간 총소정근로일수에 대한 위의 나머지 소정근로일수 비유를 곱하여 산정하여야 함.

(3) 법령상 또는 그 성질상 출근한 것으로 보아야 하는 날 또는 기간 : 소정근로일수 계산에는 포함하되 출근한 것으로 봄

소정근로일에 출근하지 않았으나 ① 법령에 의해 그 날 또는 그 기간을 출근한 것으로 보도록 하거나, ② 휴무일로 하지 않도록 한 규정이 있는 경우, ③ 이와 같은 규정이 없더라도 그 성질상 결근한 것으로 처리할 수 없는 날 또는 기간이 있음.

따라서 이와 같은 경우에 해당하는 날 또는 그 기간을 소정근로일수를 계산함에 있어 이를 포함하되 그 날 또는 그 기간을 출근한 것으로 봄.

- 업무상재해로 인한 휴업기간, 산전후휴가(근로기준법 제60조 제6항)
- 예비군훈련기간(향토예비군설치법 제10조)
- 민방위훈련 또는 동원기간(민방위기본법 제23조)

– 공민권행사를 위한 휴무일(공직선거법 제6조 제2항)
– 연·월차유급휴가, 생리휴가
– 기타 이상의 날 또는 기간에 준하여 해석할 수 있는 날 또는 기간

다만, 이 경우에는 주휴·월차유급휴가·연차유급휴가의 성질에 비추어 중의 전부·월의 전부 또는 연의 전부를 출근하지 아니한 경우에는 이를 부여하지 않아도 됨.

※ 휴일, 휴직 기간 등을 고려하여 소정근로일수와 출근율을 산정하는 방식과 관련된 해석의 내용 중 육아휴직기간은 근로기준법 개정으로 인하여 소정근로일수와 출근율 산정 시에도 모두 포함되는 것으로 보아야 하며, 그 외의 내용은 그대로 유지될 것임.

○ 판 례

1. 근로자가 연차유급휴가를 사용하지 못하게 됨에 따라 사용자에게 청구할 수 있는 연차휴가수당은 임금이라고 할 것이다.
2. 근로기준법 제60조 제1항이 규정하는 '1년에 8할 이상 출근' 요건의 의미
3. 정당한 쟁의행위 참가 및 육아휴직자에 대한 연차유급휴가일수의 산정방식

사건번호 : 대법 2011다4629
선고일자 : 2013-12-26

1. 근로기준법 제60조 제1항은 연차유급휴가에 관하여 "사용자는 1년간 8할 이상 출근한 근로자에게 15일의 유급휴가를 주어야 한다."고 규정하고 있는데, 이는 근로자에게 일정 기간 근로의무를 면제함으로써 정신적·육체적 휴양의 기회를 제공하고 문화적 생활의 향상을 기하려는 데 그 취지가 있다. 이러

한 연차유급휴가는 근로자가 사용자에게 근로를 제공하는 관계에 있다는 사정만으로 당연히 보장받을 수 있는 것이 아니라, 1년간 8할 이상 출근하였을 때 비로소 부여받을 수 있는 것이므로 다른 특별한 정함이 없는 이상 이는 1년간의 근로에 대한 대가라고 볼 수 있고, 근로자가 연차유급휴가를 사용하지 못하게 됨에 따라 사용자에게 청구할 수 있는 연차휴가수당은 임금이라고 할 것이다.

2. 근로자가 1년간 8할 이상 출근하였는지 여부는 1년간의 총 역일(曆日)에서 법령, 단체협약, 취업규칙 등에 의하여 근로의무가 없는 날로 정하여진 날을 제외한 나머지 일수, 즉 연간 근로의무가 있는 일수(이하 '연간 소정근로일수'라고 한다)를 기준으로 그 중 근로자가 현실적으로 근로를 제공한 날이 얼마인지를 비율적으로 따져 판단하여야 하고, 연간 소정근로일수는 본래 사용자와 근로자 사이에 평상적인 근로관계, 즉 근로자가 사용자에게 근로를 제공하여 왔고 또한 계속적인 근로제공이 예정되어 있는 상태를 전제로 한 것이다.

3. 근로자가 정당한 쟁의행위를 하거나 육아휴직을 하여 현실적으로 근로를 제공하지 아니한 경우, 쟁의행위 등은 헌법이나 법률에 의하여 보장된 근로자의 정당한 권리행사이고 그 권리행사에 의하여 쟁의행위 등 기간 동안 근로관계가 정지됨으로써 근로자는 근로의무가 없으며, 쟁의행위 등을 이유로 근로자를 부당하거나 불리하게 처우하는 것이 법률상 금지되어 있으므로, 근로자가 본래 연간 소정근로일수에 포함되었던 쟁의행위 등 기간 동안 근로를 제공하지 아니하였다 하더라도 이를 두고 근로자가 결근한 것으로 볼 수는 없다. 그런데 다른 한편 그 기간 동안 근로자가 현실적으로 근로를 제공한 바가 없고, 근로기준법, 노동조합 및 노동관계조정법, 남녀고용평등법 등 관련 법령에서 그 기간 동안 근로자가 '출근한 것으로 본다'는 규정을 두고 있지도 아니하므로, 이를 두고 근로자가 출근한 것으로 의제할 수도 없다.
따라서 이러한 경우에는 헌법과 관련 법률에 따라 쟁의행위 등 근로자의 정당한 권리행사를 보장하고, 아울러 근로자에게 정신적·육체적 휴양의 기회를 제공하고 문화적 생활의 향상을 기하려는 연차유급휴가 제도의 취지를 살리는 한편, 연차유급휴가가 1년간의 근로에 대한 대가로서의 성질을 갖고 있고 현실적인 근로의 제공이 없었던 쟁의행위 등 기간에는 원칙적으로 근로에 대한 대가를 부여할 의무가 없는 점 등을 종합적으로 고려할 때, 연간 소정근로일수에서 쟁의행위 등 기간이 차지하는 일수를 제외한 나머지 일수를 기준으로 근로자의 출근율을 산정하여 연차유급휴가 취득 요건의 충족 여부를 판단하되, 그 요건이 충족된 경우에는 본래 평상적인 근로관계에서 8할의 출근율을 충족할 경우 산출되었을 연차유급휴가일수에 대하여 '연간 소정근로일수에서 쟁의행위 등 기간이 차지하는 일수를 제외한 나머지 일수'를 '연간 소정근로일수'로 나눈 비율을 곱하여 산출된 연차유급휴가일수를 근로자에게 부여함이 합리적이라 할 것이다.

○ 사례해결

근로기준법 제60조 제2항에 의하면 계속근로연수가 1년 미만인 근로자에 대하여 1월간 개근 시 1일의 연차유급휴가를 주도록 규정하고 있으며, 같은 조 제7항에 의하면 동 휴가는 1년간 행사하지 아니한 때에는 소멸하도록 규정하고 있습니다.

본 사례와 같이 1개월 개근 시 발생되는 1일의 휴가를 사용하지 않고 중간에 퇴직한 경우에는 해당 미사용휴가일수에 상응하는 임금을 통상임금 수준 이상으로 보상하여야 할 것으로 판단됩니다.

Theme 11

연차유급휴가의 대체

○ 실무사례
우리사업장은 매년 3~5일의 하기휴가를 부여하고 있습니다. 하지만 주40시간제 시행이후 휴무일도 늘어나고 연차휴가도 15일 이상이고 해서 기존의 하기휴가를 연차휴가로 대체하고자 하는데 가능한지 문의 드림.

○ 관련법령

근로기준법

제62조(유급휴가의 대체)

사용자는 근로자대표와의 서면 합의에 따라 제60조에 따른 연차 유급휴가일을 갈음하여 특정한 근로일에 근로자를 휴무시킬 수 있다.

○ 행정해석

사용자는 근로자대표와의 서면 합의에 따라 연차유급휴가일을 갈음하여 특정한 근로일에 근로자를 휴무시킬 수 있다.

회시번호 : 근로개선정책과-997
회시일자 : 2012-01-31

질 의

• 근로기준법 제62조에서는 "사용자는 근로자대표와의 서면합의에 따라 제60조에 따른 연차유급휴가일을 갈음하여 특정한 근로일에 근로자를 휴무시킬

수 있다."하여 특정근무일(공휴일)에 휴무시키기 위해서는 사용자와 근로자대표와의 서면합의를 요건으로 규정하고 있음.

- 근로기준법 제94조에 의한 "취업규칙의 작성, 변경절차를 거쳐 연차유급휴가일에 갈음하여 특정근로일에 근로자를 휴무시킬 수 있다."라는 내용으로 '유급휴가의 대체' 규정을 취업규칙에 규정하였다면 근로기준법 제62조에 규정된 사용자와 근로자대표와의 별도의 서면합의가 없어도 취업규칙상 유급휴가의 대체가 유효한지 여부. 즉, 근로기준법 제62조의 연차유급휴가를 대체하기 위해서 사용자와 근로자대표와 서면합의가 효력요건으로서 반드시 필요한지 여부

회 시

- 유급휴가의 대체규정을 취업규칙에 규정하여 근로자의 과반수 동의를 얻어 변경한 경우 근로자대표와의 별도 서면합의가 없어도 되는지 여부에 대하여
- 근로기준법 제62조에 의거 사용자는 근로자대표와의 서면 합의에 따라 제60조에 따른 연차유급휴가일을 갈음하여 특정한 근로일에 근로자를 휴무시킬 수 있음.
  - 여기서 사용자와 서면 합의할 수 있는 근로자대표는 '그 사업 또는 사업장에 근로자 과반수로 조직된 노동조합이 있는 경우에는 그 노동조합, 근로자의 과반수로 조직된 노동조합이 없는 경우에는 근로자의 과반수를 대표하는 자'를 말함. 따라서 유급휴가의 대체를 도입하면서 근로자 대표와의 서면 합의가 아닌 근로자 과반수의 개별적 서면 동의를 받는 경우에는 법적 요건을 충족하지 못한 것으로 보아야 할 것임(2008.4.29, 근로조건지도과-1167 참조).

사용자가 근로자대표와의 서면합의에 의하여 연차유급휴가를 대체할 경우 대체할 근로일을 특정하여야 한다.

회시번호 : 근로개선정책과-3099
회시일자 : 2011-09-19

질 의

- 근로기준법 제62조에서는 사용자가 근로자대표와의 서면합의에 따라 제60조에 따른 연차유급일을 갈음하여 특정한 근로일에 휴무시킬 수 있다고 규정하고 있음. 즉, 근로기준법 제62조에서는 연차유급휴가일에 갈음하여 특정한 근로일에 휴무시킬 수 있다고만 규정하고 있을 뿐 대체할 수 있는 연차유급휴가일수에 대해서는 아무런 규정을 두고 있지 아니 한 바, 사용자와 근로자 대표의 서면합의에 의하는 경우 대체할 수 있는 연차유급휴가일수에는 특별한 제한이 없는 것인지 여부
- 대체되는 연차유급휴가일, 즉 휴무일의 지정에 있어서 특정한 근로일을 지정하지 않고 "사용자와 근로자 대표간 합의에 의해서 수시로 정하는 날" 등으로 대체일에 대한 서면합의를 하는 경우 동 내용의 서면합의가 유효한지 여부
- 근로기준법 제60조(연차유급휴가)에 의하는 경우 개별 근로자의 연차유급휴가일수는 개별 근로자의 입사일에 따라(회계기준일로 산정을 하는 경우라 하더라도) 각 연도별로 발생하는 연차유급휴가일수가 상이한 바, 사용자와 근로자대표가 서면합의한 연차유급휴가대체일수가 개별 근로자의 입사일에 따라 발생된 연차유급휴가일수보다 많은 경우 사용자와 근로자 대표의 서면합의가 전부 유효한 것인지 아니면 개별 근로자에게 발생하는 연차유급휴가일수에 한해서 유효한 것인지 여부

회 시

- 귀 질의 '유급휴가 대체일수 한도 및 노사간에 합의한 대체일수가 개별 근로자의 연차유급휴가일수보다 많은 경우 합의서 효력 여부'에 대하여
  - 근로기준법 제62조에 의거 사용자는 근로자대표와의 서면 합의에 따라 제60조에 따른 연차유급휴가일을 갈음하여 특정한 근로일에 근로자를 휴무시킬 수 있음.

* 귀하의 질의 내용만으로는 사실관계를 정확히 알 수 없어 명확한 회신이 어려우나, 근로기준법상 유급휴가 대체일수에 대한 한도는 규정되어 있지 않으므로 원칙적으로 노사간의 합의를 따라야 할 것임.
* 다만, 너무 많은 일수를 유급휴가일로 대체토록 하는 것은 근로자가 필요한 날에 유급휴가를 사용할 수 없게 되는 결과를 초래할 우려가 상당하여 연차유급휴가제도의 취지에 반하므로 바람직하지 않다고 사료됨(2006.8.25, 임금근로시간정책팀-2425 참조).

• 귀 질의 '노사합의서에 유급휴가 대체일을 「사용자와 근로자대표간 합의에 의해서 수시로 정하는 날」로 정할 경우 합의서 효력여부'에 대하여

– 귀하의 질의내용만으로는 사실관계를 정확히 알 수 없어 명확한 회신이 어려우나, 근로기준법 제62조(유급휴가의 대체)에 "사용자는 근로자대표와의 서면 합의에 의하여 동법 제60조의 규정에 의한 연차유급휴가일에 갈음하여 특정근로일에 근로자를 휴무시킬 수 있다."고 규정되어 있는 바, 동 규정만을 볼 때 사용자가 근로자대표와의 서면합의에 의하여 연차유급휴가를 대체할 경우에는 원칙적으로 대체할 근로일을 특정하여야 한다는 의미로 해석됨(2004.10.12, 근로기준과-5454 참조).

– 다만 동 합의서는 향후 노사간에 합의가 있을 경우 연차유급휴가의 특정근로일 대체가 가능하다는 근거를 규정한 것으로서 해석함이 타당하며, 추후 특정근로일을 연차유급휴가로 대체하여 휴무케 할 경우에는 노사간에 별도의 합의절차를 거쳐야 할 것임.

○ 판 례

근로자대표가 없는 회사의 경우에도 연월차유급휴가를 토요휴무제로 대체하기 위해서는 반드시 서면합의가 필요하다.

사건번호 : 대법 2011다23149
선고일자 : 2011-07-14

구 근로기준법 제60조는 "사용자는 근로자대표와의 서면합의에 의하여 제57조의 규정에 의한 월차유급휴가일 또는 제59조의 규정에 의한 연차유급휴가일에 갈음하여 특정 근로일에 근로자를 휴무시킬 수 있다."고 규정하고 있는바, 위 법률 규정의 입법취지에 비추어 볼 때 연월차유급휴가를 토요일 휴무로 대체하기 위해서는 반드시 근로자대표의 서면합의를 통해서만 가능하다고 함이 상당하다.

피고 회사의 근로자대표가 연월차유급휴가를 토요일 휴무로 대체하는 것에 대하여 서면합의를 하였다고 볼 증거가 없고, 피고 회사에 근로자를 대표하는 자격이 있는 자가 존재하지 아니하여 서면합의를 할 수 없었다는 사정만으로는 연월차유급휴가 대체의 서면합의 요건을 충족하였다고 할 수 없다.

○ 사례해결

연차유급휴가란 일정요건을 갖춘 경우 근로자가 자유로이 사용할 수 있는 것입니다. 따라서 원칙적으로 근로자의 의사와 상관없이 일방적으로 부여할 수 없는 것이나 여름휴가, 그 외 특정시점에서의 전체적인 휴무가 사업장 운영이나 근로자들의 선호에 따라 더 효율적인 경우에 근로자 대표와의 서면합의에 따라 연차유급휴가의 대체가 가능하도록 근로기준법은 허용하고 있습니다. 따라서 하기휴가를 연차휴가로 대체하고자 하는 경우 근로자대표와의 서면합의로 시행하면 될 것입니다.

참고로 기업 규모에 따라 순차적으로 관공서의 공휴일에 관한 지침의 내용이 전면 적용 됨에 따라 2022년 1월 1일 부터는 5인 이상 사업장은 모두 공휴일을 연차유급휴가로 대체하는 것이 불가능해 집니다.

(상시근로자 300명 이상 사업장 : 2020년 1월 1일, 상시근로자 30명 이상 300명 미만 : 2021년 1월 1일, 상시근로자 5명 이상 30명 미만 : 2022년 1월 1일)

Theme 12

통상임금 산정 기준 및 방법

○ 실무사례

당업체의 임금체계를 살펴보면 기본급, 직무수당, 자격수당은 매월 정기 지급, 상여금으로 당시 재직하고 있는 근로자에 한하여 매분기말월에 나누어 지급하고 연장근로 및 야간근로 등 발생 시 수당을 지급하고 있음. 통상임금 산정에 포함되는 임금항목은 무엇인지 문의드림.

○ 관련법령

근로기준법 시행령

제6조(통상임금) ① 법과 이 영에서 "통상임금"이란 근로자에게 정기적이고 일률적으로 소정(所定)근로 또는 총 근로에 대하여 지급하기로 정한 시간급 금액, 일급 금액, 주급 금액, 월급 금액 또는 도급 금액을 말한다.

② 제1항에 따른 통상임금을 시간급 금액으로 산정할 경우에는 다음 각 호의 방법에 따라 산정된 금액으로 한다.

1. 시간급 금액으로 정한 임금은 그 금액
2. 일급 금액으로 정한 임금은 그 금액을 1일의 소정근로시간 수로 나눈 금액
3. 주급 금액으로 정한 임금은 그 금액을 1주의 통상임금 산정 기준시간 수(1주의 소정근로시간과 소정근로시간 외에 유급으로 처리되는 시간을 합산한 시간)로 나눈 금액 (2018.6.29. 개정 : 시행일 부칙 참조)
4. 월급 금액으로 정한 임금은 그 금액을 월의 통상임금 산정 기준시간 수(1주의 통상임금 산정 기준시간 수에 1년 동안의 평균 주의 수를 곱한 시간을 12로 나눈 시간)로 나눈 금액 (2018.6.29. 개정 : 시행일 부칙 참조)
5. 일·주·월 외의 일정한 기간으로 정한 임금은 제2호부터 제4호까지의 규정

에 준하여 산정된 금액

6. 도급 금액으로 정한 임금은 그 임금 산정 기간에서 도급제에 따라 계산된 임금의 총액을 해당 임금 산정 기간(임금 마감일이 있는 경우에는 임금 마감 기간을 말한다)의 총 근로 시간 수로 나눈 금액
7. 근로자가 받는 임금이 제1호부터 제6호까지의 규정에서 정한 둘 이상의 임금으로 되어 있는 경우에는 제1호부터 제6호까지의 규정에 따라 각각 산정된 금액을 합산한 금액

③ 제1항에 따른 통상임금을 일급 금액으로 산정할 때에는 제2항에 따른 시간급 금액에 1일의 소정근로시간 수를 곱하여 계산한다.

○ 행정해석

통상임금 노사지도 지침 ('14.1.23.) - 고용노동부

1. 통상임금의 개념과 특징

대법원은 통상임금을 "근로계약에서 정한 근로를 제공하면 확정적으로 지급되는 임금"이라 하고, 통상임금 여부는 임금의 명칭이나 지급주기의 장단 등 형식적인 기준이 아니라 임금의 객관적 성질이 통상임금의 법적인 요건을 갖추었는지 여부에 따라 판단하고 있음.

판시사항	(대판 2013. 12. 18, 2012다89399 판결문 6쪽)
…결국 어떠한 임금이 통상임금에 속하는지 여부는 그 임금이 소정근로의 대가로 근로자에게 지급되는 금품으로서 정기적·일률적·고정적으로 지급되는 것인지를 기준으로 그 객관적 성질에 따라 판단하여야 하고, 임금의 명칭이나 그 지급주기의 장단 등 형식적 기준에 의해 정할 것은 아니다.	

통상임금은 초과근로수당 산정 등을 위한 기초임금이므로, 근로계약에 따른 소정근로시간에 통상적으로 제공하는 근로의 가치를 금전적으로 평가한 것이어야 함(소정근로의 대가).

판시사항	(대판 2013. 12. 18, 2012다89399 판결문 4쪽)
…통상임금이 위와 같이 근로자가 사용자와 사이에 법정근로시간의 범위에서 정한 근로시간(이하 '소정근로시간'이라고 한다)을 초과하는 근로를 제공할 때 가산임금 등을 산정하는 기준임금으로 기능한다는 점을 고려하면, 그것은 당연히 근로자가 소정근로시간에 통상적으로 제공하는 근로의 가치를 금전적으로 평가한 것이어야 하고, 또한 근로자가 실제로 연장근로 등을 제공하기 전에 미리 확정되어 있어야 할 것이다.	

따라서 근로계약에서 정한 근로가 아닌 특별한 근로(예: 초과근로)를 제공하고 추가로 지급받은 임금은 통상임금이 아님.
또한 근로자가 실제로 초과근로를 제공하기 전에 미리 확정되어 있어야 함.

판시사항	(대판 2013. 12. 18, 2012다89399 판결문 7쪽)
…근로자가 소정근로시간을 초과하여 근로를 제공하거나 근로계약에서 제공하기로 정한 근로 외의 근로를 특별히 제공함으로써 사용자로부터 추가로 지급받는 임금이나 소정근로시간의 근로와는 관련 없이 지급받는 임금은 소정근로의 대가라 할 수 없으므로 통상임금에 속하지 아니한다.	

2. 통상임금의 판단기준

(1) 소정근로의 대가

소정근로의 대가는 "근로자가 소정근로시간에 통상적으로 제공하기로 정한 근로에 관하여 사용자와 근로자가 지급하기로 약정한 금품"이라고 정의함.

판시사항	(대판 2013. 12. 18, 2012다89399 판결문 7쪽)
…소정근로의 대가라 함은 근로자가 소정근로시간에 통상적으로 제공하기로 정한 근로에 관하여 사용자와 근로자가 지급하기로 약정한 금품을 말한다.	

□ 소정근로의 대가로 볼 수 없는 임금은 아래와 같음.
① 근로자가 소정근로시간을 초과하여 근로를 제공하여 지급받는 임금
② 근로계약에서 제공하기로 정한 근로 외의 근로를 특별히 제공함으로써 사용자로부터 추가로 지급받는 임금
③ 소정근로시간의 근로와는 관련 없이 지급받는 임금
※ 다만, 약정한 금품이 소정근로시간에 근무한 직후나 그로부터 가까운 시일 내에 지급되지 아니하였다고 하여 소정근로의 대가가 아니라고 할 수 없음.

(2) 정기성

정기성은 미리 정해진 일정한 기간마다 정기적으로 지급되는지 여부에 관한 것으로서, 1개월을 초과하는 기간마다 지급되더라도 일정한 간격을 두고 계속적으로 지급되는 것이면 통상임금이 될 수 있음.

판시사항	(대판 2013. 12. 18, 2012다89399 판결문 8쪽)
…통상임금에 속하기 위한 성질을 갖춘 임금이 1개월을 넘는 기간마다 정기적으로 지급되는 경우, 이는 노사간의 합의 등에 따라 근로자가 소정근로시간에 통상적으로 제공하는 근로의 대가가 1개월을 넘는 기간마다 분할지급되고 있는 것일 뿐, … 정기상여금과 같이 일정한 주기로 지급되는 임금의 경우 단지 그 지급주기가 1개월을 넘는다는 사정만으로 그 임금이 통상임금에서 제외된다고 할 수는 없다.	

• 대법원은 '1임금지급주기'를 통상임금의 요건으로 볼 수 없는 근거를 아래와 같이 제시하고 있음.

【1임금지급주기가 통상임금의 요건이 아님을 판단한 근거】

① 근로기준법 제43조 제2항*의 정기불 지급원칙은 근로자의 생활안정을 도모하려는 것이므로 이를 근거로 1개월 넘는 기간마다 지급되는 임금을 통상임금에서 제외된다고 해석할 수 없음.

<table>
<tr><td>
* (근로기준법 제43조 제2항) 임금은 매월 1회 이상 일정한 날짜를 정하여 지급하여야 한다. 다만, 임시로 지급하는 임금, 수당, 그 밖에 이에 준하는 것 또는 대통령령으로 정하는 임금에 대하여는 그러하지 아니한다.
② 시행령 제6조 제1항*의 정의규정 중 시간급·일급·주급·월급 금액 등은 다양한 기간을 단위로 산정·지급되는 임금의 형태를 예시한 것에 불과함.
* (근로기준법 시행령 제6조 제1항) 법과 이 영에서 "통상임금"이란 근로자에게 정기적이고 일률적으로 소정근로 또는 총근로에 대해 지급하기로 정한 시간급 금액, 일급 금액, 주급 금액, 월급 금액 또는 도급 금액을 말한다.
③ 최저임금은 근로자의 생활안정 등을 위하여 매월 1회 이상 정기적으로 지급하는 임금 이외의 임금은 최저임금 비교대상 임금에서 제외하고 있으나 이를 근거로 통상임금을 1임금지급기로 한정하여야 한다고 볼 수 없음.
</td></tr>
</table>

※ 따라서 1개월을 넘어 2개월, 분기(3개월), 반기(6개월), 년 단위로 지급되더라도, 정기적으로 지급되는 것이며면 '정기성' 요건은 충족됨.

(3) 일률성

일률성은 '모든 근로자'에게 지급되는 것뿐만 아니라 '일정한 조건 또는 기준에 달한 모든 근로자'에게 지급되는 것도 포함하는 개념으로서, 일률으로 지급되어야 통상임금이 될 수 있음.

판시사항	(대판 2013. 12. 18, 2012다89399 판결문 9쪽)
…어떤 임금이 통상임금에 속하기 위해서는 그것이 일률적으로 지급되는 성질을 갖추어야 한다. '일률적'으로 지급되는 것에는 '모든 근로자'에게 지급되는 것뿐만 아니라 '일정한 조건 또는 기준에 달한 모든 근로자'에게 지급되는 것도 포함된다.	

'일정한 조건 또는 기준'은 작업 내용이나 기술, 경력 등과 같이 소정근로의 가치 평가와 관련된 조건이어야 함. '일정한 조건'이란 시시때때로 변동되지 않는 고정적인 조건이어야 함.

판시사항	(대판 2013. 12. 18, 2012다89399 판결문 9~10쪽)
… '일정한 조건'이란 고정적이고 평균적인 임금을 산출하려는 통상임금의 개념에 비추어 볼 때 고정적인 조건이어야 한다. … '일정한 조건 또는 기준'은 통상임금이 소정근로의 가치를 평가한 개념이라는 점을 고려할 때, 작업내용이나 기술, 경력 등과 같이 소정근로의 가치 평가와 관련된 조건이라야 한다.	

【 '일률성' 요건의 구체적 적용 】

① 단체협약이나 취업규칙 등에서 휴직이나 복직자, 징계대상자에 대한 지급제한 사유를 규정한 임금이라도 이는 해당 근로자의 개인적 특수성을 고려한 것일 뿐이므로 정상적인 근로관계를 유지하고 있는 근로자에 대하여 그 해당 임금의 일률성이 부정되지 아니함.

② 가족수당

- 부양가족 수에 따라 차등 지급되는 경우는 근로와 관련된 일정한 조건 또는 기준에 따른 것이라 할 수 없어 일률성이 부정됨(眞性 가족수당).
- 다만, 기본금액을 동일하게 지급하면서 부양가족 수에 따라 추가적으로 지급하는 경우 그 기본금액은 통상임금에 해당
- 모든 근로자에게 일정금액을 기본금액으로 지급하는 가족수당은 통상임금에 포함됨.

(4) 고정성

고정성은 초과근로를 제공할 당시에, 그 지급 여부가 업적, 성과 기타 추가적인 조건과 관계없이 사전에 이미 확정되어 있는 것이어야 인정됨.

고정적 임금은 명칭을 묻지 않고, 소정근로시간을 근무한 근로자가 그 다음 날에 퇴직한다 하더라도 근로의 대가로 당연하고도 확정적으로 지급받게 되는 최소한의 임금을 말함.

판시사항	(대판 2013. 12. 18, 2012다89399 판결문 11쪽)
… '고정성'이라 함은 '근로자가 제공한 근로에 대하여 그 업적, 성과 기타의 추가적인 조건과 관계없이 당연히 지급될 것이 확정되어 있는 성질'을 말하고, '고정적인 임금'은 '임금의 명칭 여하를 불문하고 임의의 날에 소정근로시간을 근무한 근로자가 그 다음 날 퇴직한다 하더라도 그 하루의 근로에 대한 대가로 당연하고도 확정적으로 지급받게 되는 최소한의 임금'이라고 정의할 수 있다.	

□ 고정성 판단기준

초과근로를 제공할 당시에 그 지급 여부가 업적, 성과 기타의 '추가적인 조건에 관계없이' 지급될 것이 확정되어 있는지 여부를 기준으로 판단해야 함(사전 확정성).

'추가적 조건'이란 '초과근무를 제공하는 시점'에 성취 여부가 불분명한 조건을 의미함.

따라서 근로제공 이외에 추가적인 조건이 충족되어야 지급되는 임금이나, 그 충족 여부에 따라 지급액이 달라지는 임금 부분은 고정성이 결여되었다고 봄.

판시사항	(대판 2013. 12. 18, 2012다89399 판결문 11쪽)
… 소정근로를 제공하더라도 추가적인 조건을 충족하여야 지급되는 임금이나 그 조건 충족 여부에 따라 지급액이 변동되는 임금 부분은 고정성을 갖춘 것이라 할 수 없다.	

다만, 지급액 중 추가적인 조건에 따라 달라지지 않는 부분만큼은 고정성을 인정함.

실제 근무성적에 따라 지급 여부나 지급액이 달라지는 성과급과 같은 임금은 고정성이 없어 통상임금이 될 수 없는 대표적인 경우임.

다만, 이 경우에도 최소한도로 보장되는 부분만큼은 근무성적과 무관하게 누구나 받을 수 있는 고정적인 것이므로, 통상임금이 될 수 있음.

판시사항	(대판 2013. 12. 18, 2012다89399 판결문 14쪽)

… 지급 대상기간에 이루어진 근로자의 근무실적을 평가하여 이를 토대로 지급여부나 지급액이 정해지는 임금은 일반적으로 고정성이 부정된다고 볼 수 있다. 그러나 근무실적에 관하여 최하 등급을 받더라도 일정액을 지급하는 경우와 같이 최소한도의 지급이 확정되어 있다면, 그 최소한도의 임금은 고정적 임금이라고 할 수 있다.

전합 판결은 지급일 기타 특정 시점에 재직 중인 근로자에게만 지급하는 임금은 고정성을 결여한 것으로 판단함.

☞ 야간, 휴일, 연장근무 등 초과근로수당 산정 등의 기준이 되는 통상임금이 되기 위해서는, 초과근무를 하는 시점에서 보았을 때, 근로계약에서 정한 근로의 대가로 지급될 어떤 항목의 임금이, 일정한 주기에 따라 정기적으로 지급이 되고(정기성), '모든 근로자'나 '근로와 관련된 일정한 조건 또는 기준에 해당하는 모든 근로자'에게 일률적으로 지급이 되며(일률성), 그 지급 여부가 업적이나 성과 기타 추가적인 조건과 관계없이 '사전에 이미 확정되어 있는 것'(고정성)이어야 하는데, 이러한 요건을 갖추면 그 명칭과 관계없이 통상임금에 해당함.

3. 통상임금에 관한 노사합의

노사가 「근로기준법」이 정한 기준보다 낮은 임금 등 불리하게 근로조건을 계약하는 것은 무효임(근로기준법 제15조).

대법원은 법률상 통상임금에 해당하는 정기상여금 등의 임금을 통상임금에서 제외하기로 노사가 합의하였다 하더라도 위 합의는 「근로기준법」에 위반되어 무효임을 확인함.

판시사항	(대판 2013. 12. 18, 2012다89399 판결문 15쪽)

… 근로기준법이 정하는 근로조건은 최저기준이므로(근로기준법 제3조), 그 기준에 미치지 못하는 근로조건을 정한 근로계약은 그 부분에 한하여 무효로 되며, 이에 따라 무효로 된 부분은 근로기준법에서 정한 기준에 따른다(근로기준법 제15조).

통상임금은 위 근로조건의 기준을 마련하기 위하여 법이 정한 도구개념이므로, 사용자와 근로자가 통상임금의 의미나 범위 등에 관하여 단체협약 등에 의해 따로 합의할 수 있는 성질의 것이 아니다.

따라서 법률상 통상임금에 해당되는 임금을 통상임금 산정에 포함시켜 다시 초과근로수당을 계산한 다음, 소급하여 이미 지급받은 것과의 차액을 추가임금으로 청구할 수 있음.
(다만, 사용자가 소멸시효 항변을 할 경우 최종 3년분만 인정 가능)

4. 신의성실의 원칙 적용과 추가임금 청구 제한

다만 통상임금에 속하는 임금을 통상임금에서 제외하기로 한 노사 합의가 「근로기준법」에 위반되어 무효이더라도 신의칙 요건을 갖춘 경우에는 추가임금 청구가 허용되지 않음.

판시사항	(대판 2013. 12. 18, 2012다89399 판결문 17쪽)
… 노사합의의 내용이 근로기준법의 강행규정을 위반한다고 하여 그 노사합의의 무효 주장에 대하여 예외 없이 신의칙의 적용이 배제되는 것은 아니다. 위에서 본 신의칙을 적용하기 위한 일반적인 요건을 갖춤은 물론 근로기준법의 강행규정성에도 불구하고 신의칙을 우선하여 적용하는 것을 수긍할만한 특별한 사정이 있는 예외적인 경우에 한하여 그 노사합의의 무효를 주장하는 것은 신의칙에 위배되어 허용될 수 없다.	

□ 신의칙 적용요건은 다음과 같음

① 통상임금에 포함하지 않고 산정한 항목이 정기상여금일 것

* 정기상여금이란 일정한 대상기간에 제공되는 근로에 대응하여 1개월을 초과하는 일정한 기간마다 지급되는 상여금을 말한다고 함.

② 노사가 정기상여금이 통상임금에 해당되지 않는다고 신뢰한 상태에서 이를 통상임금에서 제외하는 합의를 하고 이를 토대로 임금인상률 등 그 밖의 임금 조건을 정하였을 것

* 노사합의에는 단체협약 등 명시적 합의 이외에도 묵시적 합의나 근로관행도 포함됨.

【 전합판결에 제시된 상세 근거 】

i) 임금협상에 있어서 노사의 자율적인 의사

ii) '정기상여금을 통상임금 산정에서 제외한 노사합의'가 우리나라의 임금협상 관행에 따른 일반적인 모습

- 임금총액을 기준으로 인상률을 정하고 세부항목은 총액에 맞게 할당
- ▲ 상여금은 원래 포상적인 성과급에서 시작되었고, 현재도 상당수가 통상임금이 아니거나 성격이 불분명, ▲ 고용부의 '통상임금산정지침'이 일관되게 정기상여금은 통상임금이 아니라고 예시해 옴, ▲ 대법원 판례도 2012년 금아리무진 판결 이전까지는 상여금의 통상임금성을 부정하였던 점 등이 이러한 관행의 원인

③ 근로자가 추가임금을 청구할 경우 예측하지 못한 재정적 부담으로 기업에 '중대한 경영상 어려움'을 초래하거나 그 존립이 위태롭게 될 수 있다는 사정이 있을 것

* 전합판결에 제시된 판단근거: (i) 정기상여금이 600%, (ii) 상시적 초과근로, (iii) 추가지급시 실질임금 인상률이 교섭 당시 예정한 임금인상률을 훨씬 초과, (iv) 미사용 연차휴가수당 증가 등

판시사항	(대판 2013. 12. 18, 2012다89399 판결문 24쪽)

… 피고와 노동조합의 임금협상 실태와 피고와 관리직 직원들 사이에 이 사건 ①상여금을 통상임금에서 제외하기로 하는 ②명시적 또는 묵시적 노사합의 내지 관행이 이루어졌는지 여부, 그리고 이 사건 상여금이 통상임금에 산입될 경우 ③ 피고가 부담하게 될 추가 법정수당액과 전년도 대비 실질임금 인상률 및 그에 관한 과거 수년

간의 평균치, 피고의 재정 및 경영상태, … 등을 심리하여 2007년부터 2010년까지의 미사용연차휴가수당 등의 지급을 구하는 원고의 이 사건 청구가 신의칙에 위배되는지를 살펴보았어야 할 것이다.

[임금유형별 통상임금 정리]

임금명목	임금의 특징	통상임금 해당여부
기술수당	기술이나 자격보유자에게 지급되는 수당(자격수당, 면허수당 등)	통상임금○
근속수당	근속기간에 따라 지급여부나 지급액이 달라지는 임금	통상임금○
가족수당	부양가족 수에 따라 달라지는 가족수당	통상임금× (근로와 무관한 조건)
	부양가족 수와 관계없이 모든 근로자에게 지급되는 가족수당 분	통상임금 ○ (명목만 가족수당, 일률성 인정)
성과급	근무실적을 평가하여 지급여부나 지급액이 결정되는 임금	통상임금× (조건에 좌우됨, 고정성 인정×)
	최소한도가 보장되는 성과급	그 최소한도만큼만 통상임금○ (그 만큼은 일률적, 고정적 지급)
상여금	정기적인 지급이 확정되어 있는 상여금(정기상여금)	통상임금○
	기업실적에 따라 일시적, 부정기적, 사용자 재량에 따른 상여금(경영성과분배금, 격려금, 인센티브)	통상임금× (사전 미확정, 고정성 인정×)

특정시점 재직 시에만 지급되는 금품	특정시점에 재직 중인 근로자만 지급받는 금품(명절귀향비나 휴가비의 경우 그러한 경우가 많음)	통상임금× (근로의 대가×, 고정성×)
	특정시점이 되기 전 퇴직 시에는 근무일수에 비례하여 지급되는 금품	통상임금○ (근무일수 비례하여 지급되는 한도에서는 고정성○)

○ 판 례

1. 일정한 대상기간에 제공되는 근로에 대응하여 1개월을 초과하는 일정기간마다 지급되는 정기상여금은 통상임금에 해당한다.

2. 성질상 근로기준법 상의 통상임금에 속하는 임금을 통상임금에서 제외하기로 노사간에 합의하였다 하더라도 그 합의는 효력이 없다.

3. 통상임금 추가분 청구로 인해 회사 경영에 어려움이 초래되는 경우 추가임금 청구는 신의성실의 원칙에 위반되어 허용될 수 없다.

사건번호 : 대법 2012다89399

선고일자 : 2013-12-18

요 지

1-1. 통상임금은 근로자가 소정근로시간에 통상적으로 제공하는 근로인 소정근로(도급근로자의 경우에는 총 근로)의 대가로 지급하기로 약정한 금품으로서 정기적·일률적·고정적으로 지급되는 임금을 말하고, 그 임금이 '1임금산정기간' 내에 지급되는 것인지 여부는 판단기준이 아니다. 따라서 어떠한 임금이 통상임금에 속하는지 여부는 그 임금이 소정근로의 대가로 근로자에게 지급되는 금품으로서 정기적·일률적·고정적으로 지급되는 것인지를 기준으로 그 객관적인 성질에 따라 판단하여야 하고, 임금의 명칭이나 그 지급주기의 장단 등 형식적 기준에 의해 정할 것이 아니다.

1-2. 통상임금에 속하기 위한 성질을 갖춘 임금이 1개월을 넘는 기간마다 정기적으로 지급되는 경우, 이는 노사간의 합의 등에 따라 근로자가 소정근로시간에 통상적으로 제공하는 근로의 대가가 1개월을 넘는 기간마다 분할지급되고 있는 것일 뿐, 그러한 사정 때문에 갑자기 그 임금이 소정근로의 대가로서의 성질을 상실하거나 정기성을 상실하게 되는 것이 아님은 분명하다. 따라서 정기상여금과 같이 일정한 주기로 지급되는 임금의 경우 단지 그 지급주기가 1개월을 넘는다는 사정만으로 그 임금이 통상임금에서 제외된다고 할 수는 없다.

1-3. 어떤 임금이 통상임금에 속하기 위해서는 그것이 일률적으로 지급되는 성질을 갖추어야 한다. '일률적'으로 지급되는 것에는 '모든 근로자'에게 지급되는 것뿐만 아니라 '일정한 조건 또는 기준에 달한 모든 근로자'에게 지급되는 것도 포함된다. 여기서 '일정한 조건'이란 고정적이고 평균적인 임금을 산출하려는 통상임금의 개념에 비추어 볼 때 고정적인 조건이어야 한다.
일정 범위의 모든 근로자에게 지급된 임금이 일률성을 갖추고 있는지 판단하는 잣대인 '일정한 조건 또는 기준'은 통상임금이 소정근로의 가치를 평가한 개념이라는 점을 고려할 때, 작업 내용이나 기술, 경력 등과 같이 소정근로의 가치 평가와 관련된 조건이라야 한다.

1-4. '고정성'이라 함은 '근로자가 제공한 근로에 대하여 그 업적, 성과 기타의 추가적인 조건과 관계없이 당연히 지급될 것이 확정되어 있는 성질'을 말하고, '고정적인 임금'은 '임금의 명칭 여하를 불문하고 임의의 날에 소정근로시간을 근무한 근로자가 그 다음 날 퇴직한다 하더라도 그 하루의 근로에 대한 대가로 당연하고도 확정적으로 지급받게 되는 최소한의 임금'이라고 정의할 수 있다.
고정성을 갖춘 임금은 근로자가 임의의 날에 소정근로를 제공하면 추가적인 조건의 충족 여부와 관계없이 당연히 지급될 것이 예정된 임금이므로, 그 지급 여부나 지급액이 사전에 확정된 것이라 할 수 있다. 이와 달리 근로자가 소정근로를 제공하더라도 추가적인 조건을 충족하여야 지급되는 임금이나 그 조건 충족 여부에 따라 지급액이 변동되는 임금 부분은 고정성을 갖춘 것이라고 할 수 없다.

1-5. 근속수당의 지급조건에 일정 근무일수를 기준으로 그 미만은 일할계산하여 지급하고 그 이상은 전액 지급하기로 정해진 경우 그 일할계산하여 지급되는 최소한도의 임금은 고정적인 임금이라고 보아야 하는데도, 이와 달리 이를 지급 여부 및 그 지급액이 실제 근무성적에 의하여 달라진다는 이유로 비고정적인 임금으로 통상임금에 해당하지 아니한다고 판단한 대법원 1996.3.22. 선고 95다56767 판결과 문제가 된 복리후생적 명목의 급여가 지급일 당시 재직 중일 것을 지급조건으로 하는지 여부에 관하여 심리하지 아니한 채 해당 급여가 단체협약 등에 의하여 일률적·정기적으로 지급되는 것으로 정해져 있다는 사정만으로 통상임금에 해당한다고 판단한 대법원 2007.6.15. 선고 2006다13070 판결 등을 비롯한 같은 취지의 판결들은 이 판결의 견해에 배치되는 범위 내에서 이를 모두 변경하기로 한다.

2. 성질상 근로기준법 상의 통상임금에 속하는 임금을 통상임금에서 제외하기로 노사간에 합의하였다 하더라도 그 합의는 효력이 없다. 연장·야간·휴일 근로에 대하여 통상임금의 50% 이상을 가산하여 지급하도록 한 근로기준법의 규정은 각 해당 근로에 대한 임금산정의 최저기준을 정한 것이므로, 통상임금의 성질을 가지는 임금을 일부 제외한 채 연장·야간·휴일 근로에 대한 가산임금을 산정하도록 노사간에 합의한 경우 그 노사합의에 따라 계산한 금액이 근로기준법에서 정한 위 기준에 미달할 때에는 그 미달하는 범위 내에서 노사합의는 무효라 할 것이고, 그 무효로 된 부분은 근로기준법이 정하는 기준에 따라야 할 것이다.

3-1. 단체협약 등 노사합의의 내용이 근로기준법의 강행규정을 위반하여 무효인 경우에, 그 무효를 주장하는 것이 신의칙에 위배되는 권리의 행사라는 이유로 이를 배척한다면 강행규정으로 정한 입법취지를 몰각시키는 결과가 될

것이므로, 그러한 주장이 신의칙에 위배된다고 볼 수 없음이 원칙이다. 그러나 노사합의의 내용이 근로기준법의 강행규정을 위반한다고 하여 그 노사합의의 무효 주장에 대하여 예외 없이 신의칙의 적용이 배제되는 것은 아니다. 위에서 본 신의칙을 적용하기 위한 일반적인 요건을 갖춤은 물론 근로기준법의 강행규정성에도 불구하고 신의칙을 우선하여 적용하는 것을 수긍할만한 특별한 사정이 있는 예외적인 경우에 한하여 그 노사합의의 무효를 주장하는 것은 신의칙에 위배되어 허용될 수 없다.

3-2. 노사가 자율적으로 임금협상을 할 때에는 기업의 한정된 수익을 기초로 하여 상호 적정하다고 합의가 이루어진 범위 안에서 임금을 정하게 되는데, 우리나라의 실태는 임금협상 시 임금 총액을 기준으로 임금 인상 폭을 정하되, 그 임금 총액 속에 기본급은 물론, 일정한 대상기간에 제공되는 근로에 대응하여 1개월을 초과하는 일정 기간마다 지급되는 상여금(이하 '정기상여금'이라고 한다), 각종 수당, 그리고 통상임금을 기초로 산정되는 연장·야간·휴일 근로 수당 등의 법정수당까지도 그 규모를 예측하여 포함시키는 것이 일반적이다. 이러한 방식의 임금협상에 따르면, 기본급, 정기상여금, 각종 수당 등과 통상임금에 기초하여 산정되는 각종 법정수당은 임금 총액의 범위 안에서 각 금액이 할당되고 그 지급형태 등이 결정된다는 의미에서 상호 견련관계가 있는 것이다.

그런데 우리나라 대부분의 기업에서는 정기상여금은 그 자체로 통상임금에 해당하지 아니한다는 전제 아래에서, 임금협상 시 노사가 정기상여금을 통상임금에서 제외하기로 합의하는 실무가 장기간 계속되어 왔고, 이러한 노사합의는 일반화되어 이미 관행으로 정착된 것으로 보이는데, 이러한 관행이 정착하게 된 데에는, 상여금의 연원이 은혜적·포상적인 이윤배분이나 성과급에서 비롯된 점, 상여금이 근로의 대가로서 정기적·일률적으로 지급되는 경우가 많다고는 하지만 여전히 성과급, 공로보상 또는 계속근로 장려 차원에서 지급되는 경우도 있고 그 지급형태나 지급조건 등이 다양하여 그 성질이 명확하지 아니한 경우도 있는 점, 고용노동부의 '통상임금 산정지침'이 일관되게 정기상여금을 통상임금에서 제외하여 온 점, 대법원 판례상으로도 2012.3.29. 대법원 2010다91046 판결이 선고되기 전에는 정기상여금이 통상임금에 해당할 수 있음을 명시적으로 인정한 대법원판결은 없었던 점 등이 그 주요 원인이 되어 노사 양측 모두 정기상여금은 통상임금에서 제외되는 것이라고 의심 없이 받아들여 왔기 때문인 것으로 보인다.

3-3. 위와 같은 방식의 임금협상 과정을 거쳐 이루어진 노사합의에서 정기상여금은 그 자체로 통상임금에 해당하지 아니한다고 오인한 나머지 정기상여금을 통상임금 산정 기준에서 제외하기로 합의하고 이를 전제로 임금수준을 정한 경우, 근로자 측이 앞서 본 임금협상의 방법과 경위, 실질적인 목표와 결과 등은 도외시한 채 임금협상 당시 전혀 생각하지 못한 사유를 들어 정기상여금을 통상임금에 가산하고 이를 토대로 추가적인 법정수당의 지급을 구함으로써, 노사가 합의한 임금수준을 훨씬 초과하는 예상 외의 이익을 추구하고 그로 말미암아 사용자에게 예측하지 못한 새로운 재정적 부담을 지워 중대한 경영상의 어려움을 초래하거나 기업의 존립을 위태롭게 한다면, 이는 종국적으로 근로자 측에까지 그 피해가 미치게 되어 노사 어느 쪽에도 도움이 되지 않는 결과를 가져오므로 정의와 형평 관념에 비추어 신의에 현저히 반하고 도저히 용인될 수 없음이 분명하다. 그러므로 이와 같은 경우 근로자 측의 추가 법정수당 청구는 신의칙에 위배되어 받아들일 수 없다.

---

1. 정기적·일률적으로 지급되는 선물비, 생일자지원금, 개인연금지원금, 단체보험료는 임금에 해당된다.

2. 근로자가 소정근로를 했는지 여부와는 관계없이 지급일 기타 특정 시점에 재직 중인 근로자에게만 지급하기로 정해져 있는 임금은 통상임금에 해당하지 아니한다.

사건번호 : 대법 2012다94643
선고일자 : 2013-12-18

요 지

1-1. 통상임금은 근로자가 소정근로시간에 통상적으로 제공하는 근로인 소정근로(도급근로자의 경우에는 총 근로)의 대가로 지급하기로 약정한 금품으로서 정기적·일률적·고정적으로 지급되는 임금을 말한다. 1개월을 초과하는 기간마다 지급되는 임금도 그것이 정기적·일률적·고정적으로 지급되는 것이면 통상임금에 포함될 수 있다.

1-2. 고정적인 임금이라 함은 '임금의 명칭 여하를 불문하고 임의의 날에 소정근로시간을 근무한 근로자가 그 다음 날 퇴직한다 하더라도 그 하루의 근로에 대한 대가로 당연하고도 확정적으로 지급받게 되는 최소한의 임금'을 말하므로, 근로자가 임의의 날에 소정근로를 제공하면 추가적인 조건의 충족 여부와 관계없이 당연히 지급될 것이 예정되어 지급 여부나 지급액이 사전에 확정된 임금은 고정성을 갖춘 것으로 볼 수 있다. 여기서 말하는 조건은 근로자가 임의의 날에 연장·야간·휴일 근로를 제공하는 시점에 그 성취 여부가 아직 확정되어 있지 않은 조건을 말하므로, 특정 경력을 구비하거나 일정 근속기간에 이를 것 등과 같이 위 시점에 그 성취 여부가 이미 확정되어 있는 기왕의 사실관계를 조건으로 부가하고 있는 경우에는 고정성 인정에 장애가 되지 않지만, 근로자가 소정근로를 했는지 여부와는 관계없이 지급일 기타 특정시점에 재직 중인 근로자에게만 지급하기로 정해져 있는 임금은 그 특정시점에 재직 중일 것이 임금을 지급받을 수 있는 자격요건이 된다. 그러한 임금은 기왕에 근로를 제공했던 사람이라도 특정시점에 재직하지 않는 사람에게는 지급하지 아니하는 반면, 그 특정시점에 재직하는 사람에게는 기왕의 근로 제공 내용을 묻지 아니하고 모두 이를 지급하는 것이 일반적이다. 그와 같은 조건으로 지급되는 임금이라면, 그 임금은 이른바 '소정근로'에 대한 대가의 성질을 가지는 것이라고 보기 어려울 뿐 아니라 근로자가 임의의 날에 근로를 제공하더라도 그

특정시점이 도래하기 전에 퇴직하면 당해 임금을 전혀 지급받지 못하여 근로자가 임의의 날에 연장·야간·휴일 근로를 제공하는 시점에서 그 지급조건이 성취될지 여부는 불확실하므로, 고정성도 결여한 것으로 보아야 한다.

2-1. 근로기준법 소정의 임금이란 사용자가 근로의 대가로 근로자에게 지급하는 일체의 금품으로서, 근로자에게 계속적·정기적으로 지급되고 그 지급에 관하여 단체협약, 취업규칙, 급여규정, 근로계약, 노동관행 등에 의하여 사용자에게 지급의무가 지워져 있다면 그 명목 여하를 불문하고 임금에 해당된다. 따라서 근로자들에게 정기적·일률적으로 지급되는 선물비, 생일자지원금, 개인연금지원금, 단체보험료는 임금에 해당된다.

2-2. 통상임금이 소정근로시간을 초과하는 근로를 제공할 때 지급되는 가산임금을 산정하는 기준임금으로 기능하는 점을 고려하면, 어떤 임금이 통상임금에 해당하기 위해서는 근로자가 실제로 연장·야간·휴일 근로를 하기 전에 그 지급과 지급액이 사전에 확정되어 있어야 하고, 여기서 지급과 지급액이 사전에 확정되어 있다는 것은 임의의 날에 소정근로를 제공하면 당연히 지급될 것이 예정되어 있는 것을 의미한다. 따라서 지급액을 결정하기 위한 객관적인 기준 없이 단지 사후에 노사협의를 통해 그 지급액을 정하도록 한 경우라면 그 지급액이 사전에 확정되어 있다고 볼 수 없다. 따라서 단체협약으로 "회사는 김장철에 김장보너스를 지급하며, 지급금액은 노사협의하여 지급한다."고 정한 김장보너스는 고정적인 임금이라고 할 수 없어 통상임금에 해당한다고 볼 수 없다.[지급일 직전에 노사협의를 통해 지급액이 결정되는 김장보너스와 지급일에 재직 중인 근로자에게만 지급하고 지급일 전에 퇴사한 근로자들은 지급 대상에서 제외한 설·추석상여금, 하기휴가비, 선물비, 생일자지원금 등이 통상임금에 해당한다고 본 원심을 파기한 사례]

○ 사례해결

통상임금이란 근로자에게 정기적·일률적으로 소정근로 또는 총근로에 대하여 지급하기로 정하여진 금액으로 1근로시간 또는 1근로일에 대하여 지급하기로 정한 통상적인 임금액입니다. 통상임금은 소정의 근로에 대하여 지급하기로 정하여진 임금으로 실수령이나 근무여부와 무관합니다. 소정 외 근로의 대가인 연장·야간·휴일근로수당은 포함되지 않습니다.

〈통상임금 포함되는 임금의 판단기준〉

① 1임금 산정기간(월급제 근로자는 1월)에 지급하기로 정해진 고정급 임금으로 정기적으로 지급되는 임금임.

② 모든 근로자에게 지급되거나 고정적이고 일정한 조건 또는 기준을 정하여 해당자에게 일률적으로 지급되는 임금

③ 생산량·근무성적 등에 따라 변동되는 임금은 제외(도급제 등 생산고에 따라 임금을 지급하기로 정한 경우는 예외)

본 사례의 경우 임금항목을 살펴보면 우선 매월 정기적·일률적으로 지급되는 기본급, 직무수당, 자격수당만이 통상임금에 포함되며, 분기별 지급되는 상여금과 발생여부가 유동적인 연장·야간근로수당은 포함되지 않습니다.

Theme 13

평균임금 일반

○ 실무사례
OO업체는 기본급, 직무수당, 자격수당, 가족수당 등은 매월 정기 지급, 상여금으로 매분기월말에 나누어 지급하고 그 외 연장근로 및 야간근로, 일직 등의 수당을 지급하고 있음. 이 중 평균임금에 포함되는 임금은 무엇인지 문의드림.

○ 관련법령

근로기준법

제2조(정의) ① 이 법에서 사용하는 용어의 뜻은 다음과 같다.

6. "평균임금"이란 이를 산정하여야 할 사유가 발생한 날 이전 3개월 동안에 그 근로자에게 지급된 임금의 총액을 그 기간의 총일수로 나눈 금액을 말한다. 근로자가 취업한 후 3개월 미만인 경우도 이에 준한다.

○ 행정해석

평균임금산정에 포함되는 임금의 범위예시와 확인요령

노동부예규 제30호 (1981.5.7.)

제1조(목적)

이 요령은 근로기준법 제19조 및 산업재해보상보험법 제3조의 규정에 의한 평균임금산정에 포함되는 임금의 범위예시와 그 확인을 위한 사항을 규정함을 목적으로 한다.

제2조(용어의 정의)

① "임금"이라 함은 근로기분법 제18조의 규정에 의한 사용자가 근로의 대상으로 근로자에게 임금, 봉급, 기타 여하한 명칭으로든지 지급하는 일체의 금품을 말한다.

② "평균임금"이라 함은 근로기준법 제19조의 규정에 의한 평균임금을 산정하여야 할 사유가 발생한 날 이전 3월간에 그 근로자에 대하여 지급된 임금의 총액을 그 기간의 총일수로 제한 금액을 말한다.

제3조(임금의 범위)

① 다음에 기재된 임금의 예시는 임금에 포한되는 것의 전부를 망라한 것이 아니고 임금에 포함되거나 또는 포함되지 않는 예시규정이므로 실제로 지급되는 임금의 실태를 고려하여 그 포함여부를 결정하여야 한다.

② 평균임금 산정기초인 임금에 포함되는 것

가. 통화로 지급되는 것

(1) 기본급

(2) 연, 월차 유급휴가수당

(3) 연장, 야간, 휴일근로수당

(4) 특수작업수당, 위 험작업수당, 기술수당

(5) 임원, 직책수당

(6) 일, 숙직수당

(7) 장려, 정근, 개근, 생산독려수당

(8) 단체협약 또는 취업규칙에서 근로조건의 하나로서 전 근로자에게 일률적으로 지급하도록 명시되어 있거나 관례적으로 지급되는 다음의 것

(가) 상여금

(나) 통근비(정기승차권)

(다) 사택수당

(라) 급식대(주식대보조금, 잔업식사대, 조근식사대)

(마) 월동비

(바) 지역수당(냉, 한, 벽지수당)
(사) 교육수당(정기적 일률적 전 근로자에게 지급되는 경우)
(아) 별거수당
(자) 물가수당
(차) 조정수당
(9) 가족수당이 독신자를 포함하여 전 근로자에게 인률적으로 지급되는 경우
(10) "봉사료"를 사용자가 일괄 집중관리하여 배분하는 경우 그 배분금액

나. 현물로 지급하는 것
법령, 단체협약 또는 취업규칙의 규정에 의하여 지급되는 현물급여(예: 급식 등)

③ 평균임금 산정기초인 임금에 포함되지 아니하는 것
가. 성질상 임금이 아니기 때문에 포함될 수 없는 것
(1) 통화로 지급되는 것
(가) 결혼축하금
(나) 조의금
(다) 재해위문금
(라) 휴업보상금
(마) 실비변상적인 것(예 : 기구손실금, 그 보수비, 음료대, 작업용품대, 작업상 피복제공이나 대여 또는 보수비, 출장여비 등)

(2) 현물로 지급되는 것
(가) 근로자로부터 대금을 징수하는 현물급여
(나) 작업상 필수적으로 지급되는 현물급여(예 : 작업복, 작업모, 작업화 등)
(다) 복지후생시설로서의 현물급여(예 : 주택설비, 조명, 용수, 의료 등의 제공, 급식, 영양식품의 지급 등)

(3) 기타 임금총액에 포함되지 않는 것

(가) 퇴직금 (단체협약, 취업규칙 등에 규정함을 불문한다)

(나) 임금이지만 총액에서 공제되는 것

· 임시로 지급되는 임금

임시 또는 돌발적인 사유에 따라 지급되거나 지급조건은 사전에 규정되었더라도 그 사유발생일이 불확정적, 무기한 또는 회소하게 나타나는것(예 : 결혼수당, 사상병수당)

제4조(평균임금의 확인)

① 지방사무소장은 보험급여의 산정기초인 평균임금을 적정히 산정하기 위하여 임금조사를 다음에 의하여 철저히 하여야 한다.

가. 평균임금은 사업주 확인에 따라 산정함을 원칙으로 하되, 특히 조사할 필요가 있을 경우나 이례적으로 높다고 인정될 경우에는 다음에 의하여 조사하여야 한다.

(1) 조사할 필요가 있을 경우

근로계약서, 출근부 등에 의한 임금장, 세무자료 등에 의하여 지불된 임금을 조사 확인하여야 한다.

(2) 이례적으로 높을 경우

재해자(특히 건설공사 일용근로자)의 평균임금이 월등히 높을 경우에는 전 (1)항의 방법은 물론 당해 재해자의 성별, 직종, 학력, 경력, 기능정도 등과 동일 또는 유사한 근로자의 평균임금을 참작하여야 한다.

나. 중대재해가 발생한 경우의 평균임금확인은 전기 "가"항의 방법에 의함은 물론 재해자 및 유족으로부터도 수령한 임금을 조사하여 평균임금 산정에 정확을 기하여야 한다.

○ 판 례

근로자에게 지급된 임금이 여러 항목으로 구성되어 있고 그 중 일부 항목의 퇴직 전 3개월간 임금이 특별한 사유로 인해 통상의 경우보다 현저하게 많은 경우, 평균임금의 산정 방법

사건번호 : 대법 2007다72519
선고일자 : 2009-10-15

1. 근로자가 의도적으로 현저하게 평균임금을 높이기 위한 행위를 함으로써 근로기준법에 의하여 그 평균임금을 산정하는 것이 부적당한 경우에 해당하게 된 때에는 근로자가 그러한 의도적인 행위를 하지 않았더라면 산정될 수 있는 평균임금 상당액을 기준으로 하여 퇴직금을 산정하여야 한다. 이러한 경우 근로자에게 지급된 임금이 여러 항목으로 구성되어 있어 그러한 임금항목들 가운데 근로자의 의도적인 행위로 현저하게 많이 지급된 것과 그와 관계없이 지급된 임금항목이 혼재되어 있다면, 그 중 근로자의 의도적인 행위로 현저하게 많이 지급된 임금 항목에 대해서는 그러한 의도적인 행위를 하기 직전 3개월 동안의 임금을 기준으로 하여 근로기준법이 정하는 방식에 따라 평균임금을 산정하여야 할 것이지만, 그와 무관한 임금항목에 대해서는 근로기준법에 정한 원칙적인 산정방식에 따라 퇴직 이전 3개월 동안의 임금을 기준으로 평균임금을 산정하여야 할 것이다. 나아가 근로자의 의도적인 행위로 현저하게 많이 지급된 임금항목에 대하여 위와 같이 그러한 의도적인 행위를 하기 직전 3개월 동안의 임금을 기준으로 하더라도, 만약 근로자가 이처럼 퇴직 직전까지 의도적인 행위를 한 기간 동안에 동일한 임금항목에 관하여 근로자가 소속한 사업 또는 사업장에서 동일한 직종의 근로자에게 지급된 임금수준이 변동되었다고 인정할 수 있는 경우에는 특별한 사정이 없는 한 이를 평균임금의 산정에 반영하는 것이 근로자의 퇴직 당시 통상의 생활임금을 사실대로 반영할 수 있는 보다 합리적이고 타당한 방법이다.

2. 택시기사인 근로자가 퇴직금을 더 많이 받기 위하여 의도적으로 퇴직 직전 5개월 동안 평소보다 많은 사납금 초과 수입금을 납부한 사안에서, 근로자가 지급받은 임금의 항목들 중 평균임금을 높이기 위한 행위로 통상의 경우보다 현저하게 많아진 것은 사납금 초과 수입금 부분에 그치므로, 그 부분에 대하여는 의도적인 행위를 하기 직전 3개월 동안의 임금을 기준으로 평균임금을 산정하되 '의도적인 행위를 한 기간 동안의 동종 근로자들의 평균적인 사납금 초과 수입금의 증가율'을 곱하여 산출하고, 이를 제외한 나머지 임금 항목들에 대하여는 퇴직 전 3개월 동안 지급받은 임금총액을 기준으로 평균임금을 산정함이 적절하다.

사납금 초과 수입금을 운전사 개인의 수입으로 하여 자유로운 처분에 맡겨 왔다면 이는 임금에 해당한다 할 것이므로 특별한 사정이 없는 한 평균임금에 포함된다.

회시번호 : 근로개선정책과-4401

회시일자 : 2011-11-10

질 의

- 대법원 판결례에 따르면 「산업재해보상보험법」상 보험급여의 기준이 되는 평균임금을 산정함에 있어서 운송수입금 중 사납금을 공제한 나머지 수입금이 포함된다고 판시하였음.
  - 대판 2000. 4. 25, 98두15269 판결요지 : 운송회사가 그 소속 택시운전사들에게 매월 실제 근로일수에 따른 일정액의 급료를 지급하는 외에 하루 운송수입금에서 사납금을 공제한 나머지 수입금을 운전사 개인의 수입으로 하여 자유로운 처분에 맡겨온 경우에는 운전사 개인의 수입으로 되는 위 사납금을 공제한 나머지 부분은 영업용 택시운전사의 근로형태의 특수성과 계산의 편의 등을 고려하여 근로의 대가를 지급한 것이라고 할 것이어서 이 역시

임금에 해당하므로, 산업재해보상보험법상의 보험급여의 기준이 되는 평균임금을 산정함에 있어서도 운송수입금 중 사납금을 공제한 나머지 수입금을 포함하여야 한다.

- 「근로기준법」 제2조 제1항 제6호 및 제2항, 같은 법 시행령 제2조의 규정에 의하여 평균임금을 산정할 수 없는 경우에 대한 평균임금 산정방법을 같은 법 시행령 제4조의 규정에 따라 고용노동부장관이 고시함(평균임금 산정 특례고시).

• 대법원 판결례(2000. 4. 25, 98두15269)와 동일유형(정책승무)으로서 택시운전근로자의 임금은 임금대장 이외에 운송수입금 중 사납금을 공제한 나머지 수입금이 있는 경우 임금총액에 포함하여야 하지만 객관적 입증자료(당해 월간 실적표, 운행차량의 타고미터기 기록 등)가 보존되지 않아 부득이 확인이 불가하여 수입금을 확정하지 못하는 경우

- 위 지침 제5조 규정을 적용하여 산재보험급여의 기준이 되는 평균임금을 산정할 수 있는지 여부

회 시

• 택시운송회사가 그 소속 운전사들에게 매월 실제 근로일수에 따른 일정액을 지급하는 이외에 그 근로형태의 특수성과 계산의 편의 등을 고려하여 하루의 운송수입금 중 회사에 납입하는 일정액의 사납금을 공제한 잔액을 그 운전사 개인의 수입으로 하여 자유로운 처분에 맡겨 왔다면 위와 같은 운전사 개인의 수입으로 되는 부분 또한 그 성격으로 보아 근로의 대가인 임금에 해당한다 할 것이므로 특별한 사정이 없는 한 평균임금에 포함된다 할 것임.

- 다만, 평균임금 산정기간 내에 지급된 임금이라 하더라도, 퇴직금 산정의 기초가 되는 평균임금을 산출함에 있어서는, 사용자는 퇴직금 출연에 예측가능성을 기할 수 있게 하기 위하여 사용자가 관리가능하거나 지배 가능한 부분이 아니면 그 범위에서 제외하여야 하므로 근로자들이 사납금 초과수입금을 개인 수입으로 자신에게 직접 귀속시킨 경우, 그 개인 수입 부분의

발생 여부나 그 금액 범위 또한 일정하지 않으므로 운송회사로서는 근로자들의 개인 수입 부분이 얼마가 되는지 알 수도 없고 이에 대한 관리가능성이나 지배가능성도 없다고 할 것이어서 근로자들의 개인 수입 부분은 퇴직금 산정의 기초인 평균임금에 포함되지 않는다고 할 것임(대법 2007.7.12, 2005다25113; 대법 2002.8.23, 2002다4399 등 판결 참조).

• 위와 같은 사납금초과 수입금의 평균임금 산정기준에도 불구하고 임금총액의 전부가 명확하지 아니하여 평균임금을 산정할 수 없는 경우에는 평균임금산정 특례 고시(제2007-47호, 2007.12.3.) 제5조에 따라 평균임금을 산정하는 것이 바람직하다고 사료됨.

○ 사례해결

평균임금이란 근로자에게 지급된 모든 임금의 총액을 말하며, 여기서 임금총액이란 근로기준법상의 임금으로 사용자가 근로의 대가로 근로자에게 임금, 봉급, 그밖에 어떠한 명칭으로든지 지급하는 일체의 금품을 말합니다(근로기준법 제2조).

다만, 평균임금 계산 시 임시로 지급된 임금 및 수당과 통화 외의 것으로 지급된 임금은 포함되지 않습니다(근로기준법 시행령 제2조).

① 임시로 지급된 임금 및 수당 : 임시적·돌발적인 사유로 지급되는 지급사유가 불확정적인 것으로서 실비변상적 급여, 복리후생비, 해외근무수당 등이 해당

② 통화 이외의 것으로 지불된 임금 : 현물급식이나 상품을 상여금으로 지급하는 경우가 해당

* 단, 단체협약, 취업규칙 등의 규정에 의하여 지급되는 현물급여로서 전 근로자에게 일률적으로 지급되는 경우는 평균임금에 포함

본 사례의 경우 기본급, 직무수당, 자격수당, 상여금, 연장·야간근로·일직수당·가족수당은 평균임금에 포함되는 임금항목입니다.

Theme 14 아르바이트생의 시급계산 (주휴포함)

○ 실무사례 당 업체는 제과점으로서 정규근로자 5명 외에 아르바이트 직원 3명을 고용하고 있습니다. 아르바이트 직원들은 각각 근무시간은 다르지만 하루 5시간씩 주 5일간 근무하고 있는데 급여는 최저임금보다 약간 높은 시간당 8,500원씩 하루에 42,500원을 산정하여 월말에 정산지급하고 있습니다. 그런데 아르바이트 직원 중 한명이 주휴수당을 별도로 지급해 달라고 요구하고 있는데 이에 대해 어떻게 처리해야 하는지 문의 드림.

○ 관련법령

근로기준법

제55조(휴일)

① 사용자는 근로자에게 1주에 평균 1회 이상의 유급휴일을 보장하여야 한다.

② 사용자는 근로자에게 대통령령으로 정하는 휴일을 유급으로 보장하여야 한다. 다만, 근로자대표와 서면으로 합의한 경우 특정한 근로일로 대체할 수 있다(2018.3.20. 신설 : 시행일 부칙 참조).

※ 법 제55조 제2항의 개정규정은 다음 각 호의 구분에 따른 날부터 시행한다. (법률 제15513호 부칙 제4항)

1. 상시 300명 이상의 근로자를 사용하는 사업 또는 사업장, 「공공기관의 운영에 관한 법률」 제4조에 따른 공공기관, 「지방공기업법」 제49조 및 같은 법 제76조에 따른 지방공사 및 지방공단, 국가·지방자치단체 또는 정부투자기관이 자본금의 2분의 1 이상을 출자하거나 기본재산의 2분의 1 이상을 출연한 기관·단체와 그 기관·단체가 자본금의 2분의 1 이상을 출자하거나 기본

재산의 2분의 1 이상을 출연한 기관·단체, 국가 및 지방자치단체의 기관 : 2020년 1월 1일

2. 상시 30명 이상 300명 미만의 근로자를 사용하는 사업 또는 사업장 : 2021년 1월 1일
3. 상시 5인 이상 30명 미만의 근로자를 사용하는 사업 또는 사업장 : 2022년 1월 1일

○ 행정해석

주 40시간제 시행에 따른 소정근로시간 및 주휴수당 산정기준

회시번호 : 임금정책과-2492
회시일자 : 2004-07-07

▣ 주 40시간제와 '유급' 주휴시간 검토

1. 검토배경

주 40시간제가 시행되면서 주 5일 근무 또는 주 6일 근무 여부에 따라 1일 소정근로시간이 다양한 형태로 나타나고 있음.

※ 예 시

(i) 월~금 : 8시간(대다수가 해당될 것으로 예상)
(ii) 월~금 : 7시간, 토요일 : 5시간(주로 서비스업종 해당)
(iii) 월~토 : 6시간 40분(택시업종의 경우 가능)

- 월급제에 있어서 시간당 통상임금 산정을 위해서 유급 주휴시간을 몇시간으로 인정해야 할 것인지가 문제
- 즉 유급주휴시간을 몇 시간 부여토록 할 것인지에 대한 검토 필요

이 사안은 추후 연월차유급휴가 근로수당 산정에 있어서도 문제가 될 것임.

2. (유급)주휴의 의의

근거(근기법 제54조) : 사용자는 근로자에 대하여 1주일에 평균 1회 이상의 유급휴일을 주어야 한다.

• 주휴의 의미
  - 주휴일은 근로자가 사용자의 지휘명령으로부터 완전히 이탈되는 날을 말하며 근로자의 건강유지와 문화적 생활의 향상을 위하여 마련된 것으로 전 세계적으로 보편화되어 있는 제도로서
  - 1회의 휴일은 역일상 24시간(오전 0시에서 오후 12시)을 의미하는 것이지만, 3교대 작업을 하는 경우에 있어서는 계속 24시간의 휴일을 주게됨(대판 1979.10.16, 79다1489).

• 유급주휴의 의미
  - 우리 기준법은 다른 나라와 달리 주휴를 유급으로 부여하도록 하고 있는데, 법정 강제휴일에 임금을 지급하지 않은 경우 근로자의 생계가 문제될 수 있기 때문으로 이해됨.

3. 관련규정

• 근기법 제49조(근로시간) ① 1주간의 근로시간은 휴게시간을 제하고 40시간을 초과할 수 없다. ② 1일의 근로시간은 휴게시간을 제하고 8시간을 초과할 수 없다.

• 판 례

(i) 1일 단위의 소정근로시간은 8시간을 원칙으로 함(철도청 사건 1992.2.21, 대법 91다12202).

(ii) 월소정근로시간 계산시 1일의 소정근로시간과 월소정근로일수에는 평균개념을 사용함(서울대병원 사건 1991.6.28, 대법 90다카14758, 대법 90다카13465).

• 예규(476호 2002.1.22)

(i) 소정근로시간 : 법정근로시간의 범위 내에서 근로자와 사용자간에 정한 근로시간

(ii) 일급통상임금 : 시간급금액에 1일의 소정근로시간을 곱한 금액으로 함.

• 행정해석

(i) 주휴수당으로 지급되는 임금의 범위는 당해 사업장의 근로시간이 법정근로시간을 초과하는 경우에는 법정근로시간에 대한 임금을, 근로시간이 법정근로시간보다 적은 경우에는 소정근로시간에 대한 임금으로 한다(1987.4.2, 근기 01254-5392).

(ii) 유급휴일, 연월차휴가의 유급임금을 특정일 구분없이 정산근로일의 소정근로시간을 기준으로 산정하여 지급하는 것이므로 1일 8시간을 기준으로 하여야 할 것임(1990.10.17, 근기 01254-14463).

• 기 타

– 단시간 근로자 : 소정근로시간에 비례하여 주휴를 부여

– 택시업종 : 1일 소정근로시간이 7시간 20분이며, 주휴수당도 7시간 20분을 기준으로 지급

4. 검토의견

현행 근기법에는 유급주휴를 몇시간으로 할 것인지에 대한 규정은 없으며, 판례도 이와 직접 관계된 것은 파악되지 않음.

다만 현행 행정해석은 '소정근로시간', '정상근로일의 소정근로시간'을 유급으로 하도록 하고 있는 바, 우리 근로기준법이 주휴를 유급으로 하도록 한 취지를 고려하면 타당하다고 봄.

따라서 현행 행정해석을 유지함이 합당함.

(i) 월~금(8시간)인 경우 : 8시간

(ii) 월~금(7시간), 토요일(5시간인 경우) : 7시간

※정상근로일의 소정근로시간을 주휴로 부여

(iii) 월~토(6시간 40분)인 경우 : 6시간 40분

다만 이 경우 동일한 월급액일지라도 근로형태에 따라서 시간당 통상임금이 달라지나, 이는 근로형태의 차이, 즉 정상일의 소정근로시간에 다르기 때문에 나타나는 결과로서 불가피하다고 봄.

※ 월급제에 있어서 주휴시간이 작아질수록 시간당 통상임금이 많아짐.

〈상정예시 : 월급 100만원인 경우〉

△ 정상근로시간이 8시간인 경우 : 100만원/208.7=4,807원

– {40+8)×52주+8시간}/12=208.7

△ 7시간인 경우 : 100만원/204.3=4,902원

– (40+7)×52주+7시간/12=204.3

△ 6시간 40분인 경우 : 100만원/202.8=4,950원

– (40+6시간 40분)×52주+6시간 40분/12=202.8

일정기간 사용이 예정된 경우라면 근로기간 중 사용자가 소정근로일의 근무를 전제로 지급되는 주휴수당을 미리 임금에 포함하여 지급하는 것은 가능하다.

회시번호 : 근로개선정책과 – 2617

회시일자 : 2012-05-14

질 의

저는 서울시 강남구 ○○동 소재 ○○이엔씨(주) 회사에 2005. 11. 9. ~ 2011. 9. 23.까지 근무한 근로자로서 1주일간 개근한 근로자에게 지급하는 주휴수당을 지급받기 위해 회사에 지급 요청을 한 상태입니다.

그러나 회사에서는 2009년 초에 일급제계약서에 서명하였다는 사실을 근거로 주휴수당을 지급할 의무가 없다고 주장하고 있습니다.

1. 회사가 제시한 일급제계약서는 형식적인 근로계약서입니다. 근로계약기간에 대하여 일급제계약서라고 제시된 문서에는 아래와 같이 기재되어 있습니다.

제2조(근로계약기간)
일용직 직원의 근로계약기간은 파견현장 건설공사계약기간( ) 내에서만 당일 입사하여 당일 퇴사함을 원칙으로 한다.

위 일급제계약서는 기간의 약정이 있는 통상의 일용직근로자에게 적용되는 근로계약서일 뿐, 현장소장을 보좌하고 현장을 총괄하는 '차장'의 직급으로 근로하여 기간의 약정이 없는 근로를 한 저에게 필수기재사항을 누락한 형식적인 근로계약서라 할 것입니다.

2. 법정수당의 구성 항목과 산정방식을 명확히 기재하지 않았습니다. 임금의 구성항목과 산정방식에 관하여 아래의 사항만 기재되어 있습니다.

제6조(포괄임금 : 일금제)
① 임금금액 : 금 95,000원(통상시급 : 금 8,190원)
② 상기 임금은 기본임금(8시간분) 65,517과 주휴수당(1.6시간분) 13,103 고정연장근로수당(할증 2시간분) 16,379을 포함한다.

회사는 일급제계약서에 위와 같이 기재된 사실을 근거로 포괄임금제라고 주장하나, 유급주휴일 제도는 계속근로로 인한 피로를 회복하고 재생산활동에 임할 수 있도록 하는데 그 취지가 있고 소정기간을 전제로 하여야 하는 바, 미리 일급의 임금에 포함하여 근로계약을 체결하는 것은 근로기준법에 위반이라고 생각합니다.

3. 저는 기간의 약정이 없는 정규직 근로자입니다. 위 회사에 2005.11.9. ~ 2011. 9.23.까지 '차장'의 직책으로 근무하였으며, 당일 입사와 퇴사를 반복하는 일당제 근로자가 아니라 기간의 약정이 없는 근로자입니다. 따라서 95,000원의 일급임금은 통상일급일 뿐 일용근로자와 동일하게 주휴수당과 연장근로수당을 포함하고 있다는 주장은 부당합니다. 또한 2009.1.1.부터 적용되었던 건설근로자 평균노임이 112,079원이었던 것과 비교하더라도 회사의 주장은 그 정당성을 결여하였다고 할 것입니다.

① '일급제계약서'라는 제목으로 근로기간의 명시 없이 작성한 근로계약이 소정시간을 전제로 하는 주휴수당 산정의 기초가 될 수 있는지.

② 주휴수당을 일급에 포함한 포괄임금제를 인정할 수 있는지.

상기 질의에 대한 조속한 회신을 부탁드립니다.

회 시

1. 주휴수당을 미리 임금에 포함할 수 있는지와 관련한 귀하의 질의에 대한 회신입니다.

2. 사용자는 근로계약을 체결함에 있어서 근로자에 대하여 기본임금을 결정하고 이를 기초로 제수당을 가산하여 지급함이 원칙이라 할 것이나 근로시간, 근로형태와 업무의 성질 등을 참작하여 계산의 편의와 직원의 근무의욕을 고취하는 뜻에서 기본임금을 미리 산정하지 아니한 채 제수당을 합한 금액을 월급여액이나 일당임금으로 정하거나 매월 일정액을 제수당으로 지급하는 내용의 이른바 포괄임금제에 의한 임금지급계약을 체결한 경우에 그것이 근로자에게 불이익이 없고 제반 사정에 비추어 정당하다고 인정될 때에는 이를 무효라고 할 수 없습니다(대법원 1999.5.28. 선고 99다2881 판결).

3. 다만 일용근로자에 대해 주휴수당을 미리 임금에 포함할 수 있는지에 대해서는 1일 단위로 근로관계가 단절되어 계속고용이 보장되지 않는 순수 일용근로자의 경우에는 주휴수당을 미리 임금에 포함할 수 없을 것이나, 일정기간 사

용이 예정된 경우라면 근로기간 중 사용자가 소정근로일의 근무를 전제로 지급되는 주휴수당을 미리 임금에 포함하여 지급하는 것은 가능할 것으로 보입니다.

○ 판 례

통상임금을 산정함에 있어서는 매월 지급받는 월 기본급과 고정수당을 합산한 월급에서 유급휴일에 대한 임금을 공제하여야 한다.

사건번호 : 대법 97다28421
선고일자 : 1998-04-24

근로자에 대한 임금을 월급으로 지급할 경우 그 월급에는 구 근로기준법 제45조 소정의 유급휴일에 대한 임금도 포함된다고 할 것이고, 그와 같은 유급휴일에 대한 임금은 원래 소정 근로일수를 개근한 근로자에 대하여만 지급되는 것으로서 정기적, 일률적으로 지급되는 고정적인 임금이라고 할 수 없어 통상임금에는 해당되지 않는다고 할 것이어서 통상임금을 산정함에 있어서는 매월 지급받는 월 기본급과 고정수당을 합산한 월급에서 이와 같은 유급휴일에 대한 임금을 공제하여야 한다.

시급제 사원이 기본시급과 함께 매월 고정수당을 월급의 형태로 지급받는 경우, 그 고정수당 중에는 구 근로기준법 제45조 소정의 유급휴일에 대한 임금의 성격을 갖는 부분도 포함되어 있는 것으로 봄이 상당하므로, 그 통상임금을 산정함에 있어서도 매월 지급받는 고정수당 중 유급휴일에 대한 임금 부분을 공제하여야 한다.

격일제 근무시에도 유급주휴일은 적용된다.

사건번호 : 대법 89다카1145
선고일자 : 1989-11-28

요 지

1. 사용자는 근로자에 대하여 1주일에 평균 1회 이상의 유급휴일을 주어야 한다는 근로기준법 제45조의 규정은 매일 연속적으로 근로를 제공하는 경우에 한하지 않고 24시간근로를 제공하고 24시간 휴무(非番)를 되풀이 하는 이른바 격일제근무의 경우에도 적용된다고 할 것이다.

2. 원심법원이 채용한 을 제2호증의 2, 4, 6, 8(합의서)을 보면 원고들이 피고로부터 일정한 금원을 지급받고 이로써 민·형사상 이의를 제기하지 않기로 하는 의사표시를 한 사실을 인정할 수 있는 처분문서임이 분명한데, 이에 저촉되는 갑 제6호증(진정서)은 원고(A)가 일방적으로 그의 주장을 담아 보낸 내용증명 우편이고 증인(B)의 증언 역시 원고들로부터 들었다는 것에 불과하다면 이들만으로써는 위 처분문서의 내용과는 달리 위 합의를 조건부 합의라고 인정할 수 없는 것이니, 원심법원이 위 합의를 조건부 합의로서 조건 미성취로 인하여 실효되었다고 인정한 판단은 처분문서의 해석이나 그 증거가치 판단을 잘못하여 채증법칙을 위반한 위법을 저지른 것이 된다.

○ 사례해결

아르바이트 직원들도 원칙적으로 근로기준법상의 근로자이므로 근로기준법 및 기타 노동관계법령상의 규정이 모두 적용되도록 하고 있습니다.

해당 직원의 경우 시급 8,500원을 지급하고 있는데 1주간의 소정근로시간이 15시간을 넘는 경우 별도의 주휴수당을 지급해야 합니다. 따라서 직원의 요구대로 별도의 주휴수당을 지급해야 하는바 그 금액은 1주간의 근로시간을 통상

근로일로 나눈 시간에 해당하는 금액(사례의 경우 1일 5시간, 42,500원)을 추가적으로 지급해야 할 것으로 사료됩니다.

만일 이를 지급하지 않는 경우 근로기준법 위반이 되지만, 근로계약상의 시간급을 설정할 때 기본급과 주휴수당을 구분하여 설정하는 것도 가능하므로(이때 기본급이 최저임금 이상이어야 함) 그렇게 처리하는 경우에는 별도의 주휴수당을 지급하지 아니할 수 있습니다.

2019년 기준 : 시급 10,020원 = 기본급 8,350원 + 주휴수당 1,670원(법 위반이 아님)

Theme 15

휴업 시 임금지급의무

○ 실무사례
OO업체는 경영곤란으로 인해 정리해고 대신 매월 5일 정도 무급휴가를 주려고 하는데 이에 관련하여 임금처리는 어떻게 해야 하는지 문의드림.

○ 관련법령

근로기준법

제46조(휴업수당)

① 사용자의 귀책사유로 휴업하는 경우에 사용자는 휴업기간 동안 그 근로자에게 평균임금의 100분의 70 이상의 수당을 지급하여야 한다. 다만, 평균임금의 100분의 70에 해당하는 금액이 통상임금을 초과하는 경우에는 통상임금을 휴업수당으로 지급할 수 있다.

② 제1항에도 불구하고 부득이한 사유로 사업을 계속하는 것이 불가능하여 노동위원회의 승인을 받은 경우에는 제1항의 기준에 못 미치는 휴업수당을 지급할 수 있다.

○ 행정해석

사용자의 귀책사유에 의한 휴업에 해당한다면 휴업기간 동안 평균임금의 100분의 70 이상의 휴업수당을 지급하여야 한다.

회시번호 : 근로개선정책과-2331

회시일자 : 2012-04-23

질 의

• 시설의 개보수 공사관계로 인해 외래강사는 2012년 2월 1개월간 휴업하였고, 8월 1개월간 휴업이 예상됨에 따라 휴업수당 지급 여부
  – 2월 휴업에 따른 수당지급 여부

회 시

• 귀 질의 중 '청소년수련관 시설 공사에 따라 한 달 간 휴업을 했을 경우 강의를 하지 못한 시간제 강사들에게 휴업수당을 지급해야 하는지' 여부
  – 근로기준법 제46조 제1항은 "사용자의 귀책사유로 인하여 휴업하는 경우에 사용자는 휴업기간 동안 그 근로자에게 평균임금의 100분의 70 이상의 수당을 지급하여야 한다."라고 규정하고 있는 바,
  – 이때 사용자의 귀책사유란 민법상의 귀책사유와는 달리 사용자의 고의·과실을 요하지 않으며, 불가항력적이 아닌 경우로서 사용자의 세력범위 내에서 발생한 경영 장애로 인하여 근로자로부터 근로의 제공을 받을 수 없게 된 경우까지를 포함하는 것임.
  – 귀 질의와 같이 사용자가 자기 책임 하에 시설 공사를 하고 이에 따라 근로자의 근로제공 의사에도 불구하고 그 제공이 불가능하게 된 경우라면 이는 사용자의 귀책사유에 의한 휴업에 해당한다고 볼 수 있으므로 사용자는 근로기준법 제46조 소정의 휴업수당을 지급하여야 할 것임.

황사 및 아폴로눈병으로 인한 임시휴교일이 사용자의 귀책사유에 의한 휴업기간인지 여부는 휴교조치의 불가항력 여부 등을 종합적으로 고려하여 판단해야 한다.

회시번호 : 근기 68207-3098

회시일자 : 2002-10-16

질 의

1. 근로계약서에 근무일을 급식일과 학교장이 명한 날로 명시하였는데 학교사정으로 인한 휴교일 (예: 황사로 임시 휴교, 아폴로 눈병으로 인한 휴교 등)을 사용자의 귀책사유로 볼 수 있는 것인지 여부

2. 약정휴일을 명확히 명시하지 않아 비 급식일 된 경우 사용자의 귀책사유로 볼 수 있는지

회 시

근로기준법 제45조에 의한 「사용자의 귀책사유」는 원칙적으로 사용자의 세력범위 안에서 생긴 경영장애로서 자금난, 원자재 부족, 시장불황, 모회사의 경영난 등으로 인한 경우를 말하며, 다만 천재지변·재난과 같이 사용자에게 책임을 물을 수 없는 불가항력적인 사정으로 사업계속이 불가능하게 된 경우에는 사용자의 귀책사유로 볼 수 없는 바, 귀 질의와 같이 황사·아폴로눈병으로 인한 임시휴교 조치가 이에 해당하는지는 황사·눈병확산 등의 심각성 정도, 그로 인한 휴교조치의 불가항력 여부 등을 종합적으로 고려하여 판단해야 할 것임.

1주간의 소정근로일 전부를 휴업한 경우에는 그 소정근로일 개근시 부여하는 유급주휴일도 휴업기간에 포함해 휴업수당을 산정해야 한다.

회시번호 : 근로개선정책과-5243

회시일자 : 2012-10-25

질 의

현재 기간제근로자 일을 하고 있는 자로, 근로기준법상 궁금한 사항이 있어 문의 드리오니 답변 부탁드립니다.

① 1개월 이상 결석없이 일을 해 연차가 발생해 연차와 주차를 연동해 휴가를 2일 다녀온 경우 「휴가(2일) 간 일자 임금지급 여부 및 주차수당, 월차수당」 등 지급 여부
② 사용자가 불가피한 사유로 기간제근로자한테 1주일 동안 나오지 말라고 할 때 「1주일 결석 임금지급 여부 및 주차수당, 월차수당」 등 지급 여부
③ 또한 기간제근로자가 일을 하면서 간식비도 제공받을 수 있는지 여부
④ 마지막으로 저는 오전 9시부터 근무해 오후 6시, 즉 8시간 근무를 하고 있는 자로, 이때 초과 근무를 할 경우에 얼마만큼 초과근무 인정을 해 주는지(예를 들어 오전 7시 30분에 출근해 작업하기 전 오전 9시전까지 초과근무를 한 경우에 1시간 30분 초과근무 인정해 주는 것이 맞는지).

회 시

1. 주휴수당 지급 여부 등과 관련한 귀 질의에 대한 회신입니다.

2. 주휴수당 및 연차유급휴가수당 지급 관련

가. 근로기준법 제60조 제2항 규정에 따라 사용자는 계속해 근로한 기간이 1년 미만인 근로자 또는 1년간 80퍼센트 미만 출근한 근로자에게 1개월 개근시 1일의 유급휴가를 주어야 하고,

- 법 제55조의 규정에 따라 사용자는 근로자에게 1주일에 평균 1회 이상의 유급휴일을 주어야 합니다.

나. 귀 질의와 같이 1개월 개근시 발생한 연차유급휴가 1일과 주휴일 1일 등 총2일을 연속해 사용한 경우, 연차유급휴가일을 제외한 1주 동안의 소정근로일을 개근했다면 연차유급휴가수당과 주휴수당을 각각 청구할 수 있을 것입니다.

3. 휴업수당 관련

가. 근로기준법 제46조의 규정에 따라 사용자의 귀책사유로 휴업하는 경우에 사용자는 휴업기간 동안 그 근로자에게 평균임금의 100분의 70이상의 수당을 지급해야 합니다(평균임금의 100분의 70에 해당하는 금액이 통

상임금을 초과하는 경우에는 통상임금 지급 가능).

나. 귀 질의 내용만으로 정확한 사실관계를 확인할 수 없어 명확한 답변은 드리기 어려우나, 사용자의 귀책사유로 인해 1주일 동안 근로를 제공할 수 없게 된 경우라면 동 기간 동안 평균임금의 100분의 70 이상(평균임금의 100분의 70에 해당하는 금액이 통상임금을 초과하는 경우에는 통상임금)에 해당하는 금액을 휴업수당으로 청구할 수 있을 것이며,

- 1주간의 소정근로일 전부를 휴업한 경우에는 그 소정근로일 개근 시 부여하는 유급주휴일도 휴업기간에 포함해 휴업수당을 산정해야 합니다.

4. 간식비 지급 관련

가. 간식비 지급과 관련해서는 법에 정한 바가 없으므로 사용자에게 지급의무는 없으며, 노사가 자율적으로 정할 사항입니다.

5. 초과근무 관련

가. 근로기준법 제50조의 규정에 따라 근로시간은 휴게시간을 제외하고 주 40시간, 1일 8시간을 초과할 수 없습니다.

나. 귀 질의와 같이 오전 7시 30분에 출근해 오전 9시까지 1시간 30분간 일 소정근로시간 8시간을 초과해 근로한 경우라면 연장근로에 해당할 것입니다.

- 다만, 사용자의 특별한 지시없이 근로자가 임의로 조기출근한 경우라면 연장근로로 보기 어려울 것입니다.

○ 판 례

사용자가 자신의 귀책사유에 해당하는 경영상의 필요에 따라 개별 근로자들에 대하여 대기발령을 한 경우, 근로자들에게 휴업수당을 지급하여야 한다.

사건번호 : 대법 2012다12870

선고일자 : 2013-10-11

근로기준법 제46조 제1항에서 정하는 '휴업'에는 개개의 근로자가 근로계약에 따라 근로를 제공할 의사가 있는데도 그 의사에 반하여 취업이 거부되거나 불가능하게 된 경우도 포함되므로, 이는 '휴직'을 포함하는 광의의 개념인데, 근로기준법 제23조 제1항에서 정하는 '휴직'은 어떤 근로자를 그 직무에 종사하게 하는 것이 불가능하거나 적당하지 아니한 사유가 발생한 때에 그 근로자의 지위를 그대로 두면서 일정한 기간 그 직무에 종사하는 것을 금지시키는 사용자의 처분을 말하는 것이고, '대기발령'은 근로자가 현재의 직위 또는 직무를 장래에 계속 담당하게 되면 업무상 장애 등이 예상되는 경우에 이를 예방하기 위하여 일시적으로 당해 근로자에게 직위를 부여하지 아니함으로써 직무에 종사하지 못하도록 하는 잠정적인 조치를 의미하므로, 대기발령은 근로기준법 제23조 제1항에서 정한 '휴직'에 해당한다고 볼 수 있다. 따라서 사용자가 자신의 귀책사유에 해당하는 경영상의 필요에 따라 개별 근로자들에 대하여 대기발령을 하였다면 이는 근로기준법 제46조 제1항에서 정한 휴업을 실시한 경우에 해당하므로 사용자는 그 근로자들에게 휴업수당을 지급할 의무가 있다.

해고기간 동안의 임금액 중 근로기준법 소정의 휴업수당의 범위 내의 금액에서는 중간수입을 공제할 수 없다.

사건번호 : 대법 2004다37744
선고일자 : 2005-01-13

1. 원고는 사직할 의사가 없었음에도 사무총장의 지시에 따라 부득이 다른 간부들과 함께 일괄하여 사직서를 제출하였고, 피고는 그러한 사정을 알면서도 원고와의 근로계약관계를 일방적으로 종료시켰으므로 이는 의원면직 형식을 빌어 원고를 징계해고한 경우에 해당하는데, 피고의 인사규정에서 정해 놓은 정당한 징계절차를 거치지 아니한 이상 위 징계해고는 무효이다.

2. 사용자의 귀책사유로 인하여 해고된 근로자가 해고기간 중에 다른 직장에서 근무하여 지급받은 임금은 민법 제538조 제2항에 규정된 자기의 채무를 면함으로써 얻은 이익에 해당하므로, 사용자는 근로자에게 해고기간 중의 임금을 지급함에 있어 위와 같은 중간수입을 공제할 수 있지만, 해고기간 동안의 임금액 중 근로기준법 소정의 휴업수당의 범위 내의 금액에서는 위 중간수입을 공제할 수 없고, 휴업수당을 초과하는 금액에서만 이를 공제할 수 있다.

○ 사례해결

휴업이란 근로자가 근로의 의사가 있음에도 불구하고 사용자가 그 의사에 반해 근로 제공을 거부하는 경우를 말합니다.

근로기준법에 따르면 사용자의 귀책사유로 인해 휴업하는 경우에 사용자는 휴업기간 동안 그 근로자에게 평균임금의 70/100 이상의 수당을 지급해야 합니다. 평균임금의 70/100에 해당하는 금액이 통상임금을 초과하는 경우 통상임금을 휴업수당으로 지급 가능합니다.

여기서 사용자의 귀책사유란 고의·과실 유무를 불문하고 경영상 장애로 발생하는 모든 휴업을 말하며, 경영상 장애로는 일반적으로 판매부진, 자금난, 원자재 부족, 공장이전, 주문량 감소, 생산량 감축 등이 이에 해당합니다.

따라서 본 사례의 경우 경영곤란으로 무급휴가를 부여하는 것이므로 휴업수당을 지급해야 할 것입니다.

다만, 고용노동부에 따르면 '개별 근로자가 자진하여 무급휴직을 신청하고 사용자가 이를 승인하는 경우 근로자와 사용자간의 근로관계가 일시정지 되는 것이므로 금품지급 의무를 면한다' 고 해석하고 있는 바, 정리해고 대신 무급휴업을 선택한다는 근로자의 개별 동의서를 받아 무급휴가로 처리할 경우 임금지급 의무는 없을 것으로 판단됩니다.

Theme 16

퇴직금 계산방법(4인 이하, 근로기간의 단절 등 포함)

○ 실무사례 4인 이하 사업장에서 1년 이상 계속 근로하다가 퇴사한 근로자의 퇴직급여 산정은 어떻게 하는지 문의드림. 예를 들어 2008.1.1. 입사하여 2015.12.31까지 근무 후 퇴직하는 경우 퇴직금을 지급하여야 하는지 또 중간에 휴직으로 2개월간 회사에 나오지 않은 경우 이 기간도 계속근로기간에 포함되는지 문의드림.

○ 관련법령

근로자퇴직급여보장법

제8조(퇴직금제도의 설정 등) ① 퇴직금제도를 설정하려는 사용자는 계속근로기간 1년에 대하여 30일분 이상의 평균임금을 퇴직금으로 퇴직 근로자에게 지급할 수 있는 제도를 설정하여야 한다.

② 제1항에도 불구하고 사용자는 주택구입 등 대통령령으로 정하는 사유로 근로자가 요구하는 경우에는 근로자가 퇴직하기 전에 해당 근로자의 계속근로기간에 대한 퇴직금을 미리 정산하여 지급할 수 있다. 이 경우 미리 정산하여 지급한 후의 퇴직금 산정을 위한 계속근로기간은 정산시점부터 새로 계산한다.

〈부 칙〉

제8조(상시 4명 이하의 근로자를 사용하는 사업의 시행시기, 급여 및 부담금 등에 관한 특례) ① 상시 4명 이하의 근로자를 사용하는 사업에 대하여는 법률 제7379호 근로자퇴직급여보장법 부칙 제1조 단서에 따라 2010년 12월 1일부터 퇴직급여제도가 시행된 것으로 본다.

② 상시 4명 이하의 근로자를 사용하는 사업에 적용되는 퇴직금, 확정급여형 퇴직연금제도의 급여액, 확정기여형퇴직연금제도 및 제25조의 개정규정에 따른 개인형퇴직연금제도의 사용자 부담금의 수준은 제8조 제1항, 제15조, 제20조 제1항 및 제25조 제2항 제2호의 개정규정에도 불구하고 다음 각 호와 같이 정한다.

1. 2010년 12월 1일부터 2012년 12월 31일까지의 기간에 대한 퇴직금, 확정급여형퇴직연금제도의 급여액, 확정기여형퇴직연금제도 및 제25조의 개정규정에 따른 개인형퇴직연금제도의 사용자 부담금 수준: 제8조 제1항, 제15조, 제20조 제1항 및 제25조 제2항 제2호의 개정규정에서 정하는 수준의 100분의 50 이상
2. 2013년 1월 1일 이후의 기간에 대한 퇴직금, 확정급여형퇴직연금제도의 급여액, 확정기여형퇴직연금제도 및 제25조의 개정규정에 따른 개인형퇴직연금제도의 사용자 부담금 수준: 제8조 제1항, 제15조, 제20조 제1항 및 제25조 제2항 제2호의 개정규정에서 정하는 수준

③ 근로관계 당사자는 제1항 및 제2항을 이유로 기존의 근로조건을 낮출 수 없다.

○ 행정해석

계속근로년수는 근로계약 기간으로 판단하는 것이 아니라 임시·일용 등 고용계약 기간과 관계없이 실제로 계속해서 고용관계가 1년 이상 지속되는지 여부로 판단해야 한다.

회시번호 : 퇴직급여보장팀-701

회시일자 : 2005-11-11

근로기준법 제34조 및 제36조의 규정에 의하여 사용자는 퇴직하는 근로자에게 계속근로년수 1년에 대하여 30일분 이상의 평균임금을 퇴직금으로서 지급하여야 하는 바, 계속근로년수는 근로계약 기간으로 판단하는 것이 아니라 임

시·일용 등 고용계약 기간과 관계없이 실제로 계속해서 고용관계가 1년 이상 지속되는지 여부로 판단합니다.

무급휴직의 계속근로기간 산정방법

회시번호 : 임금복지과-588
회시일자 : 2010-02-03

질 의

해외연수를 위해 회사의 승낙을 얻어 무급휴직을 하였을 경우, 무급휴직한 기간을 퇴직금 산정을 위한 계속근로기간에서 제외할 수 있는지 여부

회 시

「근로자퇴직급여 보장법」 제8조에 따라 사용자는 상시근로자 5인 이상 사업장에서 1년 이상 계속근로하고 퇴직하는 근로자에게 퇴직금을 지급 하여야 합니다.
퇴직금 산정을 위한 계속근로기간이라 함은 동일한 사용자와 계속해서 사용종속관계를 유지하면서 근로를 제공하는 것을 말하며 사업주의 승인 하에 이루어진 일시 휴직상태도 포함됩니다.

퇴직금 중간정산제도 관련 업무처리지침(2012.9. 개정분 첨부)

사건번호 : 퇴직급여보장팀-4583
제정일자 : 2007-11-14

Ⅰ. 퇴직금 중간정산제의 시행방법

1. 근로자의 요구가 있어야 중간정산 가능

• 근로자의 요구가 있는 경우에 시행이 가능하며 근로자의 요구에 사용자가 반드시 응해야 할 의무가 있는 것은 아님.

– 중간정산제 실시와 관련하여 노사간의 갈등을 예방하기 위해 사전에 요건·절차 등 합리적인 내부기준 마련이 바람직

• 중간정산이후 퇴직금을 산정함에 있어 중간정산시 근로자의 요구가 있었는지에 대해 노사간에 논란이 있을 수 있으므로

– 중간정산 시행시 근로자의 요구를 개별근로자의 별도의 구체적 요구가 있어야 중간정산이 가능

2. 퇴직금 중간정산 단위기간의 문제

• 근로자의 요구가 있는 경우 중간정산 단위기간의 제한은 없음.

※ 10년 근속의 경우 3년 또는 5년을 단위기간으로 한 정산도 가능하며, 1년 5월이나 2년 6월을 단위기간으로 할 수도 있음.

3. 누진제 퇴직금을 가지고 있는 사업체의 중간정산 문제

• 퇴직금 중간정산 이후 퇴직금 산정방법에 대해 노사간 별도의 정함이 없는 경우 중간정산이후 퇴직금 산정을 위한 계속 근로년수가 정산시점부터 새로이 기산되는 것으로 하여 퇴직금을 산정함.

※ 가급적 사전에 중간정산이후의 퇴직금 산정방법을 정해 놓도록 지도

Ⅱ. 중간정산이후의 퇴직금 관계

1. 퇴직금 중간정산이후의 계속근로년수가 1년미만인 근로자에 대한 퇴직금 지급 여부

• 중간정산이후 퇴직금 산정을 위한 계속근로년수가 1년미만인 경우에도 그 근로자의 전체 근로년수는 1년 이상이므로 퇴직금을 지급받을 권리가 기 발생되어 있는 근로자임.

– 따라서 그 기간에 대해서는 1년간의 퇴직금에 비례하여 퇴직금을 지급하여야 함.

2. 퇴직금 중간정산이후의 근로자의 근로조건이 변동여부

- 퇴직금 중간정산으로 인한 퇴직금 산정을 위한 계속근로년수는 정산시점부터 새로이 기산되나
- 근로연수와 관련 있는 여타 근로조건(승진, 승급, 호봉, 상여, 연차유급휴가 등)에서는 변동이 없어야 함.

Ⅲ. 연봉제하 퇴직금 중간정산 요건변경(2005.12.26, 퇴직급여보장팀–1276) 지침 적용시 나타나는 문제점에 대한 업무처리요령

1. 연봉제하 퇴직금 중간정산 요건 변경(2005.12.26, 퇴직급여보장팀-1276)지침(시행일 : 2006.7.1.)

2. 연봉제하 퇴직금 중간정산 요건 변경(2005.12.26, 퇴직급여보장팀-1276)지침 적용대상

- 연봉계약이라는 형식에 구애없이 임금 총액을 연단위로 책정한 후 이를 매월 분할하여 지급하는 방식에 퇴직금을 포함하는 경우 및 연봉액의 1/13을 퇴직금으로 포함하는 경우 등 모두 적용대상임.

3. 연봉제하 퇴직금 중간정산 요건 변경(2005.12.26, 퇴직급여보장팀-1276)지침 주요내용

〈퇴직금 액수〉 : 현행 유지

① 연봉액에 포함될 퇴직금의 액수가 명확히 정해져 있어야 하며, 매월 지급받은 퇴직금의 합계가 중간정산 시점을 기준으로 근로자퇴직급여보장법 제8조 제1항의 규정에 의해서 산정된 금액보다 적지 않아야 함.

※ 근로기준법 제17조 : 임금의 구성항목, 계산방법 및 지급방법에 관한 사항은 서면으로 명시하여야 함.

〈근로자의 요구〉 : 별도의 요구 및 지급방법 명시 추가

② 퇴직금을 중간정산 받고자 하는 근로자의 별도(근로계약서 · 연봉계약서 이외)의 요구가 있어야 하며, 중간정산금을 매월 분할하여 지급한다는 내용이 명확하게 포함되어 있어야 함.

※ 중간정산은 근로자의 요구가 있어야 실시할 수 있는 것인 바, 연봉계약서 등에 그러한 내용이 포함되어 있는 경우는 근로자의 자율적 의사에 기초한 중간정산요구라고 보기 곤란

※ 12개월로 나누어 지급하는 경우 일부금액에 대해서는 중간정산금의 지급이 지연되어 근로자 불리할 수 있으므로 지급방법도 명시될 필요가 있음.

〈중간정산 허용기간〉 : 기왕에 1년 이상 근로한 기간만 허용

③ 중간정산 대상기간은 중간정산 시점을 기준으로 기왕에 계속근로를 제공한 기간만 해당됨.

※ 1년 미만 근속 근로자는 법정 퇴직금 지급 대상이 아니므로 중간정산 대상자가 아님.

4. 연봉제하 퇴직금 중간정산 요건 변경(2005.12.26, 퇴직급여보장팀-1276)지침 적용시 나타나는 문제점 및 업무처리요령

가. 나타나는 문제점

① 연봉계약서에는 퇴직금 포함이라는 내용만 있고 구체적인 금액은 명시되어 있지 아니하나 매월 지급하는 임금명세서에는 퇴직금 명목의 금원을 기재하여 지급한 경우

② 지침 ①의 요건을 갖추었으나, 별도의 근로자 요구 없이 연봉액에 퇴직금을 포함하여 지급한 경우

③ 2006.7.1. 이후 입사한 근로자와 체결한 연봉계약이 지침 ①, ②를 갖춘 상태에서 최초 계약시부터 연봉액에 퇴직금을 포함하여 지급하다가 계속근로기간 1년 이상 근무 후 퇴직한 경우

〈업무처리요령〉

• 당해 근로자의 계속근로기간에 대하여 퇴직시 사용자가 지급한 퇴직금 명목의 금품을 제외하고 산정한 평균임금으로 퇴직금을 지급지시
• 사용자가 지급한 퇴직금 명목의 금품은 유효한 중간정산 퇴직금으로 볼 수 없음. 따라서 동 금품은 근로자에게 착오로 과다 지급한 금품에 해당함. 따라서 사용자는 근로자에 대하여 부당이득 반환청구소송을 제기하는 등 민법상으로 해결해야 하지만 소송 등의 번거로움이 있을 수 있음.
  - 근로감독관은 이 경우 당사자간 합의하여 그 차액만큼을 지급하기로 하였다면 별도의 사법처리를 하지 않도록 함.
  - 당사자 합의가 없어 부득이 사법처리를 하게 되는 경우 사용자에게 해당 금품에 대하여 민사소송을 할 수 있음을 서면으로 안내

나. 나타나는 문제점

• 2006.7.1. 이전에 체결한 연봉계약이 7.1. 이후에 만료됨에도 6.30.까지 연봉계약을 현행지침에 맞게 변경하지 아니한 계약의 경우

〈업무처리요령〉

• 해당 연봉계약기간 전체에 대하여 유효한 중간정산으로 인정되지 않음.
• 2006.7.1. 이전에 체결한 연봉계약이 7.1. 이후에 만료됨에도 6.30.까지 동 연봉계약을 현행지침에 맞게 변경하지 않았다면 동 기간에 지급된 퇴직금은 유효한 중간정산이 아님. 해당 기간에 사용자가 지급한 퇴직금 명목의 금품은 근로자에게 착오로 과다 지급한 금품에 해당함. 따라서 사용자는 근로자에 대하여 부당이득 반환청구소송을 제기하는 등 민법상으로 해결해야 하지만 소송 등의 번거로움이 있을 수 있음.
  - 근로감독관은 이 경우 당사자간 합의하여 그 차액만큼을 지급하기로 하였다면 별도의 사법처리를 하지 않도록 함.
  - 당사자 합의가 없어 부득이 사법처리를 하게 되는 경우 사용자에게 해당 금품에 대하여 민사소송을 할 수 있음을 서면으로 안내

※ 단, 기존의 연봉계약 중 2006.6.30. 이전에 기간이 만료되는 경우에는 이전 지침을 적용

다. 나타나는 문제점

① 2006.7.1. 이후 입사한 근로자의 매월 금액에서 퇴직금 명목의 금액이 공제되던 중 당해 근로자가 계속근로기간 1년 미만에 퇴직하면서 공제된 금액을 요구하는 진정을 제기한 경우

② 2006.7.1. 이전 연봉계약을 체결하여 매월 퇴직금 명목으로 지급받아오던 근로자가 7.1.부터는 매월 금액에서 퇴직금 명목의 금액이 공제되던 중 당해 근로자가 계속근로기간 1년 미만에 퇴직하면서 공제된 금액을 요구하는 진정을 제기한 경우

〈업무처리요령〉

• 연봉계약서에 퇴직금의 액수가 명확하게 정해져 있어야 함.

5. 행정사항

• 동 업무처리요령과 배치되는 행정해석 내용은 동 업무처리요령 시행 이후 폐지함.

○ 판 례

여름방학 기간이 강의 외 부수 업무 수행과 다음 연도 강의를 위한 재충전과 강의 능력 제고를 위한 연구를 위한 기간으로서 그 기간 중에도 퇴직금 지급의 전제가 되는 근로관계는 계속되었다고 보기에 충분하다.

사건번호 : 대법 2010다58490

선고일자 : 2010-12-09

1. 근로계약 기간이 만료되면서 다시 근로계약을 맺어 그 근로계약 기간을 갱신하거나 동일한 조건의 근로계약을 반복하여 체결한 경우에는 갱신 또는 반복된 근로계약 기간을 합산하여 퇴직금 지급 요건으로서의 계속 근로 여부와 계속 근로 연수를 판단하여야 하고, 갱신되거나 반복 체결된 근로계약 사이에 일부 공백 기간이 있다 하더라도 그 기간이 전체 근로계약 기간에 비하여 길지 아니하고, 계절적 요인이나 방학 기간 등 당해 업무의 성격에 기인하거나 대기 기간·재충전을 위한 휴식 기간 등의 사정이 있어 그 기간 중 근로를 제공하지 않거나 임금을 지급하지 않을 상당한 이유가 있다고 인정되는 경우에는, 근로관계의 계속성은 그 기간 중에도 유지된다고 봄이 상당하다.

2. 피고는 원고들과 여름방학 종료 후부터 다음해 여름방학 전까지의 기간 약 10개월만 근로계약을 체결하고 여름방학 기간은 여기에서 제외하였으나, 근로계약 기간이 만료될 무렵 같은 기간의 근로계약을 다시 체결하여 둔 점, 피고는 이와 같이 재계약이 된 원고들을 위하여 여름방학 기간에도 건강보험, 국민연금의 직장가입자 자격 및 계약기간 중 제공하던 거주용 주택에 관한 복지혜택을 그대로 유지하여 주었고, 원고들이 여름방학 기간 중 해외로 출국을 하게 되는 경우 이를 보고하게 하였으며, 출국하였다가 귀국하는 데 필요한 왕복 비행기표를 제공한 점, 피고는 학기가 시작되기 전에 강의계획을 세우면서 이메일이나 전화 등으로 원고들의 의견을 들어 이를 반영한 점, 피고는 원고들이 근로계약을 갱신하여 계속 근무하는 것을 유도하기 위해 장기 근무자의 근속기간을 연봉에 반영해 주는 임금체계를 가지고 있는 점 등을 살펴보면, 여름방학 기간은 강의 외 부수 업무 수행과 다음 연도 강의를 위한 재충전과 강의 능력 제고를 위한 연구를 위한 기간으로서 그 기간 중에도 원고들과 피고 사이에 퇴직금 지급의 전제가 되는 근로관계는 계속되었다고 보기에 충분하다.

퇴직금중간정산 전의 잔여 근로기간과 중간정산 후의 근로기간을 합산하여 계속근로기간을 산정하고 퇴직금 누진제를 적용할 수는 없다.

사건번호 : 대법 2012다41045
선고일자 : 2012-10-25

요 지

1. 퇴직금 중간정산 제도의 입법취지와 퇴직금의 성격 등을 종합하여 볼 때 반드시 근로자가 먼저 중간정산을 적극적으로 요구한 경우에만 퇴직금 중간정산의 합의가 유효한 것은 아니며, 퇴직금 중간정산의 합의가 개별적 근로자의 자유로운 의사에 따라 이루어진 것이면 퇴직금 중간정산은 유효하다고 보아야 한다.

2. 퇴직금 중간정산 전의 계속근로기간 중 일부 기간에 대하여만 중간정산의 합의가 성립한 경우, 중간정산의 합의가 없었던 기간에 대하여는 중간정산퇴직금청구권이 발생할 여지가 없고 최종 퇴직 시점에 그 기간에 대한 퇴직금청구권이 발생하는 것이며, 이에 대한 소멸시효도 중간정산 시점이 아닌 최종 퇴직 시점부터 진행한다.

3. 사용자와 근로자 사이에 별도의 정함이 없는 한 중간정산 전·후의 계속근로기간은 단절되는 것인바, 퇴직금 누진제를 채택하고 있는 사업장에서 중간정산 전의 계속근로기간 중 일부 기간에 대하여만 중간정산이 이루어진 경우, 그 일부 기간이 최초 근로개시 시점으로부터의 일부 기간인 경우와 같이 그 정산이 이루어진 기간 다음부터 새로 계속근로기간을 기산하기로 한 것으로 볼 수 있는 경우이거나 중간정산 전의 계속근로기간 중 일정 기간에 대하여 중간정산을 하면서 중간정산 전의 잔여 근로기간을 중간정산 후의 계속근로기간에 포함시키기로 정한 경우가 아닌 한, 중간정산 전의 잔여 근로기간과 중간정산

후의 근로기간을 합산하여 계속근로기간을 산정하고 퇴직금 누진제를 적용할 수는 없다고 보아야 한다.

기능직 또는 정규직으로 재입사하기 위해 자의로 퇴직한 것이라면 전직 경력은 퇴직금 산정에 있어서의 근속기간에 합산돼야 한다거나 계속근로를 인정할 수 없다.

사건번호 : 대법 2003다14935
선고일자 : 2003-07-11

원고들이 상용원, 촉탁(조림원), 청원경찰로 각 근무하다가 기능직 또는 정규직으로 재입사하면서 사직한 것이 피고 공사의 경영상 필요에 따른 강요에 의한 것이라는 점을 인정할 아무런 증거가 없고, 피고 공사가 원고들의 위와 같은 전직경력을 100% 인정하였다 하더라도 이는 원고들의 전직경력을 호봉 산정에 참작한 것으로 보일 뿐이므로, 이를 들어 원고들의 전직경력이 당연히 퇴직금 산정에 있어서의 근속기간에 합산되어야 한다거나 피고가 원고들의 계속근로를 인정하였다고는 할 수 없을 것이다.

○ 사례해결

근로자퇴직급여보장법 부칙 제1조에서는 4명 이하 사업장의 퇴직급여제도 적용에 대하여 2010년을 넘지 아니하는 기간 안에서 대통령령으로 적용시기를 구체적으로 정하도록 하였는바, 이에 따라 2010.12.1.부터 4인 이하 사업장에도 퇴직급여제도가 적용되도록 하였습니다.

※ 퇴직급여(퇴직금 또는 퇴직연금) 부담금

- 2010.12.1.~2012.12.31. : 법정퇴직금의 100분의 50 이상 지급(또는 납부)
- 2013.1.1.부터 : 정상적으로 지급(또는 납부)

2010.12.1. 이전에 자체 퇴직급여규정이 없던 사업장은 2010.12.1.부터 계속근로연수가 가산되며 2010.12.1. 이전부터 근무한 근로자라고 하더라도 퇴직금 산정을 위한 계속근로연수는 2010.12.1.부터 시작됩니다.
그러나 2010.12.1. 이전에 이미 자체적으로 퇴직급여제도를 도입하여 시행하고 있는 사업장은 최초 퇴직급여제도 도입·시행일부터 계속근로연수가 시작됩니다.

사례에서 2008.1.1. 입사하여 2015.12.31까지 근무 후 퇴직하는 경우 2008.1.1.~2010.11.30.까지는 퇴직금 산정대상기간에 포함되지 않습니다. 그러나 2010.12.1.~2012.12.31. 기간은 100분의 50을 2013.1.1.~2015.12.31. 기간은 전액 지급하여야 합니다.

또한 퇴직금 산정을 위한 계속근로기간이라 함은 동일한 사용자와 계속해서 사용종속관계를 유지하면서 근로를 제공하는 것을 말하기 때문에 본 사례와 같이 2개월 휴직한 기간도 퇴직금 산정을 위한 계속근로기간에 포함됩니다.

Theme 17

회사의 대표이사 및 법인임원의 퇴직금

○ 실무사례 당 회사의 대표이사를 비롯한 임원들도 퇴직금 지급대상으로 설정하여 퇴직금을 지급하고자 하는데 법적으로 문제가 없는지 문의 드림.

○ 관련법령

제34조(퇴직급여 제도) 사용자가 퇴직하는 근로자에게 지급하는 퇴직급여 제도에 관하여는 「근로자퇴직급여 보장법」이 정하는 대로 따른다.

○ 행정해석

직원이 임원으로 선임된 경우 퇴직금 지급여부

회시번호 : 임금 68200-814

회시일자 : 2001-11-27

질 의

직원(과장)으로 재직중에 근무기간의 단절없이 이사로 선임될 경우 즉시 퇴직금을 지급하여야 하는지 여부 및 계속 근무할 경우 그 동안의 퇴직금이 소멸되지는 않는지 여부

회 시

재직중인 직원이 근무기간의 단절없이 이사로 선임된 경우에 있어 퇴직금을 둘러싼 법률관계는 아래와 같이 판단하여야 함.

① 이사가 상법 및 민법에 의하여 회사의 업무대표권 또는 집행권을 위임받아 업무를 수행하고, 보수를 받는 등 근로기준법상 근로자로 볼 수 없는 경우에는 임원으로 선임된 날(근로기준법상의 근로관계가 종료된 날)을 기준으로 퇴직금 지급청구권이 발생하고, 소멸시효 또한 이날부터 기산됨.

② 명칭만 이사일 뿐 사용자와 여전히 고용종속관계를 유지하고 있는 등 사실상 근로기준법상의 근로자에 해당되는 경우에는 이사로서 퇴직한 날을 기준으로 퇴직금 지급청구권이 발생하고, 이날부터 소멸시효가 기산됨.

따라서, 귀 질의상의 이사가 ①에 해당된다면 이사로서의 재직한 기간은 근로기준법의 적용을 받지 아니하며, 이 기간에 대한 근로기준법상의 퇴직금 지급의무 또한 발생하지 않는다고 할 수 있음.

○ 판 례

임원에게 지급되는 퇴직금은 근로기준법 소정의 퇴직금이 아니라 보수의 일종이라 할 것이고 일반채권의 시효규정이 적용된다.

사건번호 : 대법 87다카2268
선고일자 : 1988-06-14

1. 회사의 업무집행권을 가진 이사 등 임원은 회사로부터 일정한 사무처리의 위임을 받고 있는 것이므로 사용자의 지휘감독아래 일정한 근로를 제공하고 소정의 임금을 지급받는 고용관계에 있는 것이 아니며 따라서 일정한 보수를 받는 경우에도 이를 근로기준법 소정의 임금이라 할 수 없다.

2. 회사의 규정에 의하여 이사 등 임원에게 퇴직금을 지급하는 경우에도 그 퇴직금은 근로기준법 소정의 퇴직금이 아니라 재직중의 직무집행에 대한 대가로 지급되는 보수의 일종이라 할 것이므로 이사 등 임원의 퇴직금청구권에는 근

로기준법 제41조 소정의 임금채권의 시효에 관한 규정이 적용되지 아니하고 일반채권의 시효규정이 적용되어야 한다.

이사에 대한 퇴직금 산정에 있어서, 이사로 취임하기 전에 직원으로 근무한 기간까지 포함하여 근속연수를 계산하여 퇴직금을 산정한 것은 타당하다.

사건번호 : 대법 2003다16092, 16108
선고일자 : 2006-05-25

요 지

1. 회사가 정관에서 퇴직하는 이사에 대한 퇴직금액의 범위를 구체적으로 정한 다음, 다만 재임 중 공로 등 여러 사정을 고려하여 이사회가 그 금액을 결정할 수 있도록 하였다면, 이사회로서는 퇴직한 이사에 대한 퇴직금액을 정하면서, 퇴임한 이사가 회사에 대하여 배임 행위 등 명백히 회사에 손해를 끼쳤다는 등의 특별한 사정이 없는 한, 재임 중 공로의 정도를 고려하여 정관에서 정한 퇴직금액을 어느 정도 감액할 수 있을 뿐 퇴직금 청구권을 아예 박탈하는 결의를 할 수는 없으므로, 이사회가 퇴직한 이사에 대한 퇴직금을 감액하는 등의 어떠한 결의도 하지 않았을 경우 회사로서는 그와 같은 이사회 결의가 없었음을 이유로 퇴직한 이사에 대하여 정관에 구체적으로 정한 범위 안에서의 퇴직금 지급을 거절할 수는 없다.

2. 회사의 직원으로 근무하면서 맺은 근로관계는 이사로 취임함으로써 종료되고 이후로는 회사와 새로이 위임관계를 맺었다고 할 것이지만, 이사로 취임할 때 회사가 직원으로 근무한 데에 대한 퇴직금을 지급하지 아니하였고 퇴직한 다른 이사에게 퇴직금을 지급하면서 직원으로 근무한 기간까지 정관에 정하여

진 근속연수에 계산하여 퇴직금을 산정하여 지급한 사례 등을 고려하여, 퇴직한 이사에 대하여 직원으로 근무한 기간과 이사로 근무한 기간을 합쳐서 퇴직금을 산정한 것은 타당하다.

3. 이사의 퇴직금은 상법 제388조에 규정된 보수에 포함되어 정관으로 정하거나 주주총회의 결의에 의하여 정할 수 있고 이러한 퇴직금 청구권은 이사가 퇴직할 때 유효하게 적용되는 정관의 퇴직금 규정에 의하거나 주주총회의 퇴직금 지급결의가 있을 때 비로소 발생하는 것인바, 회사가 정관으로 퇴직하는 이사에 대한 퇴직금의 구체적 액수를 일정 범위의 퇴직 당시 급여액과 지급률, 근속연수를 기초로 산정하도록 정하였다가 그 정관을 변경하여 지급률을 감축한 경우라도, 퇴직하는 이사에 대한 퇴직금을 산출할 때에는 전체 근속 기간에 대하여 퇴직 당시 적법하게 변경된 정관의 퇴직금 규정에 따른 지급률을 적용하여야 하지 퇴직금에 관한 정관 규정 변경 전후의 기간을 나누어서 변경 전 근속 기간에 대하여 변경 전의 정관 규정에 따른 지급률을 적용할 것은 아니다.

○ 사례해결

근로자퇴직급여보장법상의 퇴직급여는 원칙적으로 근로자만이 지급대상이 되는 것입니다. 다만, 법인의 대표이사를 비롯한 임원들의 경우 법상 퇴직금 지급이 보장되는 대상은 아니지만, 법인의 정관이나 기타 주주총회의 의결에 따라 퇴직위로금 등의 퇴직급여와 유사한 급여를 지급하는 것에 대한 제한은 없습니다.

다만, 일반 근로자의 퇴직급여의 경우 일반 근로소득과 달리 별도의 세율을 적용하여 그 세 부담을 완화시켜주고 있으나 법인 임원의 경우 당연히 세금 완화를 적용하지 아니하고 정관에 그에 관한 규정이 있는 경우에만 일정 한도 내에서 인정하고 있으므로 절세를 위해서는 정관의 규정을 먼저 확인해야 하고 그렇지 않은 경우 상여금에 준하여 근로소득세율이 적용됨을 유의해야 할 필요가 있습니다.

Theme 18

포괄임금제(연봉제) 법적 요건

○ 실무사례
OO업체는 연봉계약을 체결하면서 월 52시간의 연장·야간·휴일근로수당을 연봉에 포함하고자 함. 고정 시간외근로수당을 연봉에 포함하는 계약이 법적 효력을 지니기 위해 어떻게 해야 하는지요?

○ 관련법령

근로기준법

제43조(임금 지급)

① 임금은 통화(通貨)로 직접 근로자에게 그 전액을 지급하여야 한다. 다만, 법령 또는 단체협약에 특별한 규정이 있는 경우에는 임금의 일부를 공제하거나 통화 이외의 것으로 지급할 수 있다.

② 임금은 매월 1회 이상 일정한 날짜를 정하여 지급하여야 한다. 다만, 임시로 지급하는 임금, 수당, 그 밖에 이에 준하는 것 또는 대통령령으로 정하는 임금에 대하여는 그러하지 아니하다.

제56조(연장·야간 및 휴일 근로)

① 사용자는 연장근로(제53조·제59조 및 제69조 단서에 따라 연장된 시간의 근로를 말한다)에 대하여는 통상임금의 100분의 50 이상을 가산하여 근로자에게 지급하여야 한다.

② 제1항에도 불구하고 사용자는 휴일근로에 대하여는 다음 각 호의 기준에 따른 금액 이상을 가산하여 근로자에게 지급하여야 한다.

1. 8시간 이내의 휴일근로 : 통상임금의 100분의 50
2. 8시간을 초과한 휴일근로 : 통상임금의 100분의 100

③ 사용자는 야간근로(오후 10시부터 다음 날 오전 6시 사이의 근로를 말한다)에 대하여는 통상임금의 100분의 50 이상을 가산하여 근로자에게 지급하여야 한다.

○ 행정해석

포괄임금제 해당 여부

회시번호 : 근로기준과-2734
회시일자 : 2010-12-16

질 의

• 개 요

- 진정인은 포괄임금제란 근로기준법의 가산임금지급체계에 대한 예외를 인정하는 것으로서, 근로계약서나 취업규칙 또는 기타 별도의 합의서에 포괄산정내역에 관한 구체적인 명시가 없는 한 근로기준법상 제반 법정요건을 준수하여 미지급된 임금을 지급하여야 한다고 주장함.
- 이에 반해 피진정인은 근로형태나 업무의 특성·근로자들의 묵시적 승낙·임금지급관행·취업규칙 및 근로계약서 규정 해석 등을 고려하여 이른바 포괄임금제를 약정한 것으로서 미지급임금이 없다고 주장함.

• 질의내용

- 진정인이 주장하는 바와 같이 기본임금제에 의해 처리해야 하는지? 아니면 피진정인의 주장처럼 포괄임금제에 해당하는지?

회 시

• 사용자는 근로계약을 체결함에 있어서 근로자에 대하여 기본임금을 결정하

고 이를 기초로 시간외, 야간, 휴일근로수당 등 법정제수당을 가산하여 지급함이 원칙이라 할 것이나, 근로시간, 근로형태와 업무의 성질 등을 참작하여 계산의 편의와 직원의 근무의욕을 고취하는 뜻에서 근로자의 승낙 하에 기본임금을 미리 산정하지 아니한 채 시간외근로 등에 대한 제수당을 합한 금액을 월급여액이나 일당임금으로 정하거나 매월 일정액을 제수당으로 지급하는 내용의 이른바 포괄임금제에 의한 임금지급계약을 체결하였다고 하더라도 그것이 근로자에게 불이익이 없고 제반사정에 비추어 정당하다고 인정될 때에는 이를 무효라고 할 수 없을 것임(대판 1997.7.22, 96다38995 등 다수).

– 위와 같이 포괄임금제는 ① 근로시간, 근로형태와 업무의 성질을 참작하여, ② 근로자의 승낙 하에 기본임금을 미리 산정하지 아니한 채 시간외근로 등에 대한 제수당을 합한 금액을 월급여액이나 일당임금으로 정하거나 매월 일정액을 제수당으로 지급하는 내용의 계약을 체결하고, ③ 근로자에게 불이익이 없고, 제반사정에 비추어 정당하다고 인정될 때에 유효하다고 볼 수 있음.

– 다만, 연·월차유급휴가에 대하여는 미사용 연·월차유급휴가보상금을 월급여액 속에 포함하여 미리 지급하는 근로계약을 체결하는 것은 그 수당을 지급한 이후에도 해당 근로자가 연·월차휴가를 사용할 수 있도록 허용하는 경우에만 인정될 수 있을 것이며, 휴가 사용을 허용하지 아니하는 경우에는 근로기준법상 근로자에게 인정된 연·월차휴가를 청구·사용할 권리를 제한하는 것이 되어 인정될 수 없다고 사료됨(근로기준과-7485, 2004.10.19. 참조).

• 귀 지청 질의 상 사업장의 경우 교대제 근무 특성상 야간근로나 휴일근로가 당연히 예상된 점, 대부분 도급제에 의한 임금계산방법을 취하고 있는 점을 고려할 때 그간 판례에서 인정한 포괄임금제 대상 업무에는 해당되는 것으로 볼 수 있으나,

– 유효한 포괄임금제에 해당되는지에 대해서는 근로기준법상 달리 규정된 바가 없으므로 위에서 제시한 유효요건을 참고하여 각 사업장별로 취업규

칙, 근로계약 등의 내용, 근무형태, 근로자의 실근로시간, 그간의 관행 등을 종합적으로 고려하여 판단하여야 할 것으로 사료됨.

○ **판 례**

포괄임금제에 의한 임금지급에 법정 제수당이 포함되어 있을 시 근로자에게 불이익이 없고 정당하다.

사건번호 : 대법 91다37256
선고일자 : 1992-07-14

1. 근로계약을 체결할 때에 기본임금을 미리 산정하지 않은 채 제수당을 합한 금액을 월급여액이나 일당임금으로 정하는 이른바 포괄임금제의 임금체계에 의한 임금의 지급이 근로자에게 불이익이 없고 정당하다고 인정될 수 있는 것은 근무형태의 특성 그 자체 때문만은 아니고, 포괄임금제의 임금체계에 의하여 임금이 지급되었다고 하더라도 그 지급된 임금에는 법정의 제수당이 미리 포함되어 있다는 사실에 기인하는 것이다.

2. 운수회사와 노동조합과의 사이에 체결한 임금협정이나 단체협약에, 운전사, 안내원 등의 일당 중에 기본급 및 연장근로수당과 월 25일 이내에 해당하는 주휴수당이 포함되어 있고, 근로시간은 1일 8시간으로 하되 노사간 합의에 따라 1일 2시간 이내에서 연장근로를 할 수도 있으며, 근로일수는 월 25일로 한다고 규정되어 있다면 위 회사가 위 임금협정이나 단체협약에 근거하여 근로자들에게 지급한 일당에는 근로기준법상 기준근로시간인 1일 8시간과 2시간의 연장근로를 합한 10시간씩 월 25일 근로하는 것을 만근으로 삼아 그 한도 내에서의 연장근로수당과 주휴근로수당만이 포함되어 있다고 보는 것이 타당하고, 거기에 제한 없는 연장근로수당 일체가 포함되어 있다고 보기는 어렵다.

단체협약 등에 일정 근로시간을 초과한 연장근로시간에 대한 합의가 있다거나 기본급에 수당을 포함한 금액을 기준으로 임금인상률을 정하였다는 사정 등을 들어 바로 포괄임금제에 관한 합의가 있다고 단정할 수는 없다.

사건번호 : 대법 2008다57852

선고일자 : 2009-12-10

요 지

1. 사용자가 근로계약을 체결함에 있어서 근로자에 대하여 기본임금을 결정하고 이를 기초로 각종 수당을 가산하여 합산 지급하는 것이 원칙이라고 할 것이나, 기본임금을 미리 산정하지 아니한 채 각종 수당을 합한 금액을 월 급여액이나 일당임금으로 정하거나 기본임금을 정하고 매월 일정액을 각종 수당으로 지급하는 내용의 이른바 포괄임금제에 의한 임금지급계약 또는 단체협약을 체결하였다고 하더라도 그것이 근로자에게 불이익이 없으면 유효하다고 할 것인데, 그러한 포괄임금제에 관한 약정이 성립하였는지 여부는 근로시간, 근로형태와 업무의 성질, 임금 산정의 단위, 단체협약과 취업규칙의 내용, 동종 사업장의 실태 등 여러 사정을 전체적·종합적으로 고려하여 구체적으로 판단하여야 하며, 비록 개별 사안에서 근로형태나 업무의 성격상 연장·야간·휴일근로가 당연히 예상된다고 하더라도 기본급과는 별도로 연장·야간·휴일근로수당 등을 세부항목으로 명백히 나누어 지급하도록 단체협약이나 취업규칙, 급여규정 등에 정하고 있는 경우는 포괄임금제에 해당하지 아니한다고 할 것이고, 단체협약 등에 일정 근로시간을 초과한 연장근로시간에 대한 합의가 있다거나 기본급에 수당을 포함한 금액을 기준으로 임금인상률을 정하였다는 사정 등을 들어 바로 위와 같은 포괄임금제에 관한 합의가 있다고 섣불리 단정할 수는 없다. 그러나 원심이 인정한 바에 의하면, 이 사건 단체협약 및 임금협정은 임금을 기본급과 각종 수당으로 명백히 구분하고 있고, 시간급의 개념을 출발점으로 두고 기본급과 각종 수당의 액수를 각각 위 시간급을 기준으로 산정하고 있으

며, 주 6일, 1일 9시간 근무를 원칙으로 하되 그 중 각 1시간씩의 연장근로(다만, 토요일의 연장근로는 5시간)를 한 것으로 보는 사전 합의가 있어, 월별 보수액은 각 근무일수에 따른 기본급에다가 위 약정초과근로시간 등에 대한 각종 수당의 금액을 합산하여 산정된 것임을 알 수 있는바, 위와 같은 내용의 임금체계를 들어 거꾸로 월별 보수액을 기준으로 시간급의 금액이 산정되었다고 볼 수는 없고, 나아가 앞서 본 포괄임금제의 법리와 위 사실관계에 비추어 볼 때, 위 각 단체협약 및 임금협정에 미리 일정 근로시간을 초과하는 근로시간 등에 대한 사전 합의가 있었다는 것만으로 이를 포괄임금제의 합의라고 볼 수는 없을 것이다.

2. 통상임금은 평균임금의 최저한을 보장함과 아울러 「근로기준법」 제55조의 연장, 야간 및 휴일근로에 대한 가산수당과 같은 법 제32조 제1항의 해고예고수당 등의 산정근거가 되는 것으로, 위 각 조항에는 가산율이나 지급일수 외의 별도의 최저기준이 규정된 바 없으므로 노사간의 합의에 따라 성질상 통상임금에 산입되어야 할 각종 수당을 통상임금에서 제외하기로 하는 합의의 효력을 인정한다면, 위 각 조항이 연장, 야간 및 휴일근로에 대하여 가산수당을 지급하고, 해고근로자에게 일정 기간 통상적으로 지급받을 급료를 지급하도록 규정한 취지는 몰각될 것이므로, 성질상 위 법상 통상임금에 산입될 수당을 통상임금에서 제외하기로 하는 노사간의 합의는 같은 법이 정한 기준에 달하지 못하는 근로조건을 정한 계약으로서 무효라 할 것이다.

○ 사례해결

포괄산정임금제도란 근로형태, 업무의 성질 등을 참작하거나 계산의 편의와 직원의 근무의욕을 고취하는 뜻에서 기본임금에 연장근로수당 등 법정 제 수당이 포함되어 있다거나 매월 일정액을 제 수당으로 지급하는 임금제도입니다.

포괄산정임금제가 법적으로 유효하기 위해서는 포괄산정임금이 근로자에게 불리하지 않아야 하며, 근로계약서, 취업규칙, 단체협약 또는 기타 별도의 합의서에서 포괄산정내역에 관하여 구체적으로 명시해 두어야 합니다.

판례는 포괄산정임금제 근로계약이 인정되기 위해서는 "취업규칙 또는 그에 준하는 것에 미리 정하여져 있고, 사업의 규모 및 성격, 근무형태 등을 고려할 때 기본급을 별도로 정하지 아니하고 제 수당을 포함시켜 정한 것이 상당하다고 볼 수 있으며 근로자에게 불이익이 없는 경우에 이를 무효로 볼 수 없다"고 예외적으로 인정하고 있습니다.

포괄산정임금제도는 연장근로 등 근로시간 관리가 쉽고 임금계산이 간편하다는 점에서 많이 사용되고 있으나 포괄산정임금제로서 연봉계약의 유효성을 인정받기 어려울 수 있으므로 제도 도입에 신중해야 합니다.

포괄산정임금제도 도입시 유의점

항 목		유 의 점
시간외 (연장·야간·휴일) 근로수당*		포괄시간(임금)을 명시하여야 함. – 실 근로시간 이상 산정하여 포괄하여야 함. – 가산시간(임금)까지 산정하여 포괄하여야 함.
토요일 (주5일제)	유급휴일	휴일근로시간 수로 산정하여 포괄하여야 함.
	무급휴일	연장근로시간 수로 산정하여 포괄하여야 함.

* 실제 계산한 근로시간으로 산정된 금액이 이미 지급된 포괄임금액보다 많을 경우 근로자에게 그 차액을 지급해야 함.

Theme 19

연차수당을 임금에 포함할 수 있는지

○ 실무사례

○○업체는 연차휴가를 부여하지 않는 대신 월 급여에 연차수당을 미리 포함하여 근로계약을 체결하였음. 이처럼 근로자와 근로계약 체결 시에 "연차유급휴가 건과 관련하여 매월 1일분씩 분할하여 급여에 포함하여 지급한다"라고 충분히 설명한 근로계약은 유효한지 문의드림.

○ 관련법령

근로기준법

제60조(연차 유급휴가)

① 사용자는 1년간 80퍼센트 이상 출근한 근로자에게 15일의 유급휴가를 주어야 한다.

② 사용자는 계속하여 근로한 기간이 1년 미만인 근로자 또는 1년간 80퍼센트 미만 출근한 근로자에게 1개월 개근 시 1일의 유급휴가를 주어야 한다.

③ 삭제

④ 사용자는 3년 이상 계속해서 근로한 근로자에게는 제1항에 따른 휴가에 최초 1년을 초과하는 계속 근로 연수 매 2년에 대하여 1일을 가산한 유급휴가를 주어야 한다. 이 경우 가산휴가를 포함한 총 휴가 일수는 25일을 한도로 한다.

⑤ 사용자는 제1항부터 제4항까지의 규정에 따른 휴가를 근로자가 청구한 시기에 주어야 하고, 그 기간에 대하여는 취업규칙 등에서 정하는 통상임금 또는 평균임금을 지급하여야 한다. 다만, 근로자가 청구한 시기에 휴가를 주는 것이 사업 운영에 막대한 지장이 있는 경우에는 그 시기를 변경할 수 있다.

⑥ 제1항부터 제3항까지의 규정을 적용하는 경우 다음 각 호의 어느 하나에 해당하는 기간은 출근한 것으로 본다.

1. 근로자가 업무상의 부상 또는 질병으로 휴업한 기간
2. 임신 중의 여성이 제74조 제1항부터 제3항까지의 규정에 따른 휴가로 휴업한 기간
3. 「남녀고용평등과 일·가정 양립 지원에 관한 법률」 제19조 제1항에 따른 육아휴직으로 휴업한 기간 (2017.11.28. 신설)

⑦ 제1항부터 제4항까지의 규정에 따른 휴가는 1년간 행사하지 아니하면 소멸된다. 다만, 사용자의 귀책사유로 사용하지 못한 경우에는 그러하지 아니하다.

○ 행정해석

미사용 연월차유급휴가 보상금을 월급여에 포함해 미리 지급하는 근로계약 체결은 수당 지급 이후에도 해당 근로자의 연월차휴가 사용을 허용하는 경우에만 인정된다.

회시번호 : 근로개선정책과-2022

회시일자 : 2011-07-04

질 의

가. 근로자와의 근로계약서 체결 당시 APT나 건물의 형평상 연차휴가를 실시하지 못하고 대신 "매월 1일분의 유급수당을 급여에 포함하여 지급한다"라고 설명하고 근로계약 체결시 별도의 연차수당을 지급하기 않아도 되는지의 여부

나. 근로자와의 근로계약 체결시에 "연차유급휴가 건과 관련하여 매월 1일분씩 분할하여 급여에 포함하여 지급한다."라고 충분히 설명한 근로계약은 유효한지의 여부

회 시

1. 귀하의 연차유급휴가미사용수당 지급 여부와 관련한 질의에 대한 회신입니다.

2. 근로계약을 체결함에 있어서 연장·야간·휴일 근로 등이 포함되어 있는 경우에 계산의 편의를 위하여 노사 당사자간 약정으로 일정 연장·야간·휴일 근로시간 등을 미리 정한 후 이를 임금 및 수당으로 환산하여 고정적으로 지급토록 정하는 소위 포괄임금제는 제반 사정에 비추어 근로자에게 불이익이 없어야 할 것입니다. 다만, 연·월차유급휴가에 대해 미사용 연·월차유급휴가보상금을 월급여액 속에 포함하여 미리 지급하는 근로계약을 체결하는 것은, 그 수당을 지급한 이후에도 해당 근로자가 연·월차휴가를 사용할 수 있도록 허용하는 경우에만 인정될 수 있을 것이며, 휴가 사용을 허용하지 아니하는 경우에는 근로기준법상 근로자에게 인정된 연·월차휴가를 청구·사용할 권리를 제한하는 것이 되어 인정될 수 없다고 사료됨(근로기준과-7485, 2004. 10. 19.)(근로개선정책과-2022, 2011. 07. 04).

○ 판 례

포괄임금제 근로계약이 근로기준법에서 인정한 연차 및 월차휴가제도에 부합하는 유효한 계약인지 여부

사건번호 : 수원지법 2007나17199
선고일자 : 2008-01-11

비록 연월차휴가 수당이 근로기준법에서 정한 기간을 근로하였을 때 비로소 발생하는 것이라 할지라도 당사자 사이에 미리 연월차휴가 수당을 매월 급여에 포함하여 지급하는 것이 근로자에게 불이익이 없고 제반 사정에 비추어 정당하다면 이를 인정할 수 있으며, 위와 같은 포괄임금제에 의한 임금지급약정으로 인하여 근로자의 연월차휴가권이 박탈된다고 할 수도 없다고 할 것인바,

이 사건에 돌이켜 보건대, 포괄임금제도가 인정되는 취지는 실 근로시간의 측정이 어려운 근로형태이거나 계산의 편의 등 필요성이 있는 경우 당사자의 계약을 존중하려는 데 그 목적이 있는 것이나, 원고들의 연차 및 월차휴가일수를 측정하는 것이 어렵지 않고 그에 따른 수당을 계산하는 것 역시 어렵지 않으며, 근로기준법상 휴일이나 휴가는 임금을 지급하는 것이 그 목적이 아니라 실질적으로 휴식을 향유할 수 있게 함에 그 목적이 있는 것임에도 불구하고, 사전에 휴일, 휴가를 박탈하고 대신 수당의 형식으로 포괄임금제에 포함하는 것은 휴일, 휴가를 보장하려는 법 취지에도 벗어난 것이라 할 것이어서, 월차 및 연차휴가수당의 경우 포괄임금제도의 목적 범위 이내에서 허용될 수 있는 근로조건으로 보기 힘든 점, 또한 피고가 원고들에게 월차 및 연차휴가를 언제든지 사용하도록 보장하였다는 자료가 없고, 이를 보장하였다고 하더라도 근로자가 휴가를 사용한 경우나 사용하지 않는 경우 똑같은 임금을 받게 되는 모순이 발생되고 이미 선 지급 받은 수당 때문에 근로자의 휴가 청구가 실질적으로 제약을 받음으로써 휴가제도 자체가 무의미해질 수 있는 점, 원고들은 근로기준법에서 정한 기준에 따른 월차수당과 위 포괄임금제 근로계약에서 정한 월차수당과의 차액만을 청구하고 있는 점, 원고들이 피고와 포괄임금제 근로계약을 체결함에 있어서 연차휴가를 포기하고 대신 연차휴가 수당을 지급받기로 하는 내용의 합의를 하였다고 보기 어려운 점 등에 비추어 보면, 원고들이 피고와 사이에 체결한 포괄임금제 근로계약은 근로기준법에서 정한 월차휴가 수당보다 적은 금액으로 합의되어 있고, 연차휴가 수당에 관하여 당사자 사이에 합의가 이루어지지 않아 근로자인 원고들에게 불이익하다고 할 것이므로, 원고들이 피고와 체결한 포괄임금제 근로계약은 연차 및 월차휴가 수당의 포함 여부에 관하여 무효라고 할 것이다.

연차유급휴가를 사용하기 전 근로관계가 종료된 경우 받을 수 있는 연차휴가수당의 범위

사건번호 : 대법 2003다48549, 2003다48556
선고일자 : 2005-05-27

유급(연차휴가수당)으로 연차휴가를 사용할 권리는 근로자가 1년간 소정의 근로를 마친 대가로 확정적으로 취득하는 것이므로, 근로자가 일단 연차유급휴가권을 취득한 후에 연차유급휴가를 사용하기 전에 퇴직 등의 사유로 근로관계가 종료된 경우, 근로관계의 존속을 전제로 하는 연차휴가를 사용할 권리는 소멸한다 할지라도 근로관계의 존속을 전제로 하지 않는 연차휴가수당을 청구할 권리는 그대로 잔존하는 것이어서, 근로자는 근로관계 종료 시까지 사용하지 못한 연차휴가일수 전부에 상응하는 연차휴가수당을 사용자에게 청구할 수 있는 것이다.

연차휴가수당의 액수를 산정함에 있어서 사용자의 부당해고로 인하여 근로자가 출근하지 못한 기간을 전체 근로일 및 출근일에 모두 산입해야 한다.

사건번호 : 대법 2011다95519
선고일자 : 2014-03-13

요 지

1. 사용자가 근로자를 해고하였으나 그 해고에 정당한 이유가 없어 무효인 경우에 근로자는 그 부당해고기간 동안에 정상적으로 일을 계속하였더라면 받을 수 있었던 임금을 모두 지급받을 수 있다. 해고 근로자가 해고기간 동안 근

무를 하지는 않았다고 하더라도 해고가 무효인 이상 그동안 사용자와의 근로관계는 계속되고 있는 것이고, 근로자가 해고기간 동안 근무를 하지 못한 것은 근로자를 부당하게 해고한 사용자에게 책임 있는 사유로 인한 것이기 때문이다.
따라서 근로자가 부당해고로 인하여 지급받지 못한 임금이 연차휴가수당인 경우에도 해당 근로자의 연간 소정근로일수와 출근일수를 고려하여 근로기준법 제60조 제1항의 요건을 충족하면 연차유급휴가가 부여되는 것을 전제로 연차휴가수당을 지급하여야 하고, 이를 산정하기 위한 연간 소정근로일수와 출근일수를 계산함에 있어서 사용자의 부당해고로 인하여 근로자가 출근하지 못한 기간을 근로자에 대하여 불리하게 고려할 수는 없으므로 그 기간은 연간 소정근로일수 및 출근일수에 모두 산입되는 것으로 보는 것이 타당하며, 설령 부당해고기간이 연간 총근로일수 전부를 차지하고 있는 경우에도 달리 볼 수는 없다.

2. 통상임금은 근로조건의 기준을 마련하기 위하여 근로기준법이 정한 것이므로, 사용자와 근로자가 통상임금의 의미나 범위 등에 관하여 단체협약 등에 의하여 따로 합의할 수 있는 성질의 것이 아니다. 따라서 성질상 근로기준법상의 통상임금에 속하는 임금을 통상임금에서 제외하기로 노사 간에 합의하였다고 하더라도 그 합의는 효력이 없다. 연장·야간·휴일 근로에 대하여 통상임금의 50% 이상을 가산하여 지급하도록 한 근로기준법의 규정은 각 해당 근로에 대한 임금산정의 최저기준을 정한 것이므로, 통상임금의 성질을 가지는 임금을 일부 제외한 채 연장·야간·휴일 근로에 대한 가산임금을 산정하도록 노사 간에 합의한 경우 그 노사합의에 따라 계산한 금액이 근로기준법에서 정한 위 기준에 미달할 때에는 그 미달하는 범위 내에서 노사합의는 무효이고, 무효로 된 부분은 근로기준법이 정하는 기준에 따라야 한다

○ 사례해결

연차유급휴가에 대해 미사용 연차유급휴가수당을 월급여액 속에 포함하여 미리 지급하는 근로계약을 체결하는 것은, 그 수당을 지급한 이후에도 해당 근로자가 연·월차휴가를 사용할 수 있도록 허용하는 경우에만 인정될 수 있을 것이며, 휴가 사용을 허용하지 아니하는 경우에는 근로기준법상 근로자에게 인정된 연차휴가를 청구·사용할 권리를 제한하는 것이 되어 인정될 수 없다고 사료됩니다.

근로기준법상 연차휴가규정의 근본적인 취지는 수당 즉 금전보상이 아닌 휴가부여를 통한 재충전을 통하여 직장생활의 활력을 불어넣고 근로의욕 재기를 위함에 있으므로 사전적으로 연봉계약시 수당으로 지급하여 향후 법원에서 논란을 불러일으키기 보다는 연차휴가의 원래취지에 맞추어 발생된 연차휴가를 사용하도록 부여하도록 해야 하며 사용자가 만약 임금지급에 대한 부담감이 있다면 근로기준법 상 규정된 연차유급휴가 사용촉진제도를 활용함으로써 사용자는 수당지급에 대한 부담을 감소시키고 근로자는 발생된 연차휴가를 사용함으로써 노사 상호간 분쟁의 소지를 최소화하도록 해야 할 것입니다.

Theme 20

연봉제하에서 퇴직금을 포함하여 지급할 수 있는지

> ○ 실무사례
> OO업체는 A직원과 최초 연봉근로계약서를 체결하면서 총 연봉에 퇴직금을 포함하여 매월 분할지급하기로 함. 이에 따라 OO업체가 선 지급한 퇴직금이 법상 퇴직금으로 인정되는지 문의드림.

○ 관련법령

근로자퇴직급여보장법

제8조(퇴직금제도의 설정 등) ① 퇴직금제도를 설정하려는 사용자는 계속근로기간 1년에 대하여 30일분 이상의 평균임금을 퇴직금으로 퇴직 근로자에게 지급할 수 있는 제도를 설정하여야 한다.

② 제1항에도 불구하고 사용자는 주택구입 등 대통령령으로 정하는 사유로 근로자가 요구하는 경우에는 근로자가 퇴직하기 전에 해당 근로자의 계속근로기간에 대한 퇴직금을 미리 정산하여 지급할 수 있다. 이 경우 미리 정산하여 지급한 후의 퇴직금 산정을 위한 계속근로기간은 정산시점부터 새로 계산한다.

근로자퇴직급여 보장법 시행령

제3조(퇴직금의 중간정산 사유) ① 법 제8조 제2항 전단에서 "주택구입 등 대통령령으로 정하는 사유"란 다음 각 호의 어느 하나에 해당하는 경우를 말한다.

1. 무주택자인 근로자가 본인 명의로 주택을 구입하는 경우
2. 무주택자인 근로자가 주거를 목적으로 「민법」 제303조에 따른 전세금 또

는 「주택임대차보호법」 제3조의2에 따른 보증금을 부담하는 경우. 이 경우 근로자가 하나의 사업 또는 사업장(이하 "사업"이라 한다)에 근로하는 동안 1회로 한정한다.

3. 6개월 이상 요양을 필요로 하는 다음 각 목의 어느 하나에 해당하는 사람의 질병이나 부상에 대한 요양 비용을 근로자가 부담하는 경우
   가. 근로자 본인
   나. 근로자의 배우자
   다. 근로자 또는 그 배우자의 부양가족
4. 퇴직금 중간정산을 신청하는 날부터 역산하여 5년 이내에 근로자가 「채무자 회생 및 파산에 관한 법률」에 따라 파산선고를 받은 경우
5. 퇴직금 중간정산을 신청하는 날부터 역산하여 5년 이내에 근로자가 「채무자 회생 및 파산에 관한 법률」에 따라 개인회생절차개시 결정을 받은 경우
6. 사용자가 기존의 정년을 연장하거나 보장하는 조건으로 단체협약 및 취업규칙 등을 통하여 일정나이, 근속시점 또는 임금액을 기준으로 임금을 줄이는 제도를 시행하는 경우

6의2. 사용자가 근로자와의 합의에 따라 소정근로시간을 1일 1시간 또는 1주 5시간 이상 변경하여 그 변경된 소정근로시간에 따라 근로자가 3개월 이상 계속 근로하기로 한 경우

6의3. 법률 제15513호 근로기준법 일부개정법률의 시행에 따른 근로시간의 단축으로 근로자의 퇴직금이 감소되는 경우

7. 그 밖에 천재지변 등으로 피해를 입는 등 고용노동부장관이 정하여 고시하는 사유와 요건에 해당하는 경우

② 사용자는 제1항 각 호의 사유에 따라 퇴직금을 미리 정산하여 지급한 경우 근로자가 퇴직한 후 5년이 되는 날까지 관련 증명 서류를 보존하여야 한다.

○ 행정해석

연봉제 관련 노동관계법의 적용기준(임금근로시간정책팀-3444(2007.11.22)

Ⅰ. 배 경

• 최근 우리나라 기업의 보상체계는 연공서열보다 성과나 업적을 중시하는 경향이 강해지고 있으며, 그 중 특히 연봉제의 확산이 주목됨.

※ 연봉제 도입 업체의 비율(근로자100인 이상대상) : '02년 32.3%, '03년 37.5%, '04년 43.0%, '05년 48.4%, '06년 50.6%

※ 연봉제의 도입효과 : 업무에 대한 직원들의 태도변화, 임금관리의 용이, 생산성 향상(「연봉제 및 성과배분제 도입실태」'05.12월 노동부 참조)

• 그러나 현행 근로기준법(이하 "법"이라 함)은 임금의 결정단위 또는 형태로서 시간급·일급·주급·월급 및 도급제만을 규정하고 있을 뿐 연단위로 결정되는 연봉제는 상정하고 있지 않음.

– 또한, 연봉제의 도입대상이나 도입절차에 대한 노동관계법의 적용과 관련해서도 해석상 다소간혼선이 있음.

• 이에 연봉제의 도입 및 운용과 관련된 노동관계법의 통일된 적용기준을 제시하고자 함.

Ⅱ. 연봉제의 개념과 유형

• 연봉제에 대한 정의는 학자에 따라 다양하나, 대략 '임금의 전부 또는 상당부분을 근로자의 능력·실적 및 공헌도 등을 평가하여 연단위로 결정하는 제도'로 정의할 수 있음.

• 이러한 연봉제는 기본연봉과 업적연봉의 배분비율, 기본연봉의 결정기준에 따라 다시 다양한 유형으로 구분이 가능

• 그러나 현실적으로 노동관계법을 적용함에 있어서는 그 유형과 관계없이 도입대상, 도입절차, 임금의 지급형태 등 판단하고자 하는 법률관계와 근로계약, 취업규칙, 단체협약 등 연봉제 관련 규정을 종합적으로 검토하여 판단하여야 함.

≪연봉제의 유형≫

① 단일연봉액(업적연봉) : 기본급과 모든 수당을 포함한 총액을 연봉액에 포함.

② 기본연봉(종합급)+업적연봉 : 근무연수·자격·직무내용 및 각종 수당을 포함한 금액을 기본연봉으로 하고, 업무성과에 따라 업적연봉 지급

③ 기본연봉(직능급)+업적연봉 : 개인의 직무수행능력 정도를 고려하여 기본연봉을 정하고 업무성과에 따라 업적연봉 지급

④ 기본연봉(직능급+직무급)+업적연봉 : 개인의 직무수행능력 정도와 직무의 중요도·난이도를 고려하여 기본연봉을 정하고, 업무성과에 따라 업적연봉 지급

⑤ 기본연봉(직능급+기초급)+업적연봉 : 개인의 직무수행능력 정도와 급여기본액(종래의 기본급과 제수당 포함)을 고려하여 기본연봉을 정하고 업무성과에 따라 업적연봉 적용

Ⅲ. 연봉제의 도입에 따른 노동관계법의 적용

1. 적용대상 근로자

- 연봉제는 임금 결정의 한 형태로 도입대상과 관련하여 노동관계법상 특별한 제한은 없음.
- 그러나, 현실적으로는 연봉제의 성격, 도입절차의 용이성 등으로 인해 간부직 사원, 관리· 감독자, 재량근로자 등이 주로 도입되고 있음.

- 근로기준법(이하 "법"이라 함)상의 근로자가 아닌 자(임원 등)
  - 노동관계법상의 제한을 받지 않고 도입이 가능

- 법상의 근로자에 해당되나, 노동조합및노동관계조정법(이하 "노조법"이라 함)상의 사용자에 해당되는 자(부장 등 간부급)
  - 단체협약의 적용대상이 아니므로 근로계약 또는 취업규칙으로 도입이 가능
  - 다만, 취업규칙의 개정 등 소정의 법적 절차는 준수되어야 함.

• 근로시간 등에 관한 규정의 적용이 제외되는 자(법 제63조 및 영 제34조)
  – 관리·감독자 등은 법상 근로시간, 휴게·휴일에 관한 적용이 배제
  – 따라서 연봉제가 적용되더라도 연장·휴일근로에 대한 가산수당문제는 발생하지 않음(야간근로 가산수당은 발생).

• 재량근로에 종사하는 자(법 제58조 제3항 및 영 제31조)
  – 연구업무 등 재량근로에 종사하는 자의 경우는 사용자와 근로자대표가 서면합의로 정한 시간이 근로시간으로 간주됨.
  – 따라서 서면합의의 내용에 따라 근로시간 등에 대한 규정이 적용됨.

2. 도입방식

• 연봉제는 일정한 요건하에 근로계약의 체결, 취업규칙의 변경, 단체협약의 갱신 등을 통해 도입이 가능
• 노사협의회의 의결만으로는 도입이 불가하고, 취업규칙의 변경, 단체협약의 갱신이 수반될 필요

가. 근로계약을 통한 도입

• 사용자와 대상 근로자의 개별적인 연봉계약의 체결을 통해 연봉제의 도입이 가능
  – 계약서에는 연봉의 구성항목·계산방법·지급방법에 관한 사항이 서면으로 명시되어야 함(법 제17조 및 영 제8조).

• 이 방법은 주로 취업규칙이 없는 사업장에서 활용 가능하며, 취업규칙이나 단체협약이 있는 사업장의 경우에는 연봉계약 내용이 취업규칙이나 단체협약보다 유리할 경우에 활용(법 제97조, 노조법 제33조)

나. 취업규칙의 변경을 통한 도입

1) 개 요

• 취업규칙을 통해 연봉제가 도입되기 위해서는 적법한 취업규칙의 변경절차가 충족되어야 함.
- 다만, 취업규칙이 적법하게 변경되었다 할지라도 단체협약보다 불리한 내용이 포함된 경우에는 단체협약의 적용을 받는 근로자에 대하여는 그 효력을 상실(노조법 제33조)

• 현실적으로 연봉제의 도입은 근로계약이나 단체협약의 변경을 통한 경우보다는 취업규칙의 변경을 통한 경우가 훨씬 많음.
- 이는 우리나라의 노동조합 조직률이 높지 않고, 적용대상이 관리직 등 노동조합 비조직 집단을 대상으로 하는 경우가 많기 때문

2) 변경 절차

• 도입하고자 하는 연봉제가 기존의 임금제도에 비해 근로자에게 유리한 경우에는 당해 사업(장)에 근로자의 과반수로 조직된 노동조합이 있는 경우에는 그 노동조합, 없는 경우에는 근로자의 과반수의 의견을 들으면 족함.
- 반면, 취업규칙이 불이익하게 변경되는 경우에는 설사 연봉제가 일부 근로자에게만 적용되더라도 i) 당해 사업(장)에 근로자의 과반수로 조직된 노동조합이 있는 경우에는 그 노동조합 ii) 근로자의 과반수로 조직된 노동조합이 없는 경우에는 근로자의 과반수의 동의를 얻어야 함(법 제94조 제1항).
- 다만, 연봉제의 적용대상이 되는 일부근로자가 노동조합의 조직 대상이 아닌 간부급에 한정되는 경우에는 해당근로자의 과반수의 동의와 과반수로 조직된 노동조합 또는 근로자 과반수의 의견청취로 도입이 가능('98.8.31, 근기 68207-2177)

• 취업규칙 변경의 유·불리의 판단은 변경의 취지와 경위, 해당 사업체의 업무의 성질, 취업규칙 각 규정의 전체적인 체제 등 제반 사항을 종합하여 사회통념상 합리성이 있는지 여부로 판단

- 연봉제의 내용에 근로조건의 개선과 저하가 혼재된 경우에는 근로조건의 성격을 종합적으로 고려하여 불이익 여부를 판단(대판 1992. 2.28, 91다30828)
- 취업규칙의 변경이 근로자에게 전체적으로 유리한지 불리한지를 객관적으로 평가하기 어렵고, 취업규칙 변경에 의하여 근로자 상호간에 이해충돌이 되는 경우에는 불이익한 변경의 경우에 준하여 판단(대판 1993.5.14. 선고 93다1893)

• 기타 연봉제가 취업규칙의 변경을 통해 도입되는 경우에는 근로기준법상의 취업규칙에 관한 여타의 규정이 준수되어야 함.

다. 단체협약의 갱신을 통한 도입

• 노동조합이 있는 사업(장)의 경우 단체협약의 변경을 통한 연봉제의 도입이 가능하나, 그 적용에 있어 일정한 한계가 있음.
- 단체협약은 원칙적으로 노동조합원인 근로자에 한하여 적용되기 때문에 비조합원인 근로자에게 적용하기 위해서는 별도의 취업규칙 변경절차가 동반되어야 함.
- 노동조합이 근로자의 과반수로 조직되어 있더라도 비 조직대상인 관리직만을 연봉제의 적용대상으로 하는 경우에는 단체협약의 개정만으로는 효력이 발생하지 않음.

• 따라서 단체협약의 갱신을 통한 연봉제의 도입은 당해 사업(장)에 근로자의 과반수로 조직된 노동조합이 있고, 그 적용대상이 노동조합원인 근로자(일반적 구속력이 적용되는 경우도 포함)인 경우에 유용

라. 노사협의회를 통한 도입

• 노사협의회가 구성되어 있는 사업(장)의 경우 노사협의회에서 연봉제 도입에 대한 협의가 가능

※ 상시 30인 이상의 근로자를 사용하는 사업장에는 노사협의회를 설치하여야 하며, 임금의 지불 방법·체계 구조 등의 제도개선사항은 노사협의회의의 협의사항의 하나임(근로자참여및협력증진에관한법률 제4조 및 제19조).

- 다만, 노사협의회에서 의결은 하더라도 이는 근로조건을 변경하는 직접적인 효력은 없으므로 연봉제의 도입이 유효하기 위해서는 취업규칙의 개정, 단체협약의 갱신 등이 수반되어야 함.

• 노사협의회에서 의결한 것이 실질적으로 단체협약 체결의 요건을 갖춘 때에는 단체협약으로서의 효력이 발생

- 또한, 노사협의회의 근로자위원이 근로자의 과반수로 조직된 노동조합이나 근로자의 과반수에 의해 동의권을 위임받은 경우에는 취업규칙의 불이익 변경에 대한 적법한 동의권을 가진다고 볼 수 있음('99.9.1, 근기 68207-2144).

Ⅵ. 연봉제의 운용 관련 근로기준법의 적용

연봉제가 적법한 절차에 의해 도입되었다 할지라도 그 운용과 관련하여서는 근로기준법의 각종 규정이 준수되어야 함.

1. 임금의 지급

• 연봉제를 실시하더라도 근로기준법상의 임금의 지급원칙인 통화불, 전액불, 직접불 및 정기불의 원칙은 준수되어야 함(법 제43조).

- 즉, 임금결정기간을 연단위로 하더라도 그 지급과 관련된 규정은 기존의 임금제도와 동일하게 적용됨.

• 특히 임금의 정기불의 원칙과 관련, 임금이 연간단위로 결정되더라도 그 지급은 월 1회 이상 일정기일에 지급되는 형태를 취하여야 함.

2. 각종 법정수당의 운영

- 연봉제를 실시하더라도 연장·야간·휴일근로에 대한 임금 및 가산 수당은 지급되어야 함(법 제56조).
- 그러나 포괄임금제가 유효하게 도입된 경우에는 연봉액에 이러한 임금 및 가산수당이 포함되어있는 것으로 볼 수 있음.
  - 다만, 이 경우에도 미리 예정된 연장·야간·휴일근로를 초과하여 근로한 경우에는 임금 및 가산수당이 정산·지급되어야 함.

3. 근로계약기간과의 관계

- 연봉제는 통상 임금액이 매년 새롭게 결정되기 때문에 외형상으로는 해마다 새로운 근로계약이 체결되는 것과 유사함.
  - 그러나 연봉제 계약은 근로계약의 기간과 관계없이 임금액의 산정을 연단위로 하기로 하고 그 금액을 매년 변경하는 것에 불과함.

- 따라서 연봉제의 실시와 별개로 근로자의 근로계약을 계약직으로 한다는 별도의 계약을 체결하지 않는 한, 연봉계약 기간의 종료가 곧바로 근로계약기간의 종료를 의미하는 것은 아님.

4. 통상임금과 평균임금의 판단

- 통상임금은 연장근로수당 등 각종 법정수당의 산정기준으로 사용되며, 여기에는 1임금 산정기간내에 정기적·일률적으로 지급하기로 정하여진 기본급과 고정적 수당 등이 포함됨.
  - 반면, 평균임금은 퇴직금 등의 산정기초로 사용되며, 이를 산정하여야 할 사유가 발생한 날 이전 3월간에 지급된 임금의 총액을 그 기간의 총일수로 나누어 산정

- 따라서 기존에 지급되던 상여금과 각종 수당들이 통폐합되어 연봉액이 책정된 경우 통상임금이 증가하는 효과가 발생할 수 있음.

• 그러나 연봉제 실시이후 개별적 임금항목이 통상임금 또는 평균임금에 해당되는지 여부는 새로운 임금체계하에서 각 개별 임금 항목이 갖는 성격에 따라 판단되어야 함.

5. 퇴직금의 지급

• 연봉제의 경우에도 근로자퇴직급여보장법상의 퇴직금에 관한 규정이 동일하게 적용됨(동법 제8조 및 제9조).

• 다만, 연봉액에 퇴직금을 분할 지급하는 형태의 중간정산이 자주 이용되고 있는 바, 이 경우 중간정산이 유효하게 이루어지려면 다음의 요건이 충족되어야 함.

i) 연봉액에 포함될 퇴직금의 액수가 명확히 정해져 있어야 하며, 매월 지급받은 퇴직금의 합계가 중간정산 시점을 기준으로 근로자퇴직급여보장법 제8조 제1항의 규정에 의해서 산정된 금액보다 적지 않아야 함.

ii) 퇴직금을 중간정산 받고자 하는 근로자의 별도(근로계약서 · 연봉계약서 이외)의 요구가 있어야 하며, 매월 분할하여 지급한다는 내용이 명확하게 포함되어 있어야 함.

iii) 중간정산 대상기간은 중간정산 시점을 기준으로 기왕에 계속 근로를 제공한 기간만 해당됨. 그러므로 1년미만 근속 근로자는 법정 퇴직금 지급 대상이 아니므로 중간정산 대상자가 아님.

6. 연 · 월차유급휴가미사용수당

• 연 · 월차 유급휴가청구권은 근로자의 재직기간 및 출근률에 따라 그 발생 여부가 결정됨.

- 또한, 연 · 월차유급휴가미사용수당 청구권도 연 · 월차유급휴가의 사용여부에 따라 발생여부가 결정되며, 근로자의 휴가청구권이 소멸된 후 지급청구가 가능함.

- 그러나 포괄임금제의 형태로 당사자가 미리 소정의 근로제공을 전제로 연·월차유급휴가미사용수당을 매월의 임금액에 포함시켜 지급하는 것이 불가능한 것은 아님(대판 1998.3.24, 96다24699).
- 다만, 이와 같이 연·월차유급휴가미사용수당이 미리 지급되었다고 하더라도 근로자의 휴가청구권 자체가 없어지는 것은 아니며, 사용자는 근로자가 휴가를 청구하는 경우 이를 거부할 수 없음.

○ 판 례

매월 지급받는 임금 속에 퇴직금이란 명목으로 일정한 금원을 지급하기로 약정하고 이를 지급하였다고 하여도 퇴직금 지급으로서의 효력이 없다.

사건번호 : 대법 2007도3725
선고일자 : 2007-11-16

근로자퇴직급여 보장법(이하 '법'이라고 한다) 제4조, 제8조 제1항은, 사용자는 퇴직하는 근로자에게 급여를 지급하기 위하여 퇴직급여제도 중 하나 이상의 제도를 설정하여야 하고, 퇴직금제도를 설정하고자 하는 사용자는 계속근로기간 1년에 대하여 30일분 이상의 평균임금을 퇴직금으로 퇴직하는 근로자에게 지급할 수 있는 제도를 설정하여야 한다고 규정하고 있는바, 퇴직금이란 퇴직이라는 근로관계의 종료를 요건으로 하여 비로소 발생하는 것으로 근로계약이 존속하는 동안에는 원칙으로 퇴직금 지급의무는 발생할 여지가 없는 것이므로, 사용자와 근로자 사이에 매월 지급받는 임금 속에 퇴직금이란 명목으로 일정한 금원을 지급하기로 약정하고 사용자가 이를 지급하였다고 하여도 그것은 법 제8조 제1항에서 정하는 퇴직금 지급으로서의 효력이 없다.

퇴직금 명목의 금원을 부당이득으로 반환해야 하는 경우는 임금과 구별하여 추가로 퇴직금 명목의 금원을 지급할 것을 약정한 경우에 한한다.

사건번호 : 대법 2008다9150
선고일자 : 2010-05-27

사용자가 근로자에게 퇴직금 명목의 금원을 실질적으로 지급하였음에도 불구하고 정작 퇴직금 지급으로서의 효력이 인정되지 아니할 뿐만 아니라 법 제18조 소정의 임금 지급으로서의 효력도 인정되지 않는다면, 사용자는 법률상 원인 없이 근로자에게 퇴직금 명목의 금원을 지급함으로써 위 금원 상당의 손해를 입은 반면 근로자는 같은 금액 상당의 이익을 얻은 셈이 되므로, 근로자는 수령한 퇴직금 명목의 금원을 부당이득으로 사용자에게 반환하여야 한다고 보는 것이 공평의 견지에서 합당하다.
다만 퇴직금 제도를 강행법규로 규정한 입법취지를 감안할 때, 위와 같은 법리는 사용자와 근로자 사이에 실질적인 퇴직금 분할 약정이 존재함을 전제로 하여 비로소 적용할 것인바, 사용자와 근로자가 체결한 당해 약정이 그 실질은 임금을 정한 것에 불과함에도 불구하고 사용자가 퇴직금의 지급을 면탈하기 위하여 퇴직금 분할 약정의 형식만을 취한 것인 경우에는 위와 같은 법리를 적용할 수 없다고 할 것이다. 즉, 사용자와 근로자 사이에 월급이나 일당 등에 퇴직금을 포함시키고 퇴직 시 별도의 퇴직금을 지급하지 않는다는 취지의 합의가 존재할 뿐만 아니라, 임금과 구별되는 퇴직금 명목 금원의 액수가 특정되고, 위 퇴직금 명목 금원을 제외한 임금의 액수 등을 고려할 때 퇴직금 분할 약정을 포함하는 근로계약의 내용이 종전의 근로계약이나 근로기준법 등에 비추어 근로자에게 불이익하지 아니하여야 하는 등, 사용자와 근로자가 임금과 구별하여 추가로 퇴직금 명목으로 일정한 금원을 실질적으로 지급할 것을 약정한 경우에 한하여 위와 같은 법리가 적용된다 할 것이다.

○ 사례해결

일반적으로 매월 지급받는 임금 안에 퇴직금이란 명목으로 일정한 금액을 지급하기로 약정하고 이를 지급하였다고 하여도 퇴직금 지급으로서의 효력이 없습니다.

본 사례의 경우 연봉에 포함되어 선 지급된 퇴직금은 근로자퇴직급여보상법상의 퇴직금으로 인정되지 않을 것으로 판단됩니다.

또한 2011.7.25. 개정된 근로자퇴직급여보장법(2012.7.26. 시행)은 퇴직금중간정산을 특정한 사유에 한하여 실시할 수 있도록 제한하고 있으므로, 개정법 시행 이후에는 연봉액에 퇴직금을 포함하는 것은 법 위반에 해당하는 것입니다. 따라서 사업주는 근로자가 퇴사한 후에 퇴직금이 지급될 수 있도록 퇴직금 제도를 운영할 필요가 있습니다.

Theme 21

해고의 정당한 사유

무단결근한 근로자에 대해 해고가 가능한지요?

○ 실무사례 OO업체는 직원 10명 이하의 소규모 소프트웨어개발업체임. 최근 업체의 중대한 프로젝트들이 걸려있는 상황에서 한 직원(개발엔지니어)이 업무에 대한 스트레스를 이유로 무단결근을 반복하고 있음. 해당 직원에 대해 해고가 가능한지 문의드림.

○ 관련법령

근로기준법

제23조(해고 등의 제한) ① 사용자는 근로자에게 정당한 이유 없이 해고, 휴직, 정직, 전직, 감봉, 그 밖의 징벌(懲罰)(이하 "부당 해고등"이라 한다)을 하지 못한다.

② 사용자는 근로자가 업무상 부상 또는 질병의 요양을 위하여 휴업한 기간과 그 후 30일 동안 또는 산전(産前)·산후(産後)의 여성이 이 법에 따라 휴업한 기간과 그 후 30일 동안은 해고하지 못한다. 다만, 사용자가 제84조에 따라 일시보상을 하였을 경우 또는 사업을 계속할 수 없게 된 경우에는 그러하지 아니하다.

○ 행정해석(재결례)

장기 무단결근 및 계속근로 의사가 없음을 이유로 퇴직처분을 한 것은 정당하다.

사건번호 : 중노위 2011부해521

판정일자 : 2011-08-16

이 사건 근로자는 2011.1.28.부터 2011.4.1.자로 근로계약 해지를 통보를 받을 때까지 회사에서 정한 절차에 따라 병가 내지는 휴직신청 없이 무단결근한 점, 피부병으로 인한 통원치료가 2011.3.14. 종료되었음에도 소명자료 제출 등 사후 조치를 충분히 취하지 아니한 점, 이 사건 사용자가 4차례에 걸쳐 문자메시지를 통해 출근 내지는 병가를 신청할 것을 권유하고 무단결근 중임을 통보하였음에도 전혀 응답을 하지 않은 점 등을 종합해 볼 때, 이 사건 사용자가 장기 무단결근 및 근로제공 의사가 없음을 이유로 취업규칙에 근거하여 당연퇴직 처분을 한 것은 정당하다.

근무시간 중 잦은 음주행위가 사회통념상 해고를 정당시할 만한 합리적인 사유로 인정될 경우에는 정당한 해고사유가 될 수 있다.

회시번호 : 근로기준과-6697
회시일자 : 2004-09-18

질 의

당사는 전기공사 시공업체인데, ○○아파트 현장에 1년여 동안 근무한 일용직 근로자 A씨의 경우, 근무시간에 잦은 음주행위로 현장근무 분위기를 흐리고 또한 안전사고 등의 위험이 있어 수차례 구두로 시정요청을 하였으나, A씨의 음주행위는 계속되어 회사에서는 회사의 재정과 운영을 위태롭게 하는 행동으로 판단 해고조치를 하였음.

상기 상황이 부당해고에 해당하는지

근로기준법 시행규칙 제5조(해고예고의 예외가 되는 근로자의 귀책사유) 9. 기타 사회통념상 고의로 사업에 막대한 지장을 가져오거나, 재산상 손해를 끼쳤다고 인정되는 경우에 해당되지 않는지?

회 시

징계해고의 요건에 대하여는 취업규칙, 단체협약 등에 규정하는 것이 일반적이나 취업규칙, 단체협약 등에 해고사유 및 절차 등에 관한 규정이 없더라도 사회통념상 해고를 정당시할 만한 합리적인 사유가 인정될 경우에는 정당한 해고사유가 될 수 있음.

다만, 귀 질의서상의 '근무시간 중 잦은 음주행위로 수 차례 시정을 요구하였음에도 음주행위가 계속되어 직장질서를 침해하는 행위'가 정당한 해고사유에 해당하는지 여부는 그러한 근로자의 행위가 사회통념상 고용관계를 더 이상 유지하기 어려울 정도로 중대한 귀책사유에 해당하는지 여부에 따라 판단되어야 하며, 1차적으로는 노동위원회, 최종적으로는 법원에서 그 정당성이 판단되어야 할 것임.

한편, 귀 질의의 근로자의 음주행위가 해고예고의 예외사유가 되는 근로기준법 제32조 제1항 단서의 '근로자가 고의로 사업에 막대한 지장을 초래하거나 재산상 손해를 끼친 경우'로서 동법 시행규칙 제5조 별표 9호의 '기타 사회통념상 고의로 사업에 막대한 지장을 가져오거나 재산상 손해를 끼쳤다고 인정되는 경우'에 해당하는지에 관하여는 당해 직원의 업무의 특성, 그 행위의 동기 및 고의 여부, 그 행위로 인한 재산상 손해정도 등을 종합적으로 살펴 개별적·구체적으로 판단되어야 할 사항으로서 귀 질의 내용만으로는 판단하기 어렵다고 사료됨.

○ 판 례

인사위원회규정에 의한 징계해고사유인 "7일 이상 무단결근"의 해석 여하 무단결근 및 지각을 사유로 징계처분을 받은 적이 있는 근로자가 그후 다시 여러 번에 걸쳐 무단결근 및 지각을 하고 작업장에서 안전모를 착용하지 않았더라도 여러 정상에 비추어 그에 대한 해고처분이 징계권 남용이라고 인정한 사례

사건번호 : 대법 94다46596

선고일자 : 1995-05-26

회사의 인사위원회규정에 "7일 이상 무단결근하였을 때"에 대하여 5가지 징계의 종류 중 해고처분만을 할 수 있도록 규정하고 있으며, 단체협약에도 "정당한 사유 없이 7일 이상 무단결근하였을 때"를 징계위원회에 회부할수 있는 사유로 규정하고 있다면, 해고는 징계처분 중 가장 무거운 처분으로서 사회통념상 고용계약을 계속시킬 수 없을 정도로 근로자에게 책임이 있는사유가 있는 경우에야 할 수 있는 것인 점에 비추어 인사위원회규정에 의한 징계해고사유인 "7일 이상 무단결근 하였을 때"란 일정한 시간적 제한이 없이 합계 7일 이상의 무단결근을 한 모든 경우를 의미하는 것이 아니라 상당한 기간 내에 합계 7일 이상의 무단결근을 한 경우를 의미한다고 제한적으로 해석하여야 한다.

나. 무단결근 및 지각을 사유로 징계처분을 받은 적이 있는 근로자가 그후 다시 여러 번에 걸쳐 무단결근 및 지각을 하고 작업장에서 안전모를 착용하지 않았더라도 여러 정상에 비추어 그에 대한 해고처분이 징계권 남용이라고 인정한 사례.

무단결근 일수가 60여일에 달하고 무단결근 과정에서 여러 차례 출근을 독려하였음에도 그 지시를 거부하여 해고한 것은 정당하다.

○ 사례해결

근로기준법은 "사용자는 근로자에게 정당한 이유없이 해고, 휴직, 정직, 전직, 감봉 그 밖의 징벌을 하지 못한다."고 규정하고 있습니다.

따라서 사용자가 비위행위를 이유로 근로자를 징계해고 할 경우 그 목적상 기업질서유지를 위하여 필요한 범위를 벗어나지 않고, 그 절차에 있어 단체협약이나 취업규칙에 정한 바에 따라 공정하게 행사한 경우에 한하여 정당성이 인정됩니다.

일반적으로 정당한 이유 없이 한 무단결근은 근로계약의 핵심인 근로제공의무를 이행하지 않는 행위로 징계사유가 됩니다. 무단결근에 대한 징계해고의 정당성을 인정한 판례를 보면 1주일간 무단결근으로 3회 이상 주의를 받고도 시정하지 않거나, 7개월간 3회에 걸쳐 10일간 무단결근, 월간 누계 7일의 무단결근 등이 있는 경우에 징계해고의 정당성이 있다고 보았습니다.

무단결근을 이유로 징계해고 하고자 할 경우 단체협약, 취업규칙 등에 징계절차에 관한 규정이 있는 경우 그에 따라야 합니다. 그러나 관련 규정이 없는 경우 특별한 절차를 거치지 않고 징계해고가 가능하며 다만 이 경우 근로자에게 소명의 기회를 부여하는 것이 바람직할 것입니다.

본 사례의 경우 무단결근의 횟수, 기간에 대해 명확하지 않아 징계해고 시 정당성 판단이 곤란한 것으로 보입니다. 다만, 근로자의 사직서 제출을 유도하거나 출근명령서와 무단결근금지통보서 등을 보내 징계해고의 정당성을 강화시킬 필요가 있다 사료됩니다.

Theme 22

해고예고 및 해고의 서면통지

> ○ 실무사례
> ○○업체는 직원 A를 해고하면서 이메일로 해고통지를 하였음. 그러자 직원 A는 해고서면통지 및 해고예고수당 미지급을 이유로 노동위원회에 부당해고 구제신청을 하였음. 이와 관련하여 메일로 통지한 해고의 효력은 없는 것인지 그리고 해고예고수당은 무조건 지급해야 하는지 문의드림.

○ 관련법령

근로기준법

제26조(해고의 예고)

사용자는 근로자를 해고(경영상 이유에 의한 해고를 포함한다)하려면 적어도 30일 전에 예고를 하여야 하고, 30일 전에 예고를 하지 아니하였을 때에는 30일분 이상의 통상임금을 지급하여야 한다. 다만, 다음 각 호의 어느 하나에 해당하는 경우에는 그러하지 아니하다.

1. 근로자가 계속 근로한 기간이 3개월 미만인 경우
2. 천재·사변, 그 밖의 부득이한 사유로 사업을 계속하는 것이 불가능한 경우
3. 근로자가 고의로 사업에 막대한 지장을 초래하거나 재산상 손해를 끼친 경우로서 고용노동부령으로 정하는 사유에 해당하는 경우

제27조(해고사유 등의 서면통지)

① 사용자는 근로자를 해고하려면 해고사유와 해고시기를 서면으로 통지하여야 한다.

② 근로자에 대한 해고는 제1항에 따라 서면으로 통지하여야 효력이 있다.
③ 사용자가 제26조에 따른 해고의 예고를 해고사유와 해고시기를 명시하여 서면으로 한 경우에는 제1항에 따른 통지를 한 것으로 본다.

○ **행정해석**

즉시 해고시 잔여 근로계약기간이 30일 미만이라 하여 30일분의 통상임금보다 적은 금액을 지급할 수는 없다.

회시번호 : 근기 68207-1627
회시일자 : 2003-12-17

질 의

근로자 "갑"은 본사 대기발령(급여조건 전 근무지와 동일)을 받고 4개월 가량을 출근을 거부한 채 지방노동위원회와 중앙노동위원회에 구제신청을 하였으나 모두 "기각" 당한 후에도 출근을 하지 않자 회사는 근로계약기간 만료일인 2003.8.25.까지 기다리지 못하고 장기간 무단결근을 이유로 징계위원회를 열어 2003.8.5.자에 근로자 "갑"을 해고하고 그 결과를 통보하였고 "갑"은 해고예고수당을 지급하라는 진정을 함.

1. 근로자 "갑"과 같이 4개월간을 무단결근한 자를 해고예고 없이 해고하는 것인 근로기준법 시행규칙 제5조의 해고예고의 예외가 되는 근로자의 귀책사유를 정한 별표 제9호 '기타 사회통념상 고의로 사업에 막대한 지장을 가져오거나 재산상 손해를 끼쳤다고 인정된 경우'에 해당되는지

2. 만약, 지급해야 한다면 회사는 해고결정 후 통상임금 30일분의 해고예고수당을 주어야 하는지, 아니면 근로계약기간이 해고예고기간인 30일 전에 종료되므로 그 이상을 지급할 실익이 없는 바 계약기간 만료일일 2003.8.25.까지분만 지급하면 되는지

회 시

근로기준법 제32조는 '사용자는 근로자를 해고하고자 할 때에는 적어도 30일 전에 그 예고를 하여야 하며 30일 전에 예고를 하지 아니한 때에는 30일분 이상의 통상임금을 지급하여야 한다'고 규정하고 있음.

이는 근로계약기간 도중 사용자의 일방적 의사에 의한 근로관계의 종료, 이른바 즉시 해고시에 근로자의 갑작스러운 직장 상실로 인한 근로자와 그 가족이 생활의 곤란을 방지하기 위한 규정으로서 해고의 정당성 여부나 잔여 근로계약기간의 장단에 관계없이 적용되는 것임.

즉, 귀 질의와 같이 특정일을 해고일로 정하여 통보하는 경우, 동법 동조의 해고예고 의무를 다하기 위해서는 동 해고일로부터 30일 전에 예고를 하였거나 30일분 이상의 통상임금을 해고와 동시에 지급하여야 하는 것으로서 잔여 근로계약기간이 30일에 미치지 못한다 하여 30일분의 통상임금보다 적은 금액을 지급할 수는 없으며, 이를 이행치 아니하는 경우에는 동법 동조 위반이 될 수 있을 것임.

한편, 장기 결근이 근로기준법 시행규칙 별표 제9호에 해당하는지 여부는 실제 장기결근으로 인하여 사업에 막대한 지장을 가져왔거나 재산상 손해가 발생했는지 여부에 따라 구체적으로 판단하여야 할 것으로 사료됨.

○ 판 례

사용자가 근로자의 대리인인 노무사의 이메일로 사용자의 대표이사 인감이 날인된 징계결과통보서를 복사한 첨부파일 등을 발송하였고, 근로자가 그 이메일을 수신한 경우 이메일에 의한 해고통지가 예외적으로 유효하다.

사건번호 : 대법 2015두41401

선고일자 : 2015-09-10

요 지

1. 근로기준법 제27조는 사용자가 근로자를 해고하려면 해고사유와 해고시기를 '서면'으로 통지하여야 효력이 있다고 규정하고 있는데, 이는 해고사유 등을 서면으로 통지하도록 함으로써 사용자가 해고 여부를 더 신중하게 결정하도록 하고, 해고의 존부 및 그 시기와 사유를 명확히 하여 사후에 이를 둘러싼 분쟁이 적정하고 용이하게 해결되고 근로자도 해고에 적절히 대응할 수 있게 하기 위한 취지이다.

여기서 '서면'이란 일정한 내용을 적은 문서를 의미하고 이메일 등 전자문서와는 구별되지만, 전자문서 및 전자거래 기본법 제3조는 "이 법은 다른 법률에 특별한 규정이 있는 경우를 제외하고 모든 전자문서 및 전자거래에 적용한다."고 규정하고 있고, 같은 법 제4조 제1항은 "전자문서는 다른 법률에 특별한 규정이 있는 경우를 제외하고는 전자적 형태로 되어 있다는 이유로 문서로서의 효력이 부인되지 아니한다."고 규정하고 있는 점, 출력이 즉시 가능한 상태의 전자문서는 사실상 종이 형태의 서면과 다를 바 없고 저장과 보관에 있어서 지속성이나 정확성이 더 보장될 수도 있는 점, 이메일(e-mail)의 형식과 작성 경위 등에 비추어 사용자의 해고 의사를 명확하게 확인할 수 있고, 이메일에 해고사유와 해고시기에 관한 내용이 구체적으로 기재되어 있으며, 해고에 적절히 대응하는 데에 아무런 지장이 없는 등 서면에 의한 해고통지의 역할과 기능을 충분히 수행하고 있다면, 단지 이메일 등 전자문서에 의한 통지라는 이유만으로 서면에 의한 통지가 아니라고 볼 것은 아닌 점 등을 고려하면, 근로자가 이메일을 수신하는 등으로 그 내용을 알고 있는 이상, 이메일에 의한 해고통지도 앞서 본 해고사유 등을 서면 통지하도록 규정한 근로기준법 제27조의 입법 취지를 해하지 아니하는 범위 내에서 구체적 사안에 따라 서면에 의한 해고통지로서 유효하다고 보아야 할 경우가 있다.

2. 사용자가 근로자의 대리인인 노무사의 이메일로 사용자의 대표이사 인감이 날인된 징계결과통보서를 복사한 파일 등을 발송하였고, 근로자가 그 이메일을 수신한 경우, 이메일에 의한 해고통지가 예외적으로 유효하다.

사용자의 해고예고는 일정 시점을 특정하여 하거나 언제 해고되는지를 근로자가 알 수 있는 방법으로 하여야 한다.

사건번호 : 대법 2009도13833
선고일자 : 2010-04-15

요 지

1. 근로기준법 제26조에서 사용자가 근로자를 해고하는 경우 적어도 30일 전에 예고를 하여야 하고, 30일 전에 예고를 하지 아니하였을 때에는 30일분 이상의 통상임금을 지급하도록 규정한 취지는 근로자로 하여금 해고에 대비하여 새로운 직장을 구할 수 있는 시간적 또는 경제적 여유를 주려는 것이므로, 사용자의 해고예고는 일정 시점을 특정하여 하거나 언제 해고되는지를 근로자가 알 수 있는 방법으로 하여야 한다.

2. 사용자인 피고인이 근로자 갑에게 "후임으로 발령받은 을이 근무하여야 하니 업무 인수인계를 해 달라.", "당분간 근무를 계속하며 을에게 업무 인수인계를 해 주라."고만 말하고 갑을 해고한 사안에서, 피고인의 위와 같은 말만으로는 갑의 해고일자를 특정하거나 이를 알 수 있는 방법으로 예고한 것이라고 볼 수 없어 적법하게 해고예고를 하였다고 할 수 없으므로, 이를 적법한 해고예고로 본 원심판결에 법리오해의 위법이 있다고 한 사례

사용자가 해고사유 등을 서면으로 통지할 때 징계대상자가 위반한 단체협약이나 취업규칙의 조문만 나열하는 것으로는 충분하다고 볼 수 없다.

사건번호 : 대법 2011다42324
선고일자 : 2011-10-27

요 지

1. 근로기준법 제27조는 사용자가 근로자를 해고하려면 해고사유와 해고시기를 서면으로 통지하여야 효력이 있다고 규정하고 있는데, 이는 해고사유 등의 서면통지를 통해 사용자로 하여금 근로자를 해고하는 데 신중을 기하게 함과 아울러, 해고의 존부 및 시기와 그 사유를 명확하게 하여 사후에 이를 둘러싼 분쟁이 적정하고 용이하게 해결될 수 있도록 하고, 근로자에게도 해고에 적절히 대응할 수 있게 하기 위한 취지이다. 따라서 사용자가 해고사유 등을 서면으로 통지할 때는 근로자의 처지에서 해고사유가 무엇인지를 구체적으로 알 수 있어야 하고, 특히 징계해고의 경우에는 해고의 실질적 사유가 되는 구체적 사실 또는 비위내용을 기재하여야 하며 징계대상자가 위반한 단체협약이나 취업규칙의 조문만 나열하는 것으로는 충분하다고 볼 수 없다.

2. 사용자가 근로자를 징계해고하면서 인사위원회 출석요구 통보서와 인사위원회 심의결과 통보서, 해고통보서에 근로자의 어떠한 행위가 사규 위반에 해당하여 징계사유와 해고사유가 되는지를 전혀 기재하지 않은 사안에서, 위 해고에는 절차상 근로기준법 제27조를 위반한 위법이 있다고 본 원심판단을 정당하다고 한 사례.

○ 사례해결

근로기준법 제27조 해고사유 등의 서면통지 제도는 해고를 둘러싼 분쟁해결에 도움을 주고 사용자의 일시적인 감정에 의한 무분별한 해고의 남용을 방지하여 근로자의 권익을 보호하기 위한 것으로서 위 규정에 위반하여 해고사유와 해고시기를 서면으로 통지하지 아니한 해고통지는 무효입니다. 또한 법조항 상 '서면'이란 종이로 된 문서를 의미하고, 전자문서는 회사가 전자결재체계를 완비하여 전자문서로 모든 업무의 기안, 결재, 시행 과정을 관리하는 등 특별한 사정이 있는 경우 이외에는 위 법조항 상 '서면'에 해당되지 않는다고 해석하는 것이 문언 및 입법취지에 부합하다고 볼 수 있습니다.

본 사례의 경우 이메일을 이용하여 해고를 통지하였는데 이메일은 전자 결재체제가 완비된 회사의 전자문서로 모든 업무가 처리되고 있거나, 이메일의 형식과 작성 경위 등에 비추어 사용자의 해고 의사를 명확하게 확인할 수 있고, 이메일에 해고사유와 해고시기에 관한 내용이 구체적으로 기재되어 있으며, 해고에 적절히 대응하는 데에 아무런 지장이 없는 등 서면에 의한 해고통지의 역할과 기능을 충분히 수행하고 있다면 근로기준법 제27조의 입법 취지를 해하지 아니하는 범위 내에서 이메일에 의한 해고통지도 서면에 의한 해고통지로서 유효하다고 보아야 할 경우가 있습니다.

사례의 내용만으로는 확실치 않지만 이러한 사정이 아니라면 법 제27조에서 규정하는 서면에 의한 해고통지라고 볼 수 없어 해고는 효력이 없습니다.

또한 해고예고 및 해고예고수당은 법에서 규정하고 있는 예외를 제외하고는 해고하려는 모든 근로자에게 30일 전에 예고를 하여야 하고, 30일 전에 예고를 하지 아니하였을 때에는 30일분 이상의 통상임금을 지급하여야 합니다.

해고예고와 해고사유 및 시기 등의 서면통지의무는 근로기준법에서 규정하고 있는 해고의 법적절차로서, 노동위원회 부당해고 구제신청 사건시 회사 측에서는 취업규칙 등에 명시된 근로자의 명백한 잘못에 의해 해고를 하였음에도 불구하고 30일전 해고 예고와 해고사유 및 시기에 대하여 서면으로 통지하지 않은 것이 정당한 해고가 아닌 부당한 해고로 인정되는 결정적인 요인으로 작용하는바, 해고예고 적용제외 근로자들을 제외한 일반적인 경우와 해고사유 및 시기를 서면으로 반드시 해당 근로자에 통지함으로써 예상치 못한 요인으로 정당한 해고가 부당한 해고가 되지 않도록 하여야 할 것입니다.

Theme 23

해고와 권고사직의 차이

○ 실무사례 OO업체는 경영어려움으로 인해 A직원에게 사직을 권고하고자 함. - 이 경우 해고예고수당을 지급하면 권고사직의 정당성이 인정되는지 - 권고사직 통보 후 이를 거부하면서 무단결근할 경우 취해야 할 조치에 대해 문의드림.

○ 관련법령

근로기준법

제23조(해고 등의 제한) ① 사용자는 근로자에게 정당한 이유 없이 해고, 휴직, 정직, 전직, 감봉, 그 밖의 징벌(懲罰)(이하 "부당 해고등"이라 한다)을 하지 못한다.

② 사용자는 근로자가 업무상 부상 또는 질병의 요양을 위하여 휴업한 기간과 그 후 30일 동안 또는 산전(産前)·산후(産後)의 여성이 이 법에 따라 휴업한 기간과 그 후 30일 동안은 해고하지 못한다. 다만, 사용자가 제84조에 따라 일시보상을 하였을 경우 또는 사업을 계속할 수 없게 된 경우에는 그러하지 아니하다.

○ 행정해석(재결례)

사직의 의사가 없는 근로자에게 권고사직 통보를 한 것은 부당해고에 해당한다.

사건번호 : 중노위 2006부해756

판정일자 : 2007-01-24

사용자는 근로자와의 연봉협상이 결렬되어 근로자를 권고사직조치 하였다고 주장하나, 사용자가 주장내용을 번복하는 등 사용자의 주장내용에 신빙성이 전혀 없을 뿐만 아니라 사용자가 합리적인 이유도 없이 근로자의 2006년도 연봉을 2005년보다 1,000만원(37%)이나 삭감하는 등으로 근로자의 사직을 유도한 점, 근로자가 이에 응하지 아니하자 연봉협상 결렬을 사유로 2006. 2. 28.자로 사직일자까지 지정하여 사직권고 통지를 한 점, 이 사건 근로자가 사직서를 제출한 사실도 없다는 점 등을 감안할 때 사용자의 사직권고 통지서는 해고통지서에 해당하고, 사용자의 전혀 근거 없는 연봉제시를 거부하였다고 하더라도 이는 해고사유로 삼기는 어려울 뿐만 아니라 징계절차도 거치지 아니하고 해고한 것은 징계사유의 인정여부에 관계없이 부당해고이다.

○ 판 례

권고사직에 불응한 것은 징계사유가 되지 않는다.

사건번호 : 서울고법 2001누1835
선고일자 : 2002-03-13

사용자가 근로자에게 사직을 권고하고 근로자가 이에 응하여 사직하는 것은 당사자간의 의사 합치에 따른 근로계약 합의해지의 성격을 갖는 것으로서, 권고사직을 받아들일 것인지는 여전히 근로자가 스스로 결정할 수 있는 문제에 불과하므로, 징계처분에 해당한다고 볼 수는 없다. 따라서 참가인이 원고로부터 권고사직 의결을 통보 받고서도 이에 응하지 아니한 채 권고사직 의결의 부당성을 지적하는 내용의 의견서를 제출하였다 하더라도, 그것이 원고 회사 취업규칙 소정의 '징계처분을 받고 개전의 정이 없을 때'라는 징계사유에 해당한다고 볼 수 없다.

사직 권고를 받고 퇴직금 수령에 인수인계를 마치고 난 이후 뒤늦게 해고의 효력을 다투는 것은 신의성실의 원칙 등에 어긋난다.

사건번호 : 서울행법 2005구합12923
선고일자 : 2005-11-11

요 지

원고의 사직 권고에 대해 별다른 이의의 유보나 조건을 제기하지 않으면서 인수인계 업무를 수행하였고, 퇴직 후 원고로부터 온라인 통장으로 퇴직금 및 급여 등을 받은 뒤에도 상여금 및 해고예고수당의 지급 여부 등에 관해 이의를 제기했을 뿐 그때까지도 해고의 효력에 대하여는 전혀 다투지 아니한 점 등에 비추어 참가인이 비록 퇴직금을 수령하면서 사직서 등을 제출한 바가 없다 하더라도 이 사건 해고의 효력을 인정한다는 의사를 묵시적으로 표시했다 할 것이므로 이 사건 해고의 효력을 다투는 것은 노동분쟁의 신속한 해결이라는 요청과 신의성실의 원칙 및 금반언의 원칙에 비추어 허용될 수 없다.

사업주의 의사에 따라 비자발적으로 이직하는 이른바 권고사직 경우 고용조정으로 근로자로 이직시킨 경우로 고용유지지원금 부지급사유에 해당한다.

사건번호 : 대전지법 2010구합2984
선고일자 : 2011-06-01

요 지

1. 고용보험법 시행령 제19조 제1항의 '고용조정으로 피보험자를 이직시키지 아니할 경우'라 함은 고용유지 조치기간 동안 사업자가 근로자를 인위적으로 이직시키지 아니하는 경우를 말하는 것으로, 정년 등 기간만료에 기한 이직이나 징계해고, 근로자의 일신전속상의 사유나 자유의사에 기한 사직이 아닌 사업

주의 의사에 따라 비자발적으로 이직하는 이른바 권고사직 경우 고용조정으로 근로자로 이직시킨 경우로 고용유지지원금 부지급사유에 해당한다 할 것이다.

2. 능력부족이나 업무미숙 등 자신들의 귀책사유로 퇴출된 것이라기보다는 기업경쟁력확보(경영개선) 차원에서 실시되는 저성과자 퇴출프로그램에 의해 사업주의 의사에 따라 비자발적으로 이직한 것은, 고용보험법 시행령이 규정하고 있는 고용조정으로 이직한 경우에 해당한다 할 것이다.

○ 사례해결

사용자가 근로자에게 사직을 권고하고 근로자가 이에 응하여 사직하는 것은 당사자간의 의사 합치에 따른 근로계약 합의해지의 성격입니다. 즉 권고사직을 받아들일 것인지는 근로자가 스스로 결정할 문제입니다.

만약 근로자가 권고사직을 거부함에도 강제적으로 사직시키고자 할 경우에는 권고사직의 사유에 따라 통상해고, 징계해고, 경영상해고(정리해고)를 진행해야 할 것입니다.

아울러 해고예고수당을 지급하였다는 이유로 해고가 정당한 이유에 의한 해고로 인정되는 것은 아닙니다.

근로자가 권고사직을 통보받은 이유로 결근을 하더라도 이는 정당한 사유에 의한 결근으로 인정되지 않으므로 무단결근으로 취급하여 징계조치할 수 있을 것으로 보입니다. 다만, 무단결근의 원인이 사용자의 권고사직에 의해 비롯된 것임을 감안하여 징계양정 시 결정할 필요가 있을 것으로 판단됩니다.

한편, 사용자는 징계에 대한 정당성을 강화하기 위해 출근명령서를 통하여 우선적으로 출근독려 및 징계조치에 대한 예고를 하는 것이 바람직할 것으로 사료됩니다.

Theme 24

영업양도에 따른 근로관계 승계

○ 실무사례
사업체를 인수하면서 기존에 근무하던 직원들 중 퇴사를 희망한 자들을 제외하고 일부는 계속해서 근무를 하게 되었고, 사업체 인수 후 새롭게 채용한 직원들도 있는 상황임. 사업체를 인수하기 전부터 근무하던 직원 들 중 한명이 퇴사 의사를 밝혔는데, 사업체 인수 시점을 기준으로 퇴직금을 산정해야 하는지 아니면 사업체 인수 전 해당 직원이 최초로 입사한 시점을 기준으로 퇴직금을 산정해야 하는지 문의드림.

○ 행정해석

사업의 영업양도. 양수 판단 방법

회시번호 : 퇴직급여보장팀-250
회시일자 : 2007-01-16

질 의

(주)ㅇㅇ통신기술(이하 "A사"라고 함)이 (주)△△로부터 무선기지국 설치개발 용역을 약 16억원에 도급받아 이를 9억원에 (주)ㅇㅇㅇ네트워크(이하 "B사"라고 함)에 재하도급을 주었으나 사무집기를 무상제공하고, 재하도급 용역완료 후 계약금액 9억원 중 5억원으로 정산완료 하는 등 실질적으로 영업 양도. 양수를 하였다고 사료되는 바, 이를 영업 양도. 양수로 볼 수 있는지 여부에 대하여 질의함.

회 시

판례는 영업양도를 「일정한 목적에 의하여 조직화된 업체 즉 인적.물적 조직을 그 동일성을 유지하면서 일체로서 이전하는 것」(대판 91다15225, 1991.8.9 ; 대판 93다18938, 1994.11.18)으로 규정하고 있음.

귀 지청의 질의내용만으로는 사실관계가 명확하지 않아 정확한 답변은 곤란하나 A사와 B사간에 무선기지국 설치개발용역에 대해 하도급계약을 체결한 사실은 있으나 영업 양도. 양수 계약을 체결한 사실이 없고, A사 퇴직근로자 약 24명 중 약 7명만이 B사에 입사하였으며, A사가 사용하던 사무실과 사무집기를 B사가 사용한 사실은 있으나 B사가 A사가 사용하던 사무실을 임차하여 그 일부를 A사에게 전대하여 사용토록한 점, B사의 대표자가 A사의 퇴직근로자이나 A사와 B사는 상호와 대표이사가 서로 다른 별개의 법인인 점, A사와 B사가 세금 등 회계처리를 별도로 했던 점 등을 고려할 때, A사와 B사의 관계가 영업 양도에 해당한다고 보기는 어렵다 할 것으로 사료됨.

사실상 영업양도가 이루어졌다면 근로자들의 고용관계도 그대로 승계된 것으로 볼 수 있어 영업양도 전후의 근로기간을 계속근로로 보아야 한다.

회시번호 : 근로기준과-2548

회시일자 : 2004-05-20

질 의

- **A사와 B사의 비교**

가. 다른 점

ⓐ 대표자 : 갑에서 을로 변경

ⓑ 상 호 : A사에서 B사로 변경

ⓒ 사업자등록 : 변경(모두 개인사업자 임)

나. 같은 점

ⓓ 거래고객 등의 영업권 : 모든 권리, 의무가 A사에서 B사로 이전됨.

ⓔ 근로자 : A사 당시의 모든 근로자가 그대로 B사에서 근무(중간에 퇴직금 등의 금품청산은 없었으며, A사 대표자 갑이 지급한다는 특약도 존재하지 아니함).

ⓕ 사무실 : 기존의 ○○동에서 △△동으로 이전(○○동의 사무실 임대차 계약기간의 만료로 인해 임차보증금을 반환받은 후 △△동으로 이전)

ⓖ 채권, 채무 : 거래회사에 대한 매출채권(홈페이지 제작 유지 관리로 인해 발생한 채권), 하는 채무(제작 및 유지관리를 하여야 할 채무)는 모든 승계되었으며, 영업 외적인 대표자 개인에 대한 채권, 채무에 대한 승계는 없음.

ⓗ 유형고정자산 : 사무실 집기류 및 기계장치 등 모든 유형고정자산 B사로 그대로 보유하고 사용함.

ⓘ 기타의 자산 : 벤처 IT 업체의 특성상 위의 자산 이외의 동산이나 부동산은 존재하지 아니함.

〈질의사항〉

위와 같은 경우 퇴직금 산정에 있어서 근로관계가 단절되지 않고 승계되어 계속근로로 볼 수 있는지의 여부

회 시

귀 질의서상의 사실관계가 일부 불분명하여 명확한 회신을 드리기 어려우나, 대표자와 상호, 영업장소가 변경된 것 외에 거래고객에 대한 영업권, 거래회사에 대한 채권ㆍ채무, 사무집기 및 기계장치 등 유형의 고정자산 등이 그 동일성을 유지하면서 일체로서 함께 이전되면서 고용되어 있던 근로자들과의 근로

관계도 변동 없이 계속 유지되고 있어 사실상 영업양도가 이루어진 것으로 볼 수 있다면, 달리 볼 특별한 사정이 없는 한 근로자들의 고용관계도 그대로 승계된 것으로 볼 수 있으므로 영업양도 전후의 근로기간을 계속근로로 보아야 할 것으로 사료됨.

영업양도 전에 퇴직한 근로자나 영업양도 전에 이미 발생한 임금채권에 대한 권리의무 관계는 양수회사에 승계되지 않는다.

회시번호 : 근로기준팀-4021

회시일자 : 2006-08-04

질 의

2004년 9월경에 3~4월의 임금체불로 인해 퇴직을 하고, 회사가 부도처리 되어 3개월간의 임금, 퇴직금등을 체당금을 통해 일부를 국가로부터 받았음.

그 이후, 부도난 ○○전자를 ○○TNT라는 이름으로 몇몇 사람이 인수하고 명맥을 유지하다. 2006년 7월, ○○정보통신이라는 회사가 인수했다 라는 소식을 들었음.

이럴 경우, 인수한 회사에게 체불임금(체당금지급금제외)을 요구할 수 있는지요?

체불임금은 약 1000만원 정도 됩니다.

또한 퇴직 시 체불임금이 얼마 정도인지 정산을 하지 못한 상태라 그 산정금액은 어디서 구할 수 있나요?(못 받은 기간만큼의 통장사본으로 증거가 되는지요)

회 시

귀 질의내용상 일부 불분명하나, 질의요지는「부도처리된 회사로부터 체불된 임금 및 퇴직금 등을 국가로부터 체당금으로 지급받은 이후, 사업장이 다른 사람에게 양도되었을 경우, 잔여 체불임금을 양수사업주로부터 지급받을 수 있는지」에 대한 것으로 보임.

영업양도라 함은「유기적 일체로서의 기업의 인적. 물적 조직을 그 동일성을 유지하면서 이전하는 것」을 말하며, 이 때, 근로관계로 인한 권리의무 관계도 양도인으로부터 양수인에게 승계(포괄승계)되는 것이 원칙이나, 이는 영업양도 시 근로관계가 계속 유지되고 있는 근로자를 대상으로 적용되는 것이지 영업양도 전에 퇴직한 근로자나 영업양도 전에 이미 발생한 임금채권에 대하여는 적용되지 않는다고 보아야 할 것임.

한편, 체불임금의 산정은 임금대장 등 증거자료와 퇴직 당시 임금지급 관련업무담당자 등을 통하여 산정할 수 있을 것이며, 체불 근로자의 임금지급계좌 통장도 보충자료로 채택될 수 있을 것임.

○ 판 례

영업양도의 판단 기준[슈퍼마켓의 매장 시설과 비품 및 재고 상품 일체를 매수한 것이 영업양도에 해당한다]

사건번호 : 대법 97다35085
선고일자 : 1997-11-25

요 지

상법 제42조가 말하는 영업이란 일정한 영업 목적에 의하여 조직화된 유기적 일체로서의 기능적 재산을 뜻하는바, 여기서 말하는 유기적 일체로서의 기능적 재산이란 영업을 구성하는 유형·무형의 재산과 경제적 가치를 갖는 사실관계가 서로 유기적으로 결합하여 수익의 원천으로 기능한다는 것과 이와 같이 유기적으로 결합한 수익의 원천으로서의 기능적 재산이 마치 하나의 재화와 같이 거래의 객체가 된다는 것을 뜻한다 할 것이므로, 영업양도가 있다고 볼 수 있는지의 여부는 양수인이 당해 분야의 영업을 경영함에 있어서 무(無)로부터 출발하지 않고 유기적으로 조직화된 수익의 원천으로서의 기능적 재산을 이전받아 양도인이 하던 것과 같은 영업적 활동을 계속하고 있다고 볼 수 있는지의 여부에 따라 판단되어야 한다(슈퍼마켓의 매장 시설과 비품 및 재고 상품 일체를 매수한 것이 영업양도에 해당한다고 한 사례).

영업양도의 개념 : 사실상 영업양도를 인정하면서 고용 승계해야 한다고 본 사례

사건번호 : 대법 2000두8448
선고일자 : 2002-03-29

요 지

1. 영업의 양도라 함은 일정한 영업목적에 의하여 조직화된 업체, 즉 인적·물적 조직을 그 동일성은 유지하면서 일체로서 이전하는 것으로서 영업의 일부만의 양도도 가능하고, 이러한 영업양도가 이루어진 경우에는 원칙적으로 해당 근로자들의 근로관계가 양수하는 기업에 포괄적으로 승계되는 바, 여기서 영업의 동일성 여부는 일반 사회 관념에 의하여 결정되어져야 할 사실인정의 문제이기는 하지만, 문제의 행위(양도계약관계)가 영업의 양도로 인정되느냐 안 되느냐는 단지 어떠한 영업재산이 어느 정도로 이전되어 있는가에 의하여 결정되어야 하는 것이 아니고 거기에 종래의 영업조직이 유지되어 그 조직이 전부 또는 중요한 일부로서 기능할 수 있는가에 의하여 결정되어야 하는 것이므로, 예컨대 영업재산의 전부를 양도했어도 그 조직을 해체하여 양도했다면

영업의 양도는 되지 않는 반면에 그 일부를 유보한 채 영업시설을 양도했어도 그 양도한 부분만으로도 종래의 조직이 유지되어 있다고 사회 관념 상 인정되면 그것을 영업의 양도라 볼 것이다.

2. 영업이 양도되면 반대의 특약이 없는 한 양도인과 근로자 사이의 근로관계는 원칙적으로 양수인에게 포괄적으로 승계되고, 영업양도 당사자 사이에 근로관계의 일부를 승계의 대상에서 제외하기로 하는 특약이 있는 경우에는 그에 따라 근로관계의 승계가 이루어지지 않을 수 있으나, 그러한 특약은 실질적으로 해고나 다름이 없으므로 근로기준법 제30조 제1항 소정의 정당한 이유가 있어야 유효하며, 영업양도 그 자체만을 사유로 삼아 근로자를 해고한 것은 정당한 이유가 있는 경우에 해당한다고 볼 수 없다.

영업양도가 이루어진 경우에는 원칙적으로 해당 근로자들의 근로관계가 양수하는 기업에 포괄적으로 승계된다.

사건번호 : 대법 2002다23826
선고일자 : 2003-05-30

요 지

1. 영업의 양도라 함은 일정한 영업목적에 의하여 조직화된 업체, 즉 인적·물적 조직을 그 동일성은 유지하면서 일체로서 이전하는 것으로서, 이러한 영업양도가 이루어진 경우에는 원칙적으로 해당 근로자들의 근로관계가 양수하는 기업에 포괄적으로 승계된다.

2.] 영업양도가 이루어졌는가의 여부는 단지 어떠한 영업재산이 어느 정도로 이전되어 있는가에 의하여 결정되어야 하는 것이 아니고 거기에 종래의 영업

조직이 유지되어 그 조직이 전부 또는 중요한 일부로서 기능할 수 있는가에 의하여 결정되어야 하므로 영업재산의 일부를 유보한 채 영업시설을 양도했어도 그 양도한 부분만으로도 종래의 조직이 유지되어 있다고 사회관념 상 인정되면 그것을 영업의 양도라 볼 것이지만, 반면에 영업재산의 전부를 양도했어도 그 조직을 해체하여 양도했다면 영업의 양도로 볼 수 없다.

3. 금융감독위원회가 구 금융산업의구조개선에관한법률(1998. 9. 14. 법률 제5549호로 개정되기 전의 것) 제14조 제2항 에 의하여 내린 계약이전결정은 금융감독위원회의 일방적인 결정에 의하여 금융거래상의 계약상의 지위가 이전되는 사법상의 법률효과를 가져오는 행정처분으로서 부실금융기관의 자산 및 부채 중 일부만을 선택적으로 제3자인 인수금융기관에게 양도 및 인수하게 함으로써 부실금융기관을 정리하는 방법이다.

4. 부실금융기관의 정리와 예금자보호를 위하여 그 부실금융기관의 일부 우량자산만을 다른 금융기관에게 이전시킨 구 금융산업의구조개선에관한법률(1998. 9. 14. 법률 제5549호로 개정되기 전의 것) 제14조 제2항 에 의한 계약이전결정에 의하여 고용승계를 수반하는 영업양도의 효과가 발생하였다고 볼 수 없다.

영업양도 시 근로관계를 승계대상에서 제외한 것은 부당해고에 해당 된다.

사건번호 : 대법 96누19314
선고일자 : 1997-04-25

요 지

1. 영업양도라 함은 일정한 영업목적에 의하여 조직화된 총체 즉 인적, 물적 조직을 그 동일성을 유지하면서 일체로서 이전하는 것을 말하고, 영업의 일부

만의 양도도 가능하지만 이 경우에도 해당 영업부문의 인적, 물적 조직이 그 동일성을 유지한 채 일체로서 이전되어야 한다.

2. 시내버스 회사가 그 소유 버스들을 다른 시내버스 회사에 양도하고 폐업하기로 결정하고 일부 버스에 승무하던 전속기사에 대하여 양수회사로의 전적명령을 내림과 동시에 그 일부 버스를 양도한 후, 나머지 대부분의 버스 및 당해 회사의 물적 시설과 좌석버스 노선의 면허권, 그리고 그 종업원 등 운영조직 일체를 다른 시내버스 회사에게 양도하면서 앞의 일부 버스 양도시의 전적명령에 불응한 기사들은 근로관계의 승계대상에서 제외하기로 약정한 경우, 먼저 이루어진 양도는 버스만을 양도한 것에 불과하여 영업을 일부 양도하였다고 할 수 없는데 반해 후에 이루어진 양도는 영업양도에 해당한다고 보아, 먼저 양도된 일부 버스에 승무하던 전속기사들은 여전히 종전 회사와 근로관계를 유지하다가 후에 이루어진 영업양도에 의하여 근로관계의 승계대상에 포함되고 정당한 이유 없이 그들을 승계대상에서 제외한 것은 부당해고에 해당한다.

해고의 효력을 다투고 있는 근로자는 영업양도에 따른 고용승계대상에 포함되지 아니 한다.

사건번호 : 대법 2002다14488
선고일자 : 2002-06-14

요 지

영업양도 계약에 따라 승계되는 근로관계는 계약 체결일 현재 실제로 근무하고 있는 근로자와의 근로관계만을 의미하고 계약 체결일 이전에 근무하다가 해고된 근로자로서 해고의 효력을 다투는 근로자와의 근로관계까지 승계되는 것은 아니다. 피고들 사이에 위수탁관리계약을 체결하면서 피고 회의에 근무하던 직원들을 피고 회사가 승계하기로 하는 명시적인 약정이 있었음을 인정할 증거가 없고, 다만 판시와 같은 사정을 종합하면 묵시적인 약정이 있었다고 볼 여지는 있다고 할 것이지만, 그렇더라도 위수탁관리계약 체결 당시 원고가 이미 피고 회의에 의해 해고되었고, 또한 그 해고가 무효임이 객관적으로 명백하다거나 피고 회사가 그 해고가 무효임을 알고 있었다고 볼 수 없는 이 사건에서 원고의 근로관계가 피고 회사에 승계되는 것은 아니라고 할 것이다.

영업양도 시 근로자가 퇴직금을 지급받고 퇴직 및 재입사의 형식을 거친 경우, 계속근로관계의 단절 여부(한정 소극)

사건번호 : 대법 2000다18608

선고일자 : 2001-11-13

요 지

영업양도의 경우에는 특단의 사정이 없는 한 근로자들의 근로관계 역시 양수인에 의하여 계속적으로 승계되는 것으로, 영업 양도 시 퇴직금을 수령하였다는 사실만으로 전 회사와의 근로관계가 종료되고 인수한 회사와 새로운 근로관계가 시작되었다고 볼 것은 아니고 다만, 근로자가 자의에 의하여 사직서를 제출하고 퇴직금을 지급받았다면 계속근로의 단절에 동의한 것으로 볼 여지가 있지만, 이와 달리 회사의 경영방침에 따른 일방적 결정으로 퇴직 및 재입사의 형식을 거친 것이라면 퇴직금을 지급받았더라도 계속근로관계는 단절되지 않는 것이다.

○ 사례해결

영업양도라 함은 일정한 영업목적에 의하여 조직화된 총체 즉 인적, 물적 조직을 그 동일성을 유지하면서 일체로서 이전하는 것을 말한다. 영업의 일부만을 양도하는 것도 가능하나 이러한 경우에도 해당 영업부문의 인적, 물적 조직이 그 동일성을 유지한 채 일체로서 이전되어야 하며, 인적, 물적 조직이 해체되어 일부만이 이전되는 경우에는 영업양도라고 볼 수 없다.

영업양도가 있을 경우 물적 조직뿐만 아니라 인적 조직도 그 동일성을 유지하면서 일체로서 이전되기 때문에 영업 양도 전 회사에서 근무하고 있는 근로자들의 근로관계도 특별한 사정이 없는 한 포괄적으로 승계되는 것이 원칙이다. 다만, 이미 해고를 다투고 있는 자이거나 근로자가 양도 후 회사에 근무하기를 거부할 경우에는 승계되지 않는다.

본 사례의 경우 구체적인 사실관계를 확인할 수는 없으나 사업체를 인수하였다는 것으로 보아 영업양도가 있었을 것이라 추정이 가능하고, 기존에 근무하던 직원들 중 일부는 사업의 인수 후에도 계속 근무하였다는 것에 비추어 보았을 때 기존 근로자들의 근로관계가 포괄적으로 승계되었을 것이라 짐작된다.

이러한 경우 기존부터 근로하였던 근로자의 입사일은 사업체를 인수한 시점에 아닌 해당 근로자가 최초로 입사한 날이 되며 연차휴가나 퇴직금 등을 산정할 때 최초 입사 일을 기준으로 하여 산정하여야 한다.

한편 개인사업자의 형태로 사업을 운영하던 자가 법인을 설립하여 인적, 물적 조직을 그대로 유지하며 이전을 하는 경우도 자주 있는데, 이것 역시 영업양도의 일종으로 보는 것이 바람직하고 따라서 기존의 근로자들의 근로관계 역시 영업양도와 동일하게 포괄적으로 승계된다고 해석하는 것이 바람직하다.

Theme 25

실제임금이 200만원인데 135만원으로 축소신고 할 경우 법적 문제점은?

○ 실무사례 실제임금이 200만원인데 130만원으로 축소해서 4대 보험료를 납부하고 있는데 문제가 되는지요?

○ 사례해결

4대 보험료의 산정기준은 근로자에게 지급되는 근로소득 중 비과세 근로소득을 제외한 나머지 금액(보수)에 대하여 부과하고 있습니다. 따라서 축소 신고한 것이 향후 적발 될 경우 보험료 소급추징(3년분) 및 과태료 처분 등의 제제가 처해질 수 있으니 참고하시고, 현재 국세청에 신고한 소득액을 기준으로 향후 정산이 되는 점을 감안하여 불이익을 받지 않도록 유의해야 할 것입니다.

Theme 26

일용근로자의 4대 보험 신고

○ 실무사례
일용근로자의 4대보험 신고는 어떻게 하는지요?

○ 사례해결

일용근로자들의 경우 근로시간 및 근로일수에 따라 4대보험의 적용에 약간의 차이점이 있습니다. 따라서 일용근로자 및 단시간 근로자의 경우 적용대상 여부를 잘 판단해야 하며, 일용근로자의 경우 고용·산재보험은 대체로 적용됨이 원칙이기 때문에 신고를 성실히 해야하고, 신고의 편의를 위하여 별도의 취득·상실 신고대신에 일용근로자를 사용한 다음달 15일까지 '근로내용확인신고서'를 작성하여 제출하도록 하고 있습니다.

〈유형별 4대보험 적용여부 판단〉

구 분	고 용		산재	건강	연금	비 고
	실업급여	고안직능				
65세 이후에 고용된 근로자	×	○	○	○	×	
18세 미만 근로자	○	○	○	○	×	연금 특례가입 가능 (사용자 동의 필요)

월 60시간미만 근로자	×	×	○	×	×	생업목적 3개월 이상인 경우 고용, 연금 적용 (연금은 사용자 동의 필요)
외국인 근로자	△	×	○	○	△	체류자격에 따라 일부 근로자 고용, 연금보험 적용
일용근로자	○	○	○	×	×	8일 or 60시간 이상 근무하는 경우에는 건강, 연금 적용
현장실습생	×	×	○	×	×	근로자가 아닌 경우 산재만 적용
해외파견자 (해외취업선원)	○	○	×	○	○	산재보험 임의가입 가능
정부지원인턴	○	○	○	○	○	사업주가 직접 임금을 지급하는 근로자인 경우 적용
국민기초생활수급자 (자활근로종사자)	○	○	○	△	○	연금은 적용제외 가능 건강은 의료급여수급권자인 경우 적용 제외
노조전임자·육아휴직·산전후 휴가자	△	△	△	○	△	고용안정 및 직업능력개발사업 보험료는 면제
법인 대표이사	×	×	×	○	○	사업경영담당자로서 고용, 산재 적용 제외

Theme 27

업무상 재해와 민사배상

> ○ 실무사례
> 업무상 재해가 발생하여 산업재해보상보험법에 따라 일부 보상을 받긴 했으나, 민사배상도 받을 수 있을까요?

○ 관련법령

민 법

제750조 (불법행위의 내용) 고의 또는 과실로 인한 위법행위로 타인에게 손해를 가한 자는 그 손해를 배상할 책임이 있다.

○ 판 례

1. 법률에 특별한 규정이 없는 한 산재보험법에 의한 급여지급책임에는 과실책임의 원칙이나 과실상계의 이론이 적용되지 않는다.
2. 산업재해보상보험법상 요양급여에 민사상 손해배상 사건에서 기왕증이 손해의 확대 등에 기여한 경우 과실상계의 법리를 유추적용하여 그 손해의 확대 등에 기여한 기왕증을 참작하는 법리가 적용된다고 볼 수 없다.

사건번호 : 대법 2010두5141

선고일자 : 2010-08-19

요 지

산업재해보상보험 사업을 시행하여 근로자의 업무상의 재해를 신속하고 공정하게 보상하며, 재해근로자의 재활 및 사회 복귀를 촉진하기 위하여 이에 필요한 보험시설을 설치·운영하고, 재해 예방과 그 밖에 근로자의 복지 증진을 위한 사업을 시행하여 근로자 보호에 이바지하는 것을 목적으로 하는 산업재해보상보험법에 의한 보험급여는 사용자가 근로기준법에 의하여 보상하여야 할 근로자의 업무상 재해로 인한 손해를 국가가 보험자의 입장에서 근로자에게 직접 전보하는 성질을 가지고 있는 것으로서 근로자의 생활보장적 성격을 가지고 있다. 또한 산업재해보상보험법에 의한 산업재해보상보험 제도는 불법행위로 인한 손해를 배상하는 제도와 그 취지나 목적을 달리하는 관계로, 법률에 특별한 규정이 없는 한 산업재해보상보험법에 의한 급여지급책임에는 과실책임의 원칙이나 과실상계의 이론이 적용되지 않는다. 그렇다면 이러한 산업재해보상보험법의 입법 취지와 기본이념, 그에 따른 보험급여의 성격 등을 종합하면, 민사상 손해배상 사건에서 기왕증이 손해의 확대 등에 기여한 경우에 공평의 관점에서 법원이 손해배상액을 정하면서 과실상계의 법리를 유추적용하여 그 손해의 확대 등에 기여한 기왕증을 참작하는 법리가 산업재해보상보험법상 요양급여에도 그대로 적용된다고 볼 수는 없다.

손해액 산정 시 피해자가 수령한 휴업급여금 등의 공제범위와 일실수입 산정의 기초가 되는 급여소득의 판단 기준

사건번호 : 대법 2010다77293

선고일자 : 2012-06-14

요 지

1. 손해배상은 손해의 전보를 목적으로 하는 것이므로 피해자로 하여금 근로기준법이나 산업재해보상보험법에 따라 휴업급여나 장해급여 등을 이미 지급받은 경우에 그 급여액을 일실수입의 배상액에서 공제하는 것은 그 손해의 성질이 동일하여 상호보완적 관계에 있는 것 사이에서만 가능하다. 따라서 피해자가 수령한 휴업급여금이나 장애급여금이 법원에서 인정된 소극적 손해액을 초과하더라도 그 초과부분을 기간과 성질을 달리하는 손해배상액에서 공제할 것은 아니며, 휴업급여는 휴업기간 중의 일실수입에 대응하는 것이므로 그것이 지급된 휴업기간 중의 일실수입 상당의 손해액에서만 공제되어야 할 것이다.

2. 불법행위로 인하여 사망하거나 신체상의 장해를 입은 급여소득자가 장래 얻을 수 있는 수입의 상실액은 상실되거나 감퇴된 노동능력에 관한 것이므로 사용자에 의하여 근로의 대상으로 계속적·정기적으로 지급되는 금품이라면 그 명칭이나 그 지급 근거가 급여규정에 명시되어 있는지 여부에 상관없이 이에 포함되지만, 지급의무의 발생이 개별 근로자의 특수하고 우연한 사정에 의하여 좌우되는 것이거나 업무를 수행함에 있어 소요되는 경비를 보전해 주는 실비변상적 성격을 가지는 것은 일실수입 산정의 기초가 되는 급여소득에서 제외된다.

○ 산정방식

사고당시 소득 × 호프만계수 × 노동력 상실율(사망시 생활비공제율) × 과실상계율

○ 사례해결

업무상 재해가 발생하여 산업재해보상보험법에 따라 요양급여와 휴업급여 등을 지급받았다 하더라도 재해자는 민사소송을 통하여 별도로 배상을 요구할 수 있습니다.

민사소송을 통하여 배상을 요구할 경우 배상액 산정 방법에 대하여 명시적으로 규정하고 있지는 않으나 판례를 통해 그 방법이 정립되어 있습니다.

판례에 따르면 사고당시 소득에 사고가 없었더라면 노동을 제공할 수 있는 기간 동안의 소득을 일정한 수치로 정리해 놓은 기준 중 하나인 호프만계수를 곱하고 노동력상실률과 당사자 과실율을 따져 계산하여야 합니다. 이 때 호프만계수를 산정하기 위해서는 노동을 제공할 수 있는 기간을 산정하여야 하는데 해당 근로자가 몇 세까지 근무할 수 있을지는 예측할 수 없어 통상적인 가동연한을 대입할 수 밖에 없고, 종전까지는 대법원 판례를 통해 60세로 보았습니다. 그러나 최근 가동연한을 65세로 보는 지방법원 판결이 나옴에 따라 추후 가동연한이 상향될 가능성이 높습니다.

또한 산업재해보상보험법에 따른 보상은 재해자의 과실 여부를 따지지 않는데에 반하여 민사배상의 경우에는 재해자의 과실율을 따져 지급액을 결정하게 됩니다.

Theme 28

최저임금

수습기간에는 최저임금 이하로 지급할 수 있는지요?

○ 실무사례
당사는 신입사원을 채용하고 3개월간의 수습기간을 두고 있음. 수습기간에는 최저임금 이하로 임금을 지급할 수 있는지 문의드림.

○ 관련법령

최저임금법

제3조(적용 범위)

① 이 법은 근로자를 사용하는 모든 사업 또는 사업장(이하 "사업"이라 한다)에 적용한다. 다만, 동거하는 친족만을 사용하는 사업과 가사(家事) 사용인에게는 적용하지 아니한다.

제5조(최저임금액)

② 1년 이상의 기간을 정하여 근로계약을 체결하고 수습 중에 있는 근로자로서 수습을 시작한 날부터 3개월 이내인 자에 대하여는 대통령령으로 정하는 바에 따라 제1항에 따른 최저임금액과 다른 금액으로 최저임금액을 정할 수 있다. 다만, 단순노무업무로 고용노동부장관이 정하여 고시한 직종에 종사하는 근로자는 제외한다.

제6조(최저임금의 효력)

① 사용자는 최저임금의 적용을 받는 근로자에게 최저임금액 이상의 임금을 지급하여야 한다.

제28조(벌칙)

① 제6조 제1항 또는 제2항을 위반하여 최저임금액보다 적은 임금을 지급하거나 최저임금을 이유로 종전의 임금을 낮춘 자는 3년 이하의 징역 또는 2천만원 이하의 벌금에 처한다. 이 경우 징역과 벌금은 병과(倂科)할 수 있다.

최저임금법 시행령

제3조(수습 중에 있는 근로자에 대한 최저임금액)

「최저임금법」(이하 "법"이라 한다) 제5조 제2항 본문에 따라 1년 이상의 기간을 정하여 근로계약을 체결하고 수습 중에 있는 근로자로서 수습을 시작한 날부터 3개월 이내인 사람에 대해서는 같은 조 제1항 후단에 따른 시간급 최저임금액(최저임금으로 정한 금액을 말한다. 이하 같다)에서 100분의 10을 뺀 금액을 그 근로자의 시간급 최저임금액으로 한다.

○ 사례해결

최저임금법 제5조에 2항에 의거 "수습 사용 중에 있는 자로서 수습 사용한 날부터 3개월 이내인 자"는 수습기간기간 중에는 최저임금의 10%가 감액이 가능합니다. 따라서 2019년도 최저임금액 8,350원 기준으로 90%인 7,515원만을 지급할 수 있습니다.

그러나 주의해야 할 것은 동법 제5조 2항 단서조항인 "1년 이상의 기간을 정하여 근로계약을 체결하고 수습 중에 있는 근로자로서 수습을 시작한 날부터 3개월 이내인 자에 대하여는 대통령령으로 정하는 바에 따라 제1항에 따른 최저임금액과 다른 금액으로 최저임금액을 정할 수 있다. 다만, 단순노무업무로 고용노동부장관이 정하여 고시한 직종에 종사하는 근로자는 제외한다." 라는 규정에 의거 1년 미만의 기간을 정하여 사용하기로 한 일용직(아르바이트 포함), 계약직 기간제 근로자들과 단순노무업무로 고용노동부장관이 정하여 고시한 직종에 종사하는 근로자에 대해서는 최저임금 100%이상을 지급해야 합니다.

따라서 최저임금에 대해 일정기간 감액 지급이 가능한 경우는 1년 이상 사용하기로 하고 근로계약서 상에 수습기간을 명시하여 근로계약을 체결한 근로자들에 대하여 수습기간 3개월이 가능하지만, 1년 미만의 사용기간을 두어 근로계약을 체결한 일용직, 아르바이트, 인턴사원, 계약직 근로자들에 대해서는 법정 최저임금에 대해 감액지급은 하지 못하고 최저임금 이상의 임금을 지급해야 합니다.

본 사례의 경우 고용한 근로자가 1년 미만의 기간을 정하여 사용하기로 한 일용직(아르바이트 포함), 계약직 기간제 근로자에 해당하지 않는다면 수습 3개월 동안은 최저임금의 90%를 지급할 수 있습니다.

Theme 29

근로자의 실업급여 수령 시 회사의 불이익은 없는지

○ 실무사례
실업급여를 받는 것이 회사에 불이익을 줄 수 있나요?

○ 관련법령

고용보험법

제58조(이직 사유에 따른 수급자격의 제한) 제40조에도 불구하고 피보험자가 다음 각 호의 어느 하나에 해당한다고 직업안정기관의 장이 인정하는 경우에는 수급자격이 없는 것으로 본다.

1. 중대한 귀책사유(歸責事由)로 해고된 피보험자로서 다음 각 목의 어느 하나에 해당하는 경우
   가. 「형법」 또는 직무와 관련된 법률을 위반하여 금고 이상의 형을 선고받은 경우
   나. 사업에 막대한 지장을 초래하거나 재산상 손해를 끼친 경우로서 고용노동부령으로 정하는 기준에 해당하는 경우
   다. 정당한 사유 없이 근로계약 또는 취업규칙 등을 위반하여 장기간 무단 결근한 경우
2. 자기 사정으로 이직한 피보험자로서 다음 각 목의 어느 하나에 해당하는 경우
   가. 전직 또는 자영업을 하기 위하여 이직한 경우
   나. 제1호의 중대한 귀책사유가 있는 자가 해고되지 아니하고 사업주의 권고로 이직한 경우

다. 그 밖에 고용노동부령으로 정하는 정당한 사유에 해당하지 아니하는 사유로 이직한 경우

고용보험법 시행규칙

제101조(이직 사유에 따른 수급자격의 제한 기준) ① 법 제58조 제1호나목의 "고용노동부령으로 정하는 기준"은 별표 1의2와 같다. 〈개정 2010.2.9., 2010.7.12.〉

② 법 제58조 제2호다목의 "고용노동부령으로 정하는 정당한 사유"는 별표 2와 같다.

수급자격이 제한되지 아니하는 정당한 이직 사유(시행규칙 101조 제2항 별표)

1. 다음 각 목의 어느 하나에 해당하는 사유가 이직일 전 1년 이내에 2개월 이상 발생한 경우
   가. 실제 근로조건이 채용 시 제시된 근로조건이나 채용 후 일반적으로 적용받던 근로조건보다 낮아지게 된 경우
   나. 임금체불이 있는 경우
   다. 소정근로에 대하여 지급받은 임금이 「최저임금법」에 따른 최저임금에 미달하게 된 경우
   라. 「근로기준법」 제53조에 따른 연장 근로의 제한을 위반한 경우
   마. 사업장의 휴업으로 휴업 전 평균임금의 70퍼센트 미만을 지급받은 경우
2. 사업장에서 종교, 성별, 신체장애, 노조활동 등을 이유로 불합리한 차별대우를 받은 경우
3. 사업장에서 본인의 의사에 반하여 성희롱, 성폭력, 그 밖의 성적인 괴롭힘을 당한 경우
4. 사업장의 도산·폐업이 확실하거나 대량의 감원이 예정되어 있는 경우
5. 다음 각 목의 어느 하나에 해당하는 사정으로 사업주로부터 퇴직을 권고받거나, 인원 감축이 불가피하여 고용조정계획에 따라 실시하는 퇴직 희망자

의 모집으로 이직하는 경우
가. 사업의 양도·인수·합병
나. 일부 사업의 폐지나 업종전환
다. 직제개편에 따른 조직의 폐지·축소
라. 신기술의 도입, 기술혁신 등에 따른 작업형태의 변경
마. 경영의 악화, 인사 적체, 그 밖에 이에 준하는 사유가 발생한 경우

6. 다음 각 목의 어느 하나에 해당하는 사유로 통근이 곤란(통근 시 이용할 수 있는 통상의 교통수단으로는 사업장으로의 왕복에 드는 시간이 3시간 이상인 경우를 말한다)하게 된 경우
가. 사업장의 이전
나. 지역을 달리하는 사업장으로의 전근
다. 배우자나 부양하여야 할 친족과의 동거를 위한 거소 이전
라. 그 밖에 피할 수 없는 사유로 통근이 곤란한 경우
7. 부모나 동거 친족의 질병·부상 등으로 30일 이상 본인이 간호해야 하는 기간에 기업의 사정상 휴가나 휴직이 허용되지 않아 이직한 경우
8. 「산업안전보건법」 제2조 제7호에 따른 "중대재해"가 발생한 사업장으로서 그 재해와 관련된 고용노동부장관의 안전보건상의 시정명령을 받고도 시정기간까지 시정하지 아니하여 같은 재해 위험에 노출된 경우
9. 체력의 부족, 심신장애, 질병, 부상, 시력·청력·촉각의 감퇴 등으로 피보험자가 주어진 업무를 수행하는 것이 곤란하고, 기업의 사정상 업무종류의 전환이나 휴직이 허용되지 않아 이직한 것이 의사의 소견서, 사업주 의견 등에 근거하여 객관적으로 인정되는 경우
10. 임신, 출산, 만6세 이하의 초등학교 취학 전 자녀(2008년 1월 1일 이후 출생한 자만 해당한다)의 육아, 「병역법」에 따른 의무복무 등으로 업무를 계속적으로 수행하기 어려운 경우로서 사업주가 휴가나 휴직을 허용하지 않아 이직한 경우
11. 사업주의 사업 내용이 법령의 제정·개정으로 위법하게 되거나 취업 당시와는 달리 법령에서 금지하는 재화 또는 용역을 제조하거나 판매하게 된 경우

12. 정년의 도래나 계약기간의 만료로 회사를 계속 다닐 수 없게 된 경우
13. 그 밖에 피보험자와 사업장 등의 사정에 비추어 그러한 여건에서는 통상의 다른 근로자도 이직했을 것이라는 사실이 객관적으로 인정되는 경우

○ 사례해결

귀하가 실업급여수급자격을 인정받게 되면 전에 재직했던 회사가 노동부 지원을 받아 각종의 고용장려금을 받는데 제한이 있을 수 있습니다. 정부로 부터 고용지원금을 지원받는 우선지원대상기업의 경우 인위적 고용조정(감원, 권고사직 등)이 있는 경우 해당 고용지원금의 지급이 중단될 수 있기 때문입니다.

그러나 이러한 이유가 아니라면 권고사직 등으로 퇴사한 직원이 실업급여를 수령한다고 하여 회사 측이 불이익을 입지는 않습니다.

Theme 30

주요 지원금 관련

> ○ 실무사례
> 당사는 청년들의 입사가 많고, 계약직 직원들 중 업무 능력이 뛰어나 정규직으로 전환되는 근로자들도 있음. 이와 관련하여 정부의 지원금이 있을지 혹은 그 외의 지원금도 문의드림.

○ 청년 추가고용 장려금

- **의 의** : 청년을 정규직으로 추가로 고용한 중소·중견기업에 인건비를 지원
- **요 건**

① 만 15세이상 34세이하의 청년을 정규직으로 신규 채용

② 5인 이상의 중소·중견기업 (성장유망업종, 벤처기업 등은 5인 미만)

③ 기업전체 근로자수 (피보험자수) 증가

④ 기업 규모별 청년 최저고용 요건 이상 추가 채용 시 지원

기업규모	30인 미만	30일~99인	100인 이상
청년 신규채용	1명 이상	2명 이상	3명 이상

- **수 준** : 청년 추가채용 1명당 연 최대 900만원, 3년간 지원
- **절 차** : 장려금 지급신청서 등 구비서류를 사업체 소재지 관할 고용센터에 제출 우편·방문·온라인접수 모두 가능

○ 신중년 적합직무 장려금

• **의 의** : 만 50세 이상 실업자를 신중년 적합 직무에 고용하는 경우 지원

• **요 건**

① 우선지원대상 기업, 중견기업

② 만 50세 이상 실업자, 신규 고용, 3개월 고용 유지

③ 4대보험 가입 및 최저임금 110%이상 지급

④ 정규직 채용 원칙
(만 55세이상 근로자, 2년을 초과하여 근로계약 체결시 가능)

• **수 준**

	3개월지원액	연간총액
우선지원 대상기업	240만원	960만원
중견기업	120만원	480만원

※ 직전 보험년도 말일 기준 피보험자수의 30%이내 지원

• **절 차** : 사전에 사업체 소재지 관할 노동청에 사업 참여 신청서를 제출·승인
승인 후 채용 시 1년 범위 내 3개월 단위로 관할 고용센터에 지원금 신청

○ 60세 이상 고령자 고용지원금

• **의 의** : 고령자를 일정 수준 이상 고용하는 사업주에게 지원금 지원

• **요 건**

① 정년을 미설정한 모든 사업장

② 고용 기간이 1년 이상인 60세 이상 고령자 고용

③ 업종별 기준고용률(1~23%)을 초과하여 고용

• **수 준** : 기준고용률 초과 인원 1인당 분기별 27만원 지원
근로자수 20% 한도

• 절 차 : 매분기 다음달 말일까지 사업장 소재지 관할 고용센터에 신청

○ 정규직 전환 지원금

• 의 의 : 기간제근로자를 정규직근로자로 전환하는 사업주에게 지원

• 요 건

① 우선지원대상기업, 중견기업

② 6개월 이상~2년 이하 근속한 비정규직 근로자
또는 특수형태업무종사자를 정규직으로 전환하여 1개월이상 고용 유지

③ 정규직 전환 이후 임금이 최저임금의 110% 이상

④ 4대 보험 가입

⑤ 기존 동종·유사업무 정규직근로자와 임금 등 불합리한 차별 없어야

• 수 준 : 전환근로자 1명당 임금상승분의 80%, 월 최대 60만원
간접노무비 월 30만원 지원

○ 시간선택제 전환 지원관련 지원금

1. 지원대상

• (임금감소액 보전) 모든 사업주

• (간접노무비) 우선지원대상기업

• (대체인력지원) 모든 사업주

※ 지원 제외 : 국가, 지자체, 「중소기업인력지원 특별법 시행령」 제2조에서 정한 업종, 임금체불로 명단이 공개중인 사업주

2. 지원요건

① 시간선택제 전환에 따른 임금감소 보전금과 간접노무비 지원

– 전환일 이전 최근3개월 동안 주 소정근로시간이 30시간을 초과하는 6개월이상 고용한 근로자의 주 소정근로시간 1시간 이상 단축

– 근로자가 자녀보육·퇴직준비·학업·간병 등 본인의 필요에 의해 근로시

간 단축을 신청하고 사업주가 이를 허용
- 전환일로부터 최소 2주 이상 전환
- 4대보험에 가입하고, 전환 후 주 소정근로시간은 15시간 이상 30시간 이하여야 함.
  (단, 초등학교 1학년 자녀를 양육하기 위한 경우는 35시간 이하)
- 지문인식, 전자카드 등 전자·기계적 방식으로 출퇴근 관리
- 연장근로는 월 20시간 이내

② 시간선택제 전환 근로자의 대체인력 고용 인건비 지원
- ①의 요건을 만족하는 전환근로자에 대하여
- 전환근로 시작일 전 60일이 되는 날부터 대체인력을 고용하고 1개월간 고용 유지
- 대체인력 고용 3개월 전부터 고용 후 1년까지(1년 이내에 고용관계 종료시에는 고용관계 종료시까지) 다른 근로자를 고용조정으로 이직시키는 경우 고용안정 장려금 지급제한(기 지급된 장려금 환수)
  ※ 단, 대체인력보다 같은 날 또는 이후에 고용된 근로자는 감원방지의무 대상 아님
  ※ 근로자의 귀책사유로 인한 징계해고, 정년, 계약기간만료, 근로자의 자발적인 퇴직은 감원방지의무 위반이 아님

3.지원수준 및 한도

• (지원수준) 전환근로자 근로자 수 1인당

유 형	지원대상	회차별 지원액 (1개월단위)	연간총액
임금감소액 보전	모든 기업	최대 40만원	480만원
대체인력 인건비 지원	우선지원대상기업	60만원	720만원
	대규모 기업	30만원	360만원
간접노무비	우선지원대상기업 중견기업	20만원	240만원

4. 임금감소액 보전 지원

• 시간선택제 전환으로 인하여 사업주가 근로자에게 시간에 비례하여 감소한 임금보다 더 지급한 임금이 있는 경우
  – 전환 후 주 소정근로시간이 15시간 이상~25시간 이하인 경우 월 40만원 한도로 지원
  – 전환 후 주 소정근로시간이 25시간 초과~30시간 이하인 경우 월 24만원 한도로 지원
    ※ 임신을 사유로 근로시간을 단축한 경우 주 소정근로시간에 관계없이 월 40만원 한도로 지원

5. 장려금 지급 제외

① 초과근로를 20시간 이상 실시한 달
② 출퇴근 기록이 월 5일 이상 누락된 달
③ ①또는 ②를 2회 위반할 경우 해당 근로자를 장려금 지원 대상에서 제외
  ※ 근로자의 전환일로부터 6개월 이내에 고용안정장려금 최초 지급 신청을 하지 않은 경우

6. 지급 기간 및 주기

• 전환한 날이 속하는 다음날부터 1년의 범위 내에서 1개월 단위 지급
• 대체인력의 실 근속기간과 전환근로자의 전환기간이 겹치는 기간에 대해 일할 계산하여 지원
• 임금감소액 보전 지원과 간접노무비 지원은 실제 전환기간에 대해 일할 계산하여 지원

부 록

부록 1 (취업규칙)

부록 2 (근로조건자율점검표)

부록 3 (사업장내 비치서류)

부록 1 (취업규칙)

제1장 총 칙

제1조(목적) 이 규칙은 ________(이하 "회사"라 한다.) 직원의 채용·복무 및 근로조건에 관한 사항을 정함을 목적으로 한다.

제2조(적용범위) 직원의 복무 및 근로조건에 관하여 법령, 근로계약, 그 밖에 회사규정에 별도로 정함이 있는 경우를 제외하고는 이 규칙이 정하는 바에 의한다.

제3조(직원의 정의) 이 규칙에서 "직원"이라 함은 본 회사와 근로계약을 맺고, 본 회사 소재지 및 사업장에서 근무하는 무기계약직원과 기간제직원을 의미한다.

제2장 채용 및 근로계약

제4조(채용기회) 회사는 직원의 모집 및 채용에 있어서 합리적인 이유 없이 성별, 연령, 신앙, 사회적 신분, 출신지역, 출신학교, 혼인·임신 또는 병력(病歷) 등에 의한 차등을 두지 않는다.

제5조(전형 및 채용서류) 회사에 입사를 지원하는 자는 다음 각 호의 서류를 제출하여야 한다.

1. 자필이력서 1통
2. 자기소개서 1통
3. 주민등록등본 1통
4. 경력증명서 및 자격증(면허증) 사본 1통

5. 외국인의 경우 외국인등록증 사본 1통

제6조(근로계약) ① 회사는 채용이 확정된 자와 서면으로 근로계약을 체결하고, 해당자에게 근로계약서 사본 1부를 교부한다.
② 회사는 근로계약 체결 시 직원에게 임금, 소정근로시간, 휴일, 연차 유급휴가, 취업의 장소와 종사하여야 할 업무에 관한 사항 등에 대하여 명확히 제시한다.
③ 회사는 제2항의 내용 중 무기계약 직원에게는 임금의 구성항목 · 계산방법 · 지급방법, 소정근로시간, 휴일, 연차유급휴가에 관한 사항을, 기간제 직원에게는 근로계약기간에 관한 사항, 근로시간 · 휴게에 관한 사항, 임금의 구성항목 · 계산방법 및 지불방법에 관한 사항, 휴일 · 휴가에 관한 사항, 취업의 장소와 종사하여야 할 업무에 관한 사항을 서면으로 명확히 제시한다.

제7조(수습기간) ① 신규로 채용된 자는 원칙적으로 최초로 근무를 개시한 날부터 3개월간을 수습기간으로 한다. 단, 회사의 결정에 의하여 수습기간을 두지 않을 수 있다.
② 제1항의 수습기간은 근속년수에 포함한다.
③ 수습기간의 임금 지급수준에 대하여는 근로계약서에 명시된 수준으로 지급함을 원칙으로 하되, 회사의 결정에 의하여 최저임금의 90% 수준으로 감액지급 할 수 있다.
④ 수습기간 중 근무성적이 불량하거나 업무능력이 부적격하다고 판단될 때에는 수습기간 연장 또는 근로계약 해지 등의 조치를 취할 수 있다.

제3장 복 무

제8조(복무의무) 직원은 다음 각 호의 사항을 준수하여야 한다.

1. 직원은 맡은바 직무를 충실히 수행하여야 한다.

2. 직원은 직무상 지득한 비밀을 엄수하고 회사 기밀을 누설해서는 아니 된다.
3. 직원은 회사의 제반규정을 준수하고 상사의 정당한 직무상 지시에 따라야 한다.
4. 직원은 직원으로서 품위를 손상하거나 회사의 명예를 실추시키는 행위를 하여서는 아니 된다.
5. 업무상 필요한 경우 직원은 근무 중에는 지정된 유니폼을 착용하여야 한다.

제9조(출근, 결근) ① 직원은 업무시작 시각 전까지 출근하여 업무에 임할 준비를 하여 정상적인 업무수행에 차질이 없도록 하여야 한다.
② 질병이나 그 밖의 부득이한 사유로 결근하고자 하는 경우에는 사전에 회사의 승인을 받아야 한다. 다만, 불가피한 사유로 사전에 승인을 받을 수 없는 경우에는 결근 당일에라도 그 사유를 명확히 하여 사후 승인을 받아야 하며 정당한 이유 없이 이러한 절차를 이행하지 아니한 경우 무단결근을 한 것으로 본다.

제10조(지각·조퇴 및 외출) ① 직원은 질병 그 밖의 부득이한 사유로 지각하게 되는 경우에는 사전에 회사에 알려야 하며, 부득이한 사정으로 사전에 알릴 수 없는 경우에는 사후에라도 지체 없이 이 사실을 알려야 한다.
② 직원은 근로시간 중에 사적으로 근무 장소를 이탈할 수 없다. 다만, 질병이나 그 밖의 부득이한 사유로 인하여 조퇴 또는 외출 하고자 할 경우에는 회사의 승인을 받아야 한다.
③ 직원이 지각·조퇴 및 외출한 시간은 무급으로 처리함을 원칙으로 하며, 직원이 동의할 경우 누계 8시간을 연차휴가 1일을 사용한 것으로 할 수 있다.

제11조(공민권행사) ① 회사는 직원이 근무시간 중 선거권 그 밖의 공민권을 행사하거나 공(公)의 직무를 수행하기 위하여 청구할 경우에는 필요한 시간을 부여한다.

② 회사는 제1항의 권리 행사나 공(公)의 직무를 수행하는데 지장이 없는 범위 내에서 직원이 청구한 시간을 변경할 수 있다.

제12조(출장) ① 회사는 업무수행을 위하여 필요한 경우 직원에게 출장을 명할 수 있다.
② 회사는 행선지별 여비, 숙박비, 현지교통비 등 실비에 충당될 수 있는 비용을 지급한다.

제4장 인 사

제1절 배치·전직 및 승진

제13조(배치, 전직, 승진) ① 회사는 직원의 능력, 적성, 경력 등을 고려하여 업무를 부여하며, 직원은 정당한 사유 없이 이를 거부할 수 없다.
② 회사는 제1항의 업무부여를 함에 있어서 합리적인 이유 없이 남녀를 차별하지 아니한다.
③ 승진 및 승급 등 인사발령과 관련하여 필요한 사항에 대하여는 별도의 방침으로 정할 수 있다.

제2절 휴직 및 복직

제14조(휴직) ① 회사는 다음 각 호의 어느 하나에 해당하는 사유로 직원이 휴직원을 제출하는 경우에는 휴직을 승인할 수 있다. 이 경우 제3호의 휴직 외에는 무급을 원칙으로 한다.

1. 업무 외 질병, 부상, 가사 등으로 직무수행이 어렵다고 인정되는 경우 : 필요하다고 인정되는 기간

2. 병역법, 기타 법령에 의해 징집 및 소집되었을 때 : 징집 및 소집기간
3. 연수, 직무 등의 사유로 회사가 휴직이 필요하다고 하는 경우 : 그에 따라 인정되는 기간

② 휴직자는 휴직기간 중 거주지의 변동 등의 사유가 있을 때에는 회사에 즉시 그 사실을 알려야 한다.

제15조(육아휴직) ① 직원이 만8세 이하 또는 초등학교 2학년 이하의 자녀(입양한 자녀를 포함한다)를 양육하기 위하여 관련 증빙서류를 갖추어 회사에 휴직을 신청하는 경우에 이를 허용한다. 다만, 육아휴직을 개시하고자 하는 날 이전에 계속 근로기간이 6개월 미만의 자는 그러하지 아니한다.

② 육아휴직기간은 1년 이내로 한다.

③ 회사는 육아휴직을 이유로 해고 그 밖의 불리한 처우를 하여서는 아니 되며, 육아휴직기간 동안은 당해 직원을 해고하지 못한다. 다만, 사업을 계속할 수 없는 경우는 그러하지 아니하다.

④ 육아휴직기간에 대하여는 임금을 지급하지 아니한다.

⑤ 육아휴직은 1회에 한하여 분할 사용할 수 있다.

⑥ 회사는 육아휴직을 마친 후에는 휴직 전과 같은 업무 또는 같은 수준의 임금을 지급하는 직무에 복귀시켜야 한다. 또한 제2항의 육아휴직 기간은 근속기간에 포함한다.

⑦ 기간제근로자 또는 파견근로자의 육아휴직 기간은 「기간제 및 단시간근로자 보호 등에 관한 법률」 제4조에 따른 사용기간 또는 「파견근로자보호 등에 관한 법률」 제6조에 따른 근로자파견기간에 산입 하지 아니한다.

⑧ 직원은 육아휴직을 사용하는 대신 1주 15~30시간의 범위 내에서 근로시간의 단축을 요청할 수 있다.

⑨ 육아휴직 종료 후에는 휴직전과 동일한 업무 또는 동등한 수준의 임금을 지급하는 직무에 복귀시켜야 하며, 육아휴직기간은 근속기간에 포함한다.

제16조(육아기 근로시간 단축) ① 회사는 제15조 제1항에 따라 육아휴직을 신청할 수 있는 근로자가 육아휴직 대신 근로시간의 단축을 신청하는 경우 이를 허용할 수 있다.
② 회사가 육아기 근로시간 단축을 허용하지 아니하는 경우에는 해당 직원에게 그 사유를 서면으로 통보하고, 육아휴직을 사용하게 하거나 그 밖의 조치를 통한 지원을 협의할 수 있다.
③ 회사가 제1항에 따라 해당 직원에게 육아기 근로시간 단축을 허용하는 경우 단축 후 근로시간은 주당 15시간 이상, 30시간 미만으로 한다.
④ 육아기 근로시간 단축 기간은 1년 이내로 한다.
⑤ 회사는 육아기 근로시간 단축을 이유로 해당 직원에게 해고나 그 밖의 불리한 처우를 하지 않는다.

제17조(육아기 근로시간 단축 중 근로조건) ① 회사는 제16조에 따라 육아기 근로시간 단축을 하고 있는 근로에 대하여 근로시간에 비례하여 적용하는 경우 외에는 육아기 근로시간 단축을 이유로 근로조건을 불리하게 하지 않는다.
② 제16조에 따라 육아기 근로시간 단축을 한 직원의 근로조건은 회사와 직원간의 서면으로 정한다.
③ 회사는 제16조에 따라 육아기 근로시간 단축을 하고 있는 직원에게 단축된 근로시간 외에 연장근로를 요구하지 않는다. 다만, 그 직원이 명시적으로 청구하는 경우에는 주 12시간 이내에서 연장근로를 시킬 수 있다.
④ 육아기 근로시간 단축을 한 직원에 대하여 평균임금을 산정하는 경우 그 직원의 육아기 근로시간 단축 기간을 평균임금 산정 기간에서 제외한다.

제18조(육아휴직과 육아기 근로시간 단축의 사용형태) 직원은 제15조, 제16조에 따라 육아휴직이나 육아기 근로시간 단축을 하려는 경우에는 다음 각 호의 방법 중의 하나를 선택하여 사용할 수 있다. 이 경우 어느 방법을 사용하든지 그 총 기간은 1년을 넘을 수 없다.

1. 육아휴직의 1회 허용

2. 육아기 근로시간 단축의 1회 사용
3. 육아휴직의 분할 사용(1회만 할 수 있다.)
4. 육아기 근로시간 단축의 분할 사용(1회만 할 수 있다.)
5. 육아휴직의 1회 사용과 육아기 근로시간 단축의 1회 사용

제19조(복직) ① 직원은 휴직사유가 소멸되었을 때에는 지체 없이, 휴직기간이 만료된 때에는 그 만료일 7일전까지 복직원을 제출하여야 한다.
② 직원은 부득이한 사유가 있는 경우 승인을 얻어 휴직기간을 연장할 수 있다.
③ 회사는 휴직중인 직원으로부터 복직원을 제출 받은 경우에는 최대한 빠른 시일 내에 휴직 전의 직무에 복직시키도록 노력하되, 부득이한 경우에는 그와 유사한 업무나 동등한 수준의 급여가 지급되는 직무로 복귀시키도록 노력한다.

제20조(근속기간의 계산) 휴직기간은 근속기간에 산입 하지 않음이 원칙이며 휴직사유별 산입 여부는 노동관계법령 등에 따른다.

제5장 근로조건

제1절 근로시간

제21조(근무형태) 근무형태는 주간근무를 원칙으로 하며, 필요할 경우 회사의 사정에 따라 야간근무 및 교대 근무제를 도입할 수 있다.

제22조(근로시간) ① 1주간의 근무일은 월요일부터 토요일까지로 한다.
② 1주간의 근로시간은 휴게시간을 제외하고 40시간을 원칙으로 하며, 1일의 근로시간은 휴게시간을 제외하고 8시간을 초과할 수 없다.

③ 근무시간은 08:30 ~ 17:30으로 함을 원칙으로 한다.
④ 업무의 특성상 근로시간을 다르게 정하는 경우 이를 근로계약서 및 근무계획표에 정확히 명시하며, 이는 취업규칙에 우선한다.
⑤ 필요한 경우 위의 근로시간을 변경할 수 있다.

제23조(휴게) ① 휴게시간은 4시간당 30분 이상을 부여하며 근로시간 도중에 부여한다.
② 휴게시간(점심시간)은 12:00 ~ 13:00 으로 부여함을 원칙으로 한다.
③ 업무사정을 감안하여 휴게시간을 달리 정하여 운영할 수 있으며 다르게 정하는 경우 이를 근로계약서 및 근무계획표에 정확히 명시한다.
④ 업무상황에 따라 위의 휴게시간을 변경하여 부여할 수 있다.

제24조(육아시간) 생후 1년 미만의 유아를 가진 여성 직원의 청구가 있는 경우 제23조의 휴게시간 외에 1일 2회 각 30분씩 유급 수유시간을 부여한다.

제25조(간주근로시간제와 탄력적근로시간제) ① 직원이 출장, 파견 등의 이유로 근로시간의 일부 또는 전부를 회사 밖에서 근로하여 근로시간을 산정하기 어려운 경우에는 1일 8시간을 근로한 것으로 본다.
② 직원이 출장, 파견 등의 업무를 수행하기 위하여 통상적으로 1일 8시간을 초과하여 근로할 필요가 있는 경우에는 1일 9시간을 근로한 것으로 본다. 다만, 직원의 대표와 서면 합의를 통하여 이를 달리 정할 수 있다.
③ 직원의 업무의 특성상 상시적으로 출장, 파견 등의 업무를 수행하는 경우 제1항 및 제2항의 내용을 근로계약 체결 시 고지하여야 한다.
④ 회사는 2주 이내의 일정한 단위기간을 평균하여 1주간의 근로시간이 제22조 제2항의 근로시간을 초과하지 아니하는 범위에서 특정한 주에 제22조 제2항의 근로시간을, 특정한 날에 제22조 제2항의 근로시간을 초과하여 근로하게 할 수 있다. 다만, 특정한 주의 근로시간은 48시간을 초과할 수 없다.
⑤ 회사는 근로자대표와의 서면 합의에 따라 다음 각 호의 사항을 정하면 3개

월 이내의 단위기간을 평균하여 1주 간의 근로시간이 제22조 제2항의 근로시간을 초과하지 아니하는 범위에서 특정한 주에 제22조 제2항의 근로시간을, 특정한 날에 제22조 제2항의 근로시간을 초과하여 근로하게 할 수 있다. 다만, 특정한 주의 근로시간은 52시간을, 특정한 날의 근로시간은 12시간을 초과할 수 없다.

1. 대상 근로자의 범위
2. 단위기간(3개월 이내의 일정한 기간으로 정하여야 한다)
3. 단위기간의 근로일과 그 근로일별 근로시간
4. 서면합의의 유효기간

⑥ 제4항과 제5항은 15세 이상 18세 미만의 근로자와 임신 중인 여성 근로자에 대하여는 적용하지 아니한다.

⑦ 회사는 제4항 및 제5항에 따라 근로자를 근로시킬 경우에는 기존의 임금 수준이 낮아지지 아니하도록 임금보전방안(賃金補塡方案)을 강구하여야 한다.

제26조(연장·야간 및 휴일근로) ① 연장근로는 1주간 12시간을 한도로 직원의 동의하에 실시할 수 있다.

② 연장·야간 및 휴일근로에 대하여는 통상임금의 50%를 가산하여 지급한다.

③ 회사는 직원의 대표와 서면 합의하여 연장·야간 및 휴일근로에 대하여 임금을 지급하는 것을 대신하여 휴가를 줄 수 있다.

제27조(야간 및 휴일근로의 제한) ① 18세 이상의 여성 직원을 오후 10시부터 오전 6시까지 근로하게 하거나 휴일에 근로를 시킬 경우 당해 직원의 동의를 얻어 실시한다.

② 임산부와 18세 미만인 직원에 대하여는 오후 10시부터 오전 6시까지의 시간 및 휴일에 근로를 시키지 않는 것을 원칙으로 한다. 다만, 다음 각 호의 어느 하나에 해당 하는 경우에는 그 시행 여부와 방법 등에 관하여 직원의 대표와 성실히 협의한 후 노동부장관의 인가를 받아 야간 및 휴일근로를 실시할 수 있다.

1. 18세미만자의 동의가 있는 경우
2. 산후 1년이 지나지 아니한 여성의 동의가 있는 경우
3. 임신 중의 여성이 명시적으로 청구하는 경우

제2절 휴일·휴가

제28조(휴일) ① 1주 동안 소정근로일을 개근한 직원에 대하여는 일요일을 유급주휴일로 부여하고, 매주 토요일은 무급휴무일로 한다.
② 근로자의 날(5월 1일)은 유급휴일로 한다.
③ 회사는 직원의 동의를 얻어 제1항의 유급휴일을 다른 날로 대체할 수 있다.

제29조(연차유급휴가) ① 회사는 1년간 계속 근무하여 소정근로일수의 80% 이상 출근한 직원에 대하여는 15일의 연차유급휴가를 부여하도록 한다.
② 3년 이상 근속한 직원에 대하여는 제1항 규정에 의한 휴가에 최초 1년을 초과하는 계속 근로연수 매 2년에 대하여 1일을 가산한 유급휴가를 주며, 가산휴가를 포함한 총 휴가일수는 25일을 한도로 한다.
③ 계속근로연수가 1년 미만 또는 1년간 80% 미만 출근한 직원에 대해서는 1개월 개근 시 1일의 유급휴가를 주어야 한다.

〈근속년수별 휴가 산정례〉

1년	2년	3년	4년	5년	6년	7년	10년	15년	20년	21년 이상
15일	15일	16일	16일	17일	17일	18일	19일	22일	24일	25일

제30조(연차휴가의 사용) ① 직원이 연차유급휴가를 사용 하고자 할 경우에는 부득이한 사유가 없는 한 적어도 7일 전에 회사의 승인을 얻어야 한다.
② 회사는 직원의 연차유급휴가 사용으로 인해 업무에 차질이 예상되는 경우 그 시기를 변경할 수 있다.

③ 직원의 연차유급휴가 청구권은 회사의 귀책사유로 휴가를 사용하지 못한 경우를 제외하고는 발생한 날로부터 1년간 행사하지 아니할 경우에는 소멸한다.
④ 회사는 근로기준법 제61조에 따라 연차유급휴가 사용을 촉진할 수 있다. 회사의 사용촉진조치에도 불구하고 직원이 사용하지 아니한 연차유급휴가에 대하여는 금전으로 보상하지 아니한다.
⑤ 만약 회사의 귀책사유로 인하여 연차유급휴가를 사용하지 못할 경우 통상임금을 기준으로 미사용 연차휴가에 대하여 보상하도록 한다.

제31조(연차유급휴가의 대체) 회사는 직원의 대표와 서면합의에 의하여 연차유급휴가일에 대신하여 특정한 근로일에 직원을 휴무시킬 수 있다.

제32조(경조사 휴가) ① 회사는 다음 각 호의 어느 하나에 해당하는 범위에서 직원의 신청에 따라 무급의 경조사휴가를 부여한다.

1. 본인의 결혼 : 5일
2. 본인·배우자의 부모 또는 배우자의 사망 : 3일
3. 본인·배우자의 조부모 또는 외조부모의 사망 : 1일
4. 자녀 또는 그 자녀의 배우자의 사망 : 3일

② 제1항에 따른 경조사 휴가기간 중 휴일 또는 휴무일이 포함되어 있는 경우에는 이를 포함하여 휴가기간을 계산한다.

제33조(생리휴가) 회사는 여성 직원이 청구하는 경우 월 1일의 무급생리휴가를 부여한다.

제34조(임산부의 보호) ① 임신 중의 여성 직원에게 출산 전과 출산 후를 통하여 90일의 보호휴가(둘이상의 자녀를 임신한 경우 120일)를 준다. 이 경우 반드시 출산 후에 45일(둘이상의 자녀를 임신한 경우 60일) 이상 준다.
② 임신 중인 여성 직원이 유산의 경험 등 다음 각 호의 사유로 제1항의 휴

가를 청구하는 경우에 출산 전 어느 때 라도 휴가를 나누어 사용할 수 있도록 하여야 한다. 이 경우 출산 후의 휴가 기간은 연속하여 45일(둘이상의 자녀를 임신한 경우 60일) 이상이 되어야 한다.

1. 임신한 직원에게 유산·사산의 경험이 있는 경우
2. 임신한 직원이 출산전후휴가를 청구할 당시 연령이 만 40세 이상인 경우
3. 임신한 직원이 유산·사산의 위험이 있다는 의료기관의 진단서를 제출한 경우

③ 회사는 임신 중인 직원이 유산 또는 사산한 경우로서 그 직원이 청구하면 다음 각 호에 따라 유산·사산 휴가를 주어야 한다. 다만, 인공 임신중절 수술(「모자보건법」 제14조 제1항에 따른 경우는 제외한다)에 따른 유산의 경우는 그러하지 아니하다. 이 경우, 유산 또는 사산한 직원이 유산·사산휴가를 청구하는 경우에는 휴가 청구 사유, 유산·사산 발생일 및 임신기간 등을 적은 유산·사산휴가 신청서에 의료기관의 진단서를 첨부하여 회사에 제출하여야 한다.

1. 유산 또는 사산한 직원의 임신기간(이하 "임신기간"이라 한다)이 11주 이내인 경우: 유산 또는 사산한 날부터 5일까지
2. 임신기간이 12주 이상 15주 이내인 경우 : 유산 또는 사산한 날부터 10일까지
3. 임신기간이 16주 이상 21주 이내인 경우 : 유산 또는 사산한 날부터 30일까지
4. 임신기간이 22주 이상 27주 이내인 경우 : 유산 또는 사산한 날부터 60일까지
5. 임신기간이 28주 이상인 경우 : 유산 또는 사산한 날부터 90일까지

④ 제1항부터 제2항까지의 규정에 따른 휴가 중 최초 60일(둘이상의 자녀를 임신한 경우 75일)은 유급으로 한다. 다만, 「남녀고용평등과 일·가정 양립 지원에 관한 법률」 제18조에 따라 출산전후휴가급여 등이 지급된 경우에는 그 금액의 한도에서 지급의 책임을 면한다.

⑤ 회사는 직원이 출산전·후 휴가급여를 신청할 경우 고용보험법에 따라 출산전·후 휴가급여를 받을 수 있도록 증빙서류를 제공하는 등 적극 협조한다.

⑥ 임신 중의 여성 직원에게 시간외 근로를 시키지 아니하며, 요구가 있는 경우 쉬운 종류의 근로로 전환시킨다.
⑦ 회사는 제1항에 따른 출산전후휴가 종료 후에는 휴가 전과 동일한 업무 또는 동등한 수준의 임금을 지급하는 직무에 복귀시켜야 한다.
⑧ 회사는 임신한 여성 직원이 임산부 정기건강진단을 받는데 필요한 시간을 청구하는 경우 다음 각 호의 기준에 의해 해당 시간을 유급으로 허용하여야 한다.

1. 임신 28주까지 : 4주마다 1회
2. 임신 29주에서 36주까지 : 2주마다 1회
3. 임신 37주 이후 : 1주마다 1회
4. 특별자치시장·특별자치도지사 또는 시장·군수·구청장은 임산부가 장애인복지법에 따른 장애인인 경우, 만 35세 이상인 경우, 다태아를 임신한 경우 또는 의사가 고위험 임신으로 판단한 경우에는 1호부터 3호까지에 따른 건강진단 횟수를 넘어 건강진단을 실시할 수 있다.

⑨ 회사는 직원이 배우자의 출산을 이유로 휴가를 청구하는 경우에는 5일의 범위에서 3일 이상의 휴가를 주어야 한다. 이 경우 사용한 휴가기간 중 최초 3일은 유급으로 하되, 직원의 배우자가 출산한 날부터 30일이 경과하면 청구할 수 없다.

제35조(난임치료휴가) ① 회사는 직원이 인공수정 또는 체외수정 등 난임치료를 받기 위하여 휴가(이하 "난임치료휴가"라 한다)를 청구하는 경우에 연간 3일 이내의 휴가를 주어야 하며, 이 경우 최초 1일은 유급으로 한다. 다만, 직원이 청구하는 시기에 휴가를 주는 것이 정상적인 사업 운영에 중대한 지장을 초래하는 경우에는 사원과 협의하여 그 시기를 변경할 수 있다.
② 회사는 난임치료휴가를 이유로 해고, 징계 등 불리한 처우를 하여서는 아니된다.
③ 난임치료휴가의 신청방법 및 절차 등은 노동관계법령 등에서 정하는 바에 따른다.

제36조(임신기 근로시간 단축) ① 회사는 임신 후 12주 이내 또는 36주 이후에 있는 여성 사원이 1일 2시간의 근로시간 단축을 신청하는 경우 이를 허용하여야 한다. 다만 1일 근로시간이 8시간 미만인 사원에 대하여는 1일 근로시간이 6시간이 되도록 근로시간 단축을 허용할 수 있다.
② 회사는 제1항에 따른 근로시간 단축을 이유로 해당 사원의 임금을 삭감하여서는 아니 된다.
③ 제1항에 따른 근로시간 단축을 신청하려는 여성 사원은 근로시간 단축 개시 예정일의 3일 전까지 임신기간, 근로시간 단축 개시 예정일 및 종료 예정일, 근무 개시 시각 및 종료 시각 등을 적은 문서(전자문서 포함)에 의사의 진단서(같은 임신에 대하여 근로시간 단축을 다시 신청하는 경우는 제외)를 첨부하여 회사에 제출하여야 한다.

제37조(병가) ① 회사는 직원이 업무 외 질병·부상 등으로 병가를 신청하는 경우에는 연간 60일을 초과하지 않는 범위 내에서 병가를 허가할 수 있다. 이 경우 병가기간은 무급으로 한다.
② 상해나 질병 등으로 1주 이상 계속 결근 시에는 검진의사의 진단서를 첨부하여야 한다.

제6장 임 금

제38조(임금의 구성항목) ① 직원에 대한 임금은 기본급 (이하 "통상임금"이라 한다)과 연장·야간·휴일근로수당 등의 제 수당으로 구성한다.
② 제22조의 근로시간을 초과하여 근로한 경우, 야간에 근로한 경우(22:00~06:00), 휴일에 근로한 경우에는 각각 시간급 통상임금의 50%를 가산하여 지급한다.
③ 제2항의 통상임금에 산입 하는 임금의 범위는 법정수당을 제외한 통상급으로 하되, 시간급 통상임금은 월 통상임금을 209시간으로 나누어 계산한다.

제39조(임금의 계산 및 지급방법) ① 임금은 월급제를 원칙으로 하며 필요한 경우 시급제 또는 연봉제를 시행 할 수 있다.
② 임금은 당월 초일부터 말일까지를 산정 기간으로 하여 익월 15일에 직원에게 직접 지급하거나 직원이 지정한 직원 명의의 예금계좌에 입금하여 지급함을 원칙으로 한다. 다만, 지급일이 토요일 또는 공휴일인 경우에는 그 전일 또는 익일에 지급한다.
③ 신규채용, 승진, 전보, 퇴직 등의 사유로 임금을 정산하는 경우에는 발령일을 기준으로 그 월액을 일할 계산하여 지급한다.
④ 회사는 노무관리의 효율성 및 업무의 특성상 근무시간 산정이 어려운 경우 포괄임금산정제를 실시할 수 있으며, 이는 근로계약서에 그 내용을 명시한다.

제40조(비상시 지급) 회사는 직원의 출산·질병·재해·혼인 또는 부득이한 사유로 일주일 이상에 걸쳐 귀향하는 등 비상시에 충당하기 위하여 임금 지급을 청구하면 지급기일전이라도 이미 제공한 근로에 대한 임금을 지급하여야 한다.

제7장 퇴직·해고 등

제41조(퇴직 및 퇴직일) ① 회사는 직원이 다음 각 호에 해당할 때에 직원을 퇴직시킬 수 있다.
1. 본인이 퇴직을 원하는 경우
2. 사망하였을 경우
3. 정년에 도달하였을 경우
4. 근로계약기간이 만료된 경우
5. 해고가 결정된 경우

② 제1항에 의한 퇴직의 퇴직일은 다음 각 호와 같다.
1. 직원이 퇴직일자를 명시한 사직원을 제출하여 수리되었을 경우 그 날

2. 직원이 퇴직일자를 명시하지 아니하고 사직원을 제출하였을 경우 이를 수리한 날. 단, 회사는 업무의 인수인계를 위하여 사직원을 제출한 날로부터 30일을 넘지 않는 범위 내에서 퇴직일자를 지정하여 수리할 수 있다.
3. 사망한 날
4. 정년에 도달한 날
5. 근로계약기간이 만료된 날
6. 해고가 결정·통보된 경우 해고일

제42조(해고) 직원이 다음 각 호 의 1에 해당할 경우에는 해고할 수 있다.
1. 피한정후견, 피성년후견 선고를 받은 경우
2. 금고 이상의 형이 확정된 경우
3. 신체 또는 정신상 장애로 직무를 감당할 수 없다고 인정되는 경우(의사의 소견이 있는 경우에 한함)
4. 휴직자로서 정당한 사유 없이 휴직기간 만료일 후 7일이 경과할 때까지 복직원을 제출하지 않은 경우
5. 그 밖의 사유로 사회통념상 더 이상 근로관계를 유지할 수 없을 정도의 사유인 경우

제43조(해고의 제한) ① 직원이 업무상 부상 또는 질병의 요양을 위하여 휴업한 기간과 그 후 30일 동안은 해고하지 아니한다. 다만, 근로기준법 제84조에 따라 일시보상을 하였을 경우에는 해고할 수 있다.
② 산전(産前·산후(産後)의 여성 직원이 근로기준법에 따라 휴업한 기간과 그 후 30일 동안은 해고 하지 아니한다.
③ 제1항 본문 및 제2항에도 불구하고 사업을 계속할 수 없게 된 경우에는 해당직원을 해고할 수 있다.

제44조(해고의 통지) ① 회사는 직원을 해고하는 경우에는 서면으로 그 사유 및 날짜를 기재하여 통지한다.

② 회사는 제1항에 따라 해고를 통지하는 경우 해고일로부터 적어도 30일 전에 해고예고를 하거나, 30일 전에 해고예고를 하지 아니하였을 때에는 30일분의 통상임금을 지급한다. 다만, 다음 각 호의 어느 하나에 해당하는 경우에는 그러하지 아니한다.

1. 직원이 계속 근로한 기간이 3개월 미만인 경우
2. 천재·사변, 그 밖의 부득이한 사유로 사업을 계속하는 것이 불가능한 경우
3. 근로자가 고의로 사업에 막대한 지장을 초래하거나 재산상 손해를 끼친 경우로서 고용노동부령으로 정하는 사유에 해당하는 경우

제45조(정년) 정년은 만 60세에 도달한 날로 한다. 다만, 회사 사정에 의하여 정년이후에 재고용할 수 있다.

제8장 퇴직급여

제46조(퇴직급여의 수준 등) ① 회사는 1년 이상 근무한 직원이 퇴직할 경우에는 근속연수 1년에 대하여 평균임금 30일분을 퇴직금으로 지급한다.
② 회사는 제1항의 퇴직금을 지급하는 대신 직원의 과반수 동의를 얻어 근로자퇴직급여보장법 제8조에 따른 퇴직연금제도를 도입할 수 있으며 지급조건 및 방법은 노동관계법령에 따른다.

제47조(중간정산) ① 회사는 직원이 서면으로 요구하는 경우 직원이 퇴직하기 전이라도 당해 직원이 계속 근로한 기간에 대한 퇴직금을 정산하여 지급할 수 있다. 이 경우 미리 정산하여 지급한 후의 퇴직금 산정을 위한 계속 근로연수는 정산시점부터 새로이 기산한다.
② 회사는 무주택 직원의 주택 구입 등 법률이 정하는 사유로 근로자가 퇴직금 중간정산을 요구할 경우에만 이를 지급하여야 한다.

제9장 표창 및 징계

제48조(표창) ① 회사는 직원이 다음 각 호의 1에 해당하는 경우 표창할 수 있다.

1. 회사의 업무능률향상에 현저한 공로가 인정된 자
2. 회사의 영업활동에 크게 기여한 자
3. 업무수행 성적이 우수한 자
4. 기타 표창의 필요가 인정되는 자

② 표창 대상자 및 표창의 방법은 대표가 결정한다.

제49조(징계) 회사는 다음 각 호에 해당하는 직원에 대하여 회사의 결정으로 징계할 수 있다. 다만, 소명의 기회를 부여하도록 노력한다.

1. 부정 및 허위 등의 방법으로 채용된 자
2. 업무상 비밀 및 기밀을 누설하여 회사에 피해를 입힌 자
3. 회사의 명예 또는 신용에 손상을 입힌 자
4. 회사의 영업을 방해하는 언행을 한 자
5. 회사의 규율과 상사의 정당한 지시를 어겨 질서를 문란하게 한 자
6. 정당한 이유 없이 회사의 물품 및 금품을 반출한 자
7. 직무를 이용하여 부당한 이익을 취한 자
8. 회사가 정한 복무규정을 위반한 자
9. 직장 내 성희롱 행위를 한 자
10. 근무시간 중 음주행위를 한 자
11. 직장 내 괴롭힘 행위를 한 자
12. 기타 이에 준하는 행위로 직장질서를 문란하게 한 자

제50조(징계의 종류) 직원에 대한 징계의 종류는 다음과 같다.

1. 견책 : 징계사유 발생 자에 대하여 시말서를 받고 문서로 견책한다.

2. 감봉(감급) : 3월 이내의 기간 중에 1회에 평균임금 1일분의 2분의 1, 총액은 월 급여 총액의 10분의 1을 초과하지 않는 범위의 금액을 감액한다.
3. 정직 : 중대 징계사유 발생 자에 대하여 3월 이내로 하고, 그 기간 중에 직무에 종사하지 못하며 그 기간 동안 임금을 지급하지 아니한다.
4. 해고 : 근로계약을 해지하는 것으로 한다.

제51조(징계결과와 통지) 직원의 징계 처분이 확정된 후 해당자에게 이 사실을 통지 하여야 하며 이에 따른 필요한 사후 업무를 신속히 처리 하여야 한다.

제52조(손해배상) 직원이 고의 및 중대한 과실로 회사에 손해를 입혔을 경우에는 이에 대하여 손해배상 하여야 한다.

제10장 안전보건

제53조(안전교육) 회사는 산업재해예방을 위하여 안전 및 보건에 관한 채용시 교육, 정기교육, 작업내용 변경 시 교육, 유해위험작업사용 시 특별안전교육 등 산업안전보건법령에 따른 제반 교육을 실시하며 직원은 이 교육에 성실하게 참여하여야 한다.

제54조(위험기계·기구의 방호조치) 직원은 다음 각 호의 위험기계·기구의 방호조치 사항을 준수하여야 한다.
1. 방호조치를 해체하고자 할 경우 소속부서의 장의 허가를 받아 해체할 것
2. 방호조치를 해체한 후 그 사유가 소멸한 때에는 지체 없이 원상으로 회복시킬 것
3. 방호장치의 기능이 상실된 것을 발견한 때에는 지체 없이 소속부서의 장에게 신고할 것

제55조(안전보호장구의 착용) 직원은 작업 시에는 회사에서 지급하는 안전보호 장구를 착용한다.

제56조(작업환경측정) ① 회사는 산업안전보건법에 의한 작업환경측정을 실시하되, 원칙적으로 매 6월에 1회 이상 정기적으로 실시한다.
② 제1항의 작업환경 측정 시 직원의 대표의 요구가 있을 때에는 직원의 대표를 입회시킨다.
③ 회사는 작업환경측정의 결과를 당해 작업장 직원에게 알려주며 그 결과에 따라 당해 시설 및 설비의 설치 또는 개선, 건강진단 등 적절한 조치를 한다.

제57조(건강진단) ① 회사는 직원의 건강보호·유지를 위하여 산업안전보건법이 정하는 바에 따라 매년 1회 일반건강진단을 실시한다. 단, 사무직은 매 2년에 1회 실시한다.
② 회사는 산업안전보건법이 정하는 바에 따라 필요한 경우 특수·수시임시건강진단 등을 실시한다.

제11장 재해보상

제58조(재해보상) ① 직원이 업무상 부상 또는 질병에 걸린 경우와 사망하였을 때의 보상은 산업재해보상보험법에 의한다.
② 산업재해보상법의 적용을 받지 않는 업무상 부상 또는 질병에 대하여는 근로기준법이 정하는 바에 따라 회사가 보상한다.

제12장 직장 내 성희롱 방지 등

제59조(직장 내 성희롱의 예방) ① 회사는 직장 내 성희롱을 예방하고 직원이 안전한 근로환경에서 일할 수 있는 여건조성을 위하여 노력한다.
② 회사는 직장 내 성희롱을 예방하기 위하여 연 1회 정기적인 교육을 실시한다.
③ 회사는 직장 내 성희롱을 한 자에 대한 배치전환·징계 등 이에 준하는 조치를 취한다.
④ 회사는 직장 내 성희롱과 관련하여 그 피해 직원에게 고용상의 불이익한 조치를 하지 아니한다.

제60조(직장 내 괴롭힘 금지) ① 직장 내 괴롭힘이란 임·직원이 직장에서의 지위 또는 관계 등의 우위를 이용하여 업무상 적정범위를 넘어 다른 직원에게 신체적·정신적 고통을 주거나 근무환경을 악화시키는 행위를 말한다.
② 직원은 다른 직원 뿐 아니라 협력사 직원에 대하여도 직장 내 괴롭힘 행위를 하여서는 아니 된다.

제61조(금지되는 직장 내 괴롭힘 행위) 회사에서 금지되는 구체적인 직장 내 괴롭힘 행위는 다음 각 호와 같다.

1. 신체에 대하여 폭행하거나 협박하는 행위
2. 지속·반복적인 욕설이나 폭언
3. 다른 직원들 앞에서 또는 온라인 상에서 모욕감을 주거나 개인사에 대한 소문을 퍼뜨리는 등 명예를 훼손하는 행위
4. 합리적 이유 없이 반복적으로 개인 심부름 등 사적인 용무를 지시하는 행위
5. 합리적 이유 없이 업무 능력이나 성과를 인정하지 않거나 조롱하는 행위
6. 집단적으로 따돌리거나, 정당한 이유 없이 업무와 관련된 중요한 정보 또는 의사결정 과정에서 배제하거나 무시하는 행위

7. 정당한 이유 없이 상당기간 동안 근로계약서 등에 명시되어 있는 업무와 무관한 일을 지시하거나 근로계약서 등에 명시되어 업무와 무관한 허드렛 일만 시키는 행위
8. 정당한 이유 없이 상당기간 동안 일을 거의 주지 않는 행위
9. 그 밖에 업무의 적정범위를 넘어 직원에게 신체적·정신적 고통을 주거나 근무환경을 악화시키는 행위

제62조(직장 내 괴롭힘 행위 발생 시 조치) ① 누구든지 직장 내 괴롭힘 발생 사실을 알게 된 경우 그 사실을 회사에 신고할 수 있다.
② 회사는 전항에 따른 신고를 접수하거나 직장 내 괴롭힘 발생 사실을 인지한 경우에는 지체 없이 그 사실 확인을 위한 조사를 실시한다.
③ 회사의 직장 내 괴롭힘 행위에 관한 조사 및 조치에 관한 구체적인 절차는 별도로 정한다.

부 칙

제1조(취업규칙의 비치) 회사는 본 규칙을 회사 내의 사무실·휴게실 등에 비치하여 직원들이 자유롭게 열람할 수 있도록 한다.

제2조(취업규칙의 변경) 이 규칙을 변경할 때에는 직원의 과반수의 의견을 청취하도록 한다.

제3조(시행일) 본 규칙은 2019년 6월 1일부터 시행한다.

[표1 시용평가표]

자기 자신의 평가가 공정 무사하게 이루어지기를 바라듯이 자기가 작성한 평가가 최선의 방법으로 공정하게 되도록 작성하기 바랍니다.

피평가자 성 명	
소속	직위
시용시작일	대표직무
시용만료일	

평 가 요 령

1. 본 평가는 입사한 지 3개월 이내의 시용 기간이 적용되는 모든 사원에 대해 실시한다.

2. 본 평가는 입사한 직원에 대한 적·부적격 여부를 평정하여 사원으로서의 자격을 심사하는 기준이 되므로 성심성의를 다해 면담하고 공평하게 평가되어야 한다.

3. 평가자가 2인 이상일 경우 각자 평가자는 독립적으로 평가하여야 한다.

4. 고과자가 자유로이 고과평정(절대평가)을 하되, 평가방법은 각 요소별로 그 정도에 따라 평정한다.

5. 단, 평가기준은 A, B ,C, D, E의 다섯 등급으로 하며 평가 결과 E등급이 1개 이상 이거나 전체평균 C등급 미만인 경우에는 부적격 대상이 된다.

A(탁월/5), B(우수/4), C(보통/3), D(노력요망/2), E(부적격/0)

6. 본 평가표를 근거로 정규직원 채용 여부를 결정한다.

7. 평가표는 볼펜 또는 잉크로 작성한 후 서명날인한다.

시용기간평가

1. 평정기간 : 20 . . . 부터 20 . . 까지 (개월)

2. 평정내용

평정요소	평정내용	평가등급
1. 업무의 질	지시된 업무를 착오와 실수없이 정확하고 능률적으로 수행하는 신뢰성의 정도	
2. 업무의 양	지시된 업무의 분량정도와 계획 또는 지시된 기간 내의 업무 달성도	
3. 업무지식	직무수행을 위한 일반적인 기초지식, 경험의 폭과 깊이 및 직무에의 활용도	
4. 업무태도	업무에 대한 열의, 주의력과 상사의 지시, 명령에 순응하는 자세의 정도	
5. 발전성	향후 발전할 수 있는 직무수행 능력의 정도	
6. 규율성 및 원가의식	바른 몸가짐과 근면 성실한 복무 자세로서 제반 사규와 수칙을 준수하는 모범의 정도와 원가 절감을 위한 노력	
7. 책임감 및 성실성	바른 몸가짐과 근면 성실한 복무 자세로서 제반 사규와 수칙을 준수하는 모범의 정도와 원가 절감을 위한 노력	
8. 협조성	팀웍의 중요성을 잘 인식하고 인간관계를 원활히 하는 정도	
9. 복장 및 예절성	깨끗하고 단정한 용모 및 언어 행동면에서 갖추고 행하는 예의성	
10. 건강상태	직무를 수행함에 있어서 만족할 만한 체력의 정도	
	합계	

평가자의 평정요소별 착안 사항 및 종합의견	평가등급
	A : 탁월 (5)
	B : 우수 (4)
	C : 보통 (3)
	D : 노력요망 (2)
	E : 부적격 (0)

평가자

직위 : 성명 (인)

피 평 가 자 의 의 견

작성일자 : 년 월 일

본 의견은 귀하의 시용 평가에 보완하여 합리적 인사관리의 기초자료로 활용하고자 하는 것이니 본인의 의견을 솔직하게 기술해 주시기 바랍니다.

소속		사번		직위		성명	(인)

담당 직무	※ 현 직무에 대하여 (○표)					
	현 직무량은	매우많다	많다	보통	적다	매우적다
	현 직무의 질은 나의 능력에 비해	매우많다	많다	보통	적다	매우적다
	현 직무에 대한 나의 흥미는	매우많다	많다	보통	적다	매우적다
	현 직무는 나의 적성에	매우많다	많다	보통	적다	매우적다
	현 직무에 대한 나의 능력 발휘도	매우많다	많다	보통	적다	매우적다
	현 직무에 대하여	매우많다	많다	보통	적다	매우적다

■ 일반적인 의견 및 건의사항

부록 2 (근로조건자율점검표)

근로조건 자율점검표(요약)

점검내용	점검결과	위반시 벌칙
1. 회사가 직접 고용하는 모든 근로자와 근로계약을 체결한다.		500만원 이하 벌금
2. 근로계약 체결 시 법령에 정하여진 내용대로 근로조건을 서면으로 명시하고 교부한다. (근로계약체결)		500만원 이하 벌금
3. 취업규칙을 작성하여 관할 노동관서에 신고하였다. 【10인 이상 사업장 적용】		500만원 이하 과태료
4. 취업규칙을 근로자가 자유롭게 볼 수 있는 장소에 항상 게시하거나 갖추어두고 있다. 【10인 이상 사업장 적용】		500만원 이하 과태료
5. 임금은 매월 1회 이상 일정한 날짜를 정하여 지급하고 있다.		3년 이하 징역 또는 3천만원 이하 벌금
6. 근로자가 퇴직하면 14일 이내에 임금 등 일체의 금품을 지급하며, 불가피한 경우 당해 근로자와 합의하여 지급기일을 연장한다.		3년 이하 징역 또는 3천만원 이하 벌금
7. 회사는 근로자명부와 근로계약에 관한 중요한 서류를 3년간 보존한다.		500만원 이하 과태료
8. 연장·야간·휴일근로에 대하여는 통상임금의 100분의 50 이상을 가산 하여 지급한다.		3년 이하 징역 또는 3천만원 이하 벌금
9. 연장근로는 근로자와 합의하여 실시하며, 연장근로시간은 1주에 12시간을 초과하지 않는다.		2년 이하 징역 또는 2천만원 이하 벌금
10. 여성근로자를 야간 또는 휴일에 근로시키는 경우에는 그 근로자의 동의를 받는다.		2년 이하 징역 또는 2천만원 이하 벌금
11. 1주 동안의 소정근로일을 개근한 근로자에게 1주일에 평균 1회 이상 유급휴일을 준다.		2년 이하 징역 또는 2천만원 이하 벌금
12. 1년간 80% 이상 출근한 근로자에게 15일의 유급휴가를 주고, 최초 1년을 초과하는 계속근로 연수 매 2년에 대해 1일을 가산하여 유급 휴가를 준다.		2년 이하 징역 또는 2천만원 이하 벌금

점 검 내 용	점 검 결 과	위반시 벌칙
13. 근속기간이 1년 미만인 근로자에게 1개월 개근 시 1일의 유급휴가를 준다.		2년 이하 징역 또는 2천만원 이하 벌금
14. 1주간의 근로시간은 휴게시간을 제외하고 40시간을 초과하지 않는다.		2년 이하 징역 또는 2천만원 이하 벌금
15. 사용자는 근로자가 업무상 부상 또는 질병의 요양을 위하여 휴업한 기간과 그 후 30일 동안 및 산전·산후의 여성이 이법에 따라 휴업한 기간과 그 후 30일간은 해고하지 않는다.		5년 이하 징역 또는 5천만원 이하 벌금
16. 근로자를 해고하는 경우 30일 전에 예고하며, 30일 전에 예고를 하지 않는 경우에는 30일분 이상의 통상임금을 지급한다.		2년 이하 징역 또는 2천만원 이하 벌금
17. 근로자를 해고할 때는 해고사유와 해고시기를 서면으로 통지한다.		벌칙없음 단, 해고효력 무효
18. 회사는 계속근로기간 1년에 대하여 30일분 이상의 평균임금을 퇴직금으로 지급한다.		(미지급시) 3년 이하 징역 또는 2천만원 이하 벌금
19. 최저임금을 근로자가 쉽게 볼 수 있는 장소에 게시하거나 그 외의 적당한 방법으로 근로자에게 주지시킨다.		100만원 이하 과태료
20. 근로자에게 최저임금액 이상의 임금을 지급한다.		3년 이하 징역 또는 2천만원 이하 벌금
21. 사업주, 상급자 또는 근로자는 직장내 성희롱을 하지 아니한다.(직장내 성희롱이 발생한 적이 없다)		1천만원 이하 과태료
22. 직장내 성희롱 예방교육을 법령에서 정한 방식에 따라 1년에 1회 이상 실시한다.		500만원 이하 과태료
23. 노사협의회가 설치되어 있으며, 노사협의회규정을 제정(변경)하여 관할 노동관서에 제출하였다. 【30인 이상 사업장 적용】		(미설치) 1천만원 이하 벌금 (규정미제출) 200만원 이하 과태료
24. 노사협의회는 3개월마다 정기적으로 회의를 개최하며, 회의록을 작성·비치한다.		(미개최시) 200만원 이하 벌금
25. 노사를 대표하는 3인 이내의 고충처리위원이 선임되어 있다.【30인 이상 사업장 적용】		(미이행시) 200만원 이하 벌금

부록 3 (사업장내 비치서류)

가. 근로기준 분야

• 취업규칙(인사규정, 징계규정, 보수규정), 단체협약, 근로계약서, 근로자명부, 출근부, 임금대장, 상여금지급서류, 퇴직금지급대장, 연월차 휴가대장, 연장근로 등에 따른 서면합의(동의)서, 감시·단속적 근로자 적용제외 인가서

나. 기타분야

• 노사협의회 규정 및 회의록, 고충처리위원선임 및 고충처리 대장, 성희롱예방교육대장, 최저임금 적용제외 인가대장

다. 사업장규모별 비치대장 및 서류

① 4人이하 사업장

- 근로자 명부
- 근로계약서
- 임금대장 및 출근부
- 임금의 결정·지급방법과 임금계산의 기초에 관한 서류
- 승급·감급에 관한 서류
- 휴가에 관한 서류
- 고용·해고 또는 퇴직 관련 서류
- 연소자의 증명에 관한 서류
- 직장내 성희롱예방실시 관련 자료(교육자료)

② 5人이상 10人미만 사업장

- 근로자 명부
- 근로계약서
- 임금대장 및 출근부
- 임금의 결정·지급방법과 임금계산의 기초에 관한 서류
- 승급·감급에 관한 서류
- 휴가에 관한 서류

- 연·월차·생리휴가, 산전·후 휴가, 유산·사산휴가 사용에 관한 서류
- 고용·해고 또는 퇴직 관련 서류
- 연소자의 증명에 관한 서류
- 직장내 성희롱 예방실시 관련 자료(교육자료)
- 탄력적 근로시간에 관한 서면합의
- 선택적 근로시간에 관한 서면합의
- 출장 등의 경우에 소정근로시간을 정하기 위한 서면합의
- 근로시간 및 휴게시간의 특례에 관한 서면합의

③ 10人이상 20人미만 사업장
- 취업규칙
- 근로자 명부
- 근로계약서
- 임금대장 및 출근부
- 임금의 결정·지급방법과 임금계산의 기초에 관한 서류
- 승급·감급에 관한 서류
- 휴가에 관한 서류
- 연·월차·생리휴가, 산전·후 휴가, 유산·사산휴가 사용에 관한 서류
- 고용·해고 또는 퇴직 관련 서류
- 연소자의 증명에 관한 서류
- 직장내 성희롱예방실시 관련 자료(교육자료)
- 탄력적 근로시간에 관한 서면합의
- 선택적 근로시간에 관한 서면합의
- 출장 등의 경우에 소정근로시간을 정하기 위한 서면합의
- 근로시간 및 휴게시간의 특례에 관한 서면합의

④ 20人이상 30人미만 사업장→주40시간제 적용 사업장
- 취업규칙
- 근로자 명부
- 근로계약서

- 임금대장 및 출근부
- 임금의 결정 · 지급방법과 임금계산의 기초에 관한 서류
- 승급 · 감급에 관한 서류
- 휴가에 관한 서류
- 연 · 월차 · 생리휴가, 산전 · 후 휴가, 유산 · 사산휴가 사용에 관한 서류
- 고용 · 해고 또는 퇴직 관련 서류
- 연소자의 증명에 관한 서류
- 직장내 성희롱예방실시 관련 자료(교육자료)
- 탄력적 근로시간에 관한 서면합의
- 선택적 근로시간에 관한 서면합의
- 출장 등의 경우에 소정근로시간을 정하기 위한 서면합의
- 근로시간 및 휴게시간의 특례에 관한 서면합의

⑤ 30人이상 사업장

- 취업규칙
- 노사협의회 규정
- 근로자 명부
- 근로계약서
- 임금대장 및 출근부
- 임금의 결정 · 지급방법과 임금계산의 기초에 관한 서류
- 승급 · 감급에 관한 서류
- 휴가에 관한 서류
- 연 · 월차 · 생리휴가, 산전 · 후 휴가, 유산 · 사산휴가 사용에 관한 서류
- 고용 · 해고 또는 퇴직 관련 서류
- 연소자의 증명에 관한 서류
- 직장내 성희롱예방실시 관련 자료(교육자료)
- 탄력적 근로시간에 관한 서면합의
- 선택적 근로시간에 관한 서면합의
- 출장 등의 경우에 소정근로시간을 정하기 위한 서면합의
- 근로시간 및 휴게시간의 특례에 관한 서면합의

편저자 유 선 용

- 공인노무사
- 명지대학교 법학과 졸업
- 고려대학교 노동대학원 석사
- 前) 한국토지주택공사 노무담당
- 前) 고용노동연수원 객원교수
- 現) 삼성생명 중앙법인 지역단 노무팀장
- 現) 노무법인 MK 컨설팅 대표노무사

사례로 배워보는 노무 PLAN

초 판 인 쇄 2019년 7월 03일
초 판 발 행 2019년 7월 10일

편 저 **유선용**
발 행 인 **정상훈**
디 자 인 **신아름**
발 행 처 **고시계사**

서울특별시 관악구 봉천로 472
코업레지던스 B1층 102호 고시계사

대 표 817-2400 팩 스 817-8998
考試界·고시계사·미디어북 817-0418~9
www.gosi-law.com
E-mail : goshigye@chollian.net

정가 13,000원 ISBN 978-89-5822-580-5 13300